VEGANE

ERNÄHRUNG

FÜR EINSTEIGER

Sebastian Copien
& Niko Rittenau

VEGANE
ERNÄHRUNG
FÜR EINSTEIGER

Das wichtigste **Basiswissen**
und **schnelle Rezepte**

INHALTSVERZEICHNIS

VEGANISMUS

EINE SOZIALE GERECHTIGKEITSBEWEGUNG

UND KEIN FOODTREND

DIE GESCHICHTE
des Veganismus

Die Einbeziehung von Tierrechten in die Ethik und der damit einhergehende bewusste Verzicht auf tierische Nahrung sind keineswegs Phänomene der Neuzeit, sondern können über die Jahrtausende hinweg bis weit in die Antike zurückverfolgt werden.[1,2,3,4] Eine der bekanntesten Erwähnungen der Tierrechte, die das Fundament des Veganismus bilden, ist bereits über 1.000 Jahre alt. Sie stammt aus einem Gedicht des im Jahr 973 in Syrien geborenen Philosophen al-Ma'arri. Er schrieb darin:

Esst nicht unrechtmäßig den Fisch,

den das Wasser ausgespien,

und begehrt nicht als Nahrung

das Fleisch geschlachteter Tiere,

oder die weiße Milch von Müttern,

die ihren puren Trank

ihren Kindern und nicht noblen

Damen zugedacht haben.

Bringt keinen Kummer zu den

ahnungslosen Vögeln,

indem Ihr ihre Eier nehmt;

denn Ungerechtigkeit ist das

schlimmste aller Vergehen.

Überlasst den Honig den Bienen,

die ihn emsig sammeln

von den Blumen wohlduftender Pflanzen;

den sie weder zusammentrugen,

damit er sei für andere,

noch gesammelt als Gabe oder Geschenk.[5]

Abb. 1. Donald Watson beim Lesen von »The Vegan News«

Donald Watson (2. September 1910 – 16. November 2005) ist Mitbegründer der Vegan Society und war maßgeblich an der Wortneuschöpfung »vegan« beteiligt.

Der Veganismus kann somit auf eine lange Tradition zurückblicken, aber seinen konkreten Ursprung fand er erst im November 1944, als Donald Watson, Dorothy Morgan (spätere Watson), Elsie Shrigley, Fay und Allan Henderson und weitere jene Gruppierung gründeten, die später als The Vegan Society bezeichnet werden sollte.[6] Dabei einigten sie sich als neue Bezeichnung für ihre Lebensweise auf das Wort »vegan«, das sich aus den ersten drei sowie den letzten beiden Buchstaben des Wortes »vegetarian« zusammensetzt. Dieses wiederum hat seinen Ursprung im Wort »vegetable«, das im frühen 19. Jahrhundert allerdings nicht im Sinne seiner heutigen Bedeutung lediglich Gemüse beschrieb, sondern sämtliche pflanzliche Lebensmittel wie Gemüse, Obst, Hülsenfrüchte, Getreide usw.[7] Obwohl bereits zuvor eine Handvoll gänzlich tierproduktfreie Kochbücher erschienen waren, erlangte vor allem das erste explizit als veganes Kochbuch deklarierte Buch namens »Vegan Recipes« der Vegan-Society-Mitbegründerin Fay Henderson aus dem Jahr 1946

Bekanntheit als weltweit erstes veganes Kochbuch, das auch im Titel als solches bezeichnet wird.[8] Das erste deutschsprachige vegane Kochbuch erschien 1962 unter dem Titel »Vegan-Ernährung« von Käthe Schüder.[9] Die Ideale des Veganismus standen zwar bereits zur Gründung der Vegan Society fest, aber erst 1951 folgte auf Anregung des damaligen Vizepräsidenten der Vegan Society namens Leslie Cross eine offizielle Definition des Veganismus. In der ursprünglichen Definition wurde dieser kurz und knapp als eine Lebenseinstellung beschrieben, nach der Menschen ein Leben ohne die Ausbeutung anderer Tiere führen.[10] Bereits 1947 schrieb Fay Henderson im Magazin »The Vegetarian« (später bekannt unter dem Titel »The Vegetarian World Forum«), noch vor der Festlegung einer offiziellen Definition, über die vegane Lebensphilosophie: »Das Wort Veganismus [...] beschreibt einer Person, die keine tierischen Lebensmittel als Nahrungsquelle verwendet. [...] Der Umstieg auf eine vegane Ernährung ist in der Regel auch gefolgt von einer Veränderung in der Einstellung gegenüber Kleidung und anderen Konsumgütern und der Erkenntnis, dass man unabhängig von Leder, Knochen, Seide, Wolle und anderen tierischen Produkten leben sollte.«[11] Henderson merkte in ihrem Artikel außerdem treffenderweise an: »Der Veganismus ist im Grunde die logische Weiterentwicklung des Vegetarismus; keine fanatische Theorie, sondern eine praktikable Lebenseinstellung basierend auf Fakten und Vernunft.«[12] In seiner bis heute gültigen Definition, die mit nur geringen Änderungen der Wortwahl seit 1979 in ihren Grundzügen unverändert blieb, wird der Veganismus wie folgt definiert:

»Veganismus ist eine Philosophie und eine Lebensweise, die danach strebt, alle Formen der Ausbeutung von und Grausamkeiten gegenüber Tieren – soweit es möglich und praktisch durchführbar ist –, sei es für die Ernährung, für Kleidung oder für irgendeinen anderen Zweck, zu vermeiden. Darüber hinaus fördert er zum Vorteil von Mensch, Tier und Umwelt die Entwicklung und Nutzung tierfreier Alternativen. Auf die Ernährung bezogen, bezeichnet der Veganismus die Praxis, auf alle Produkte zu verzichten, die ganz oder teilweise von Tieren stammen.«[13]

Wie Leslie Cross in einem Artikel betonte, war und ist die treibende Kraft hinter dem Veganismus also stets das Mitgefühl gegenüber allen Tieren.[14] Veganismus ist aber weit mehr als nur der bloße Nichtkonsum tierischer Produkte. Es ist die grundlegende Lebenseinstellung, dass keine Tiere (menschliche genauso wie nicht menschliche) ungerecht behandelt und ausgebeutet werden sollen. Im Jahr 1981 war der Veganismus bereits so weit verbreitet, dass in Dänemark das erste International Vegan Festival stattfand.[15] Mittlerweile finden weltweit Hunderte derartige Veranstaltungen statt. Auch in den DACH-Staaten gibt es heutzutage mit der Veggieworld, der Veggienale, der Veganmania, dem Vegan Street Day, der Vegan Planet und vielen weiteren Events zahlreiche Gelegenheiten, um sich über den veganen Lebensstil zu informieren, interessante Vorträge mitzuerleben, neue Produkte zu testen und schmackhaftes veganes Essen zu genießen. Am 1. November wird zudem der jährliche Weltvegantag gefeiert, der erstmals 1994 von der veganen Tierrechtlerin Louise Wallis zur Feier des 50. Jahrestags der Vegan Society ins Leben gerufen wurde.[16] Obwohl sich seit der Gründung der Vegan Society jahrzehntelang vegan lebende Menschen bester Gesundheit erfreuten, dauerte es dennoch bis 2003, bis die weltweit größte Ernährungsfachgesellschaft namens Academy of Nutrition and Dietetics (AND) als erste Fachgesellschaft eine vegane Ernährung bei guter Planung als nährstoffbedarfsdeckend und damit sicher in jeder Lebensphase klassifizierte.[17] Dies bestätigte die AND in den Neuveröffentlichungen ihres Positionspapiers zu veganer Ernährung in den Jahren 2009[18] und 2016.[19] Wie Abbildung 37 (siehe S. 70) zeigt, folgten aufgrund der verfügbaren wissenschaftlichen Datenlage seither zahlreiche Ernährungsfachgesellschaften diesem Vorbild.

1944
Schöfpung des Worts vegan und Gründung der Vegan Society

1951
Veröffentlichung der ersten offizellen Definition für den Veganismus

ve|gan
[ve'gan], adjektiv

1946
Veröffentlichung des ersten explizit veganen Kochbuchs durch Fay Henderson

1962
Veröffentlichung des ersten deutschen veganen Kochbuchs

DEFINITION OF VEGANISM

1979
Veröffentlichung der veränderten und bis heute gültigen offiziellen Definition des Veganismus

1983
Veröffentlichung des wegweisenden Tierrechtsbuchs »The Case for Animal Rights« von Tom Regan

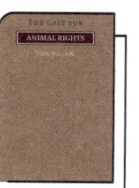

ANIMAL LIBERATION

PETER SINGER

1975
Veröffentlichung des wegweisenden Tierrechtsbuchs »Animal Liberation« von Peter Singer

1994
Festlegung des Weltvegantags auf den 1. November

2003
Veröffentlichung des ersten Positionspapiers einer Fachgesellschaft zur Unbedenklichkeit der veganen Ernährung in allen Lebensphasen

2005
Veröffentlichung des Films »Earthlings«, der erstmalig das Grauen der Intensivtierhaltung einem breiten Publikum zeigte

Abb. 2. Meilensteine der veganen Bewegung

Zur Vertiefung: Das Buch **Animal Liberation – Die Befreiung der Tiere** des Philosophen Peter Singer erschien im Jahr 1975 in englischer Sprache und gilt ebenso wie Tom Regans **The Case for Animal Rights** (1983) als ein Klassiker im Bereich der Tierrechtsliteratur. Die aktuellste deutsche Version von Singers Werk stammt aus dem Jahr 2015. Wie Singer selbst betont, ist dieses Werk kein sentimentaler Aufruf zur Sympathie gegenüber Tieren, sondern eine gründliche, sorgfältige und in sich schlüssige Aufarbeitung der Mensch-Tier-Beziehung und der Frage, was wir anderen Tieren schuldig sind.

DER STATUS QUO
der veganen Bewegung

Das Jahr 2019 – 75 Jahre nachdem eine kleine Gruppe Menschen rund um Donald und Dorothy Watson das Wort »vegan« prägte – wurde von der renommierten internationalen Wochenzeitung *The Economist* als das Jahr des Veganismus betitelt.[20] Im selben Jahr gelang dem amerikanischen Unternehmen Beyond Meat mit seinen veganen Fleischersatzprodukten der mit Abstand beste Börsengang unter allen börsennotierten Unternehmen seit dem Jahr 2000[21], und in Berlin eröffnete an der technischen Universität (TU Berlin) die erste rein vegane Mensa Deutschlands unter dem Namen Veggie 2.0.[22] Im Folgejahr zeigte eine auf Statista veröffentlichte Publikation, dass 2020 bereits 1,13 Millionen Veganer*innen in Deutschland lebten.[23] 2008 gab es laut Hochrechnungen erst etwa 80.000 vegan lebende Menschen, und so hat sich ihre Zahl in zwölf Jahren mehr als vervierzehnfacht (siehe Seite 12, Abb. 5). Zudem meldete das Bundesinformationszentrum Landwirtschaft (BZL), dass der Pro-Kopf-Fleischverzehr in Deutschland 2020 so gering war, wie er es in den vergangenen 30 Jahren nicht mehr gewesen ist.[24] Derart positive Entwicklungen sind bei Weitem nicht alleine auf Deutschland beschränkt. Noch 1946 schätzte Donald Watson, dass es im gesamten Vereinigten Königreich etwa 70 vegan lebende Personen gab.[25] 2014 waren es etwa 150.000 und im Jahr 2019 ganze 600.000 britische Veganer*innen.[26]

Das entspricht heutzutage sowohl im Vereinigten Königreich als auch in Deutschland zwar immer noch nur etwa 1,2 Prozent der Gesamtbevölkerung, aber der Vegantrend wird nicht nur von strikt vegan lebenden Menschen vorangetrieben. Auch all die vegetarisch, pescetarisch und flexitarisch essenden Personen und diejenigen, die zumindest hin und wieder bewusst auf tierische Lebensmittel in ihrem Speiseplan verzichten, haben dazu beigetragen, dass hierzulande bereits im Jahr 2018 ganze 14 Prozent aller Produktneueinführungen im Lebensmittel- und Getränkesektor vegan waren.[27] 2012 war es hingegen nur 1 Prozent (Abb. 4). Damit befindet sich Deutschland im weltweiten Vergleich an der Spitze der Länder mit dem höchsten Anteil an veganen Produktneueinführungen.[28] Im Supermarkt wächst vor allem das Sortiment an veganen Fleisch- und Milchalternativen seit Jahren stetig. Fleischalternativen verzeichnen seit 2008 ein stetiges Umsatzplus von jährlich rund 30 Prozent.[29] Schon jetzt ist jeder zehnte verkaufte Liter Milch in Deutschland nicht mehr vom Tier, sondern von einer Pflanze, und die Umsatzzuwächse mit veganen Milchalternativen sollen laut Zukunftsprognosen weiter steigen.[30] Auch die Restaurantlandschaft hat sich in Deutschland in den vergangenen Jahren enorm verändert. Zum einen bietet mittlerweile beinahe jede Restaurant- und Fast-Food-Kette auch vegane Speisen an und zum anderen hat sich die Anzahl rein veganer Restaurants und Cafés in den letzten Jahren vervielfacht. Seit 1994 das erste vegane Restaurant Deutschlands – das Restaurant »Sehnsuchtsküche« in Mühlacker im Nordwesten Baden-Württembergs – seine Küche zur Gänze auf vegan umgestaltet hat, ist viel passiert.[31] Wie Abbildung 3 zeigt, waren es

Zuwachs der rein veganen Gastronomie

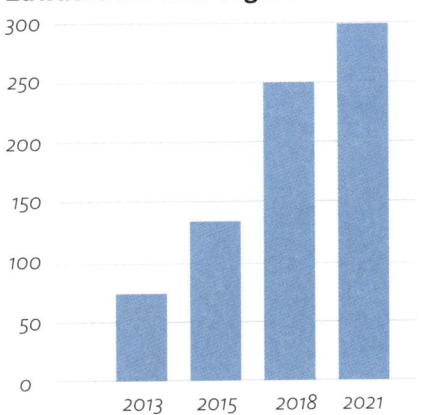

Abb. 3. Wachstumsverlauf der rein veganen Gastronomiebetriebe in Deutschland

Vegane Produkt-Neueinführungen

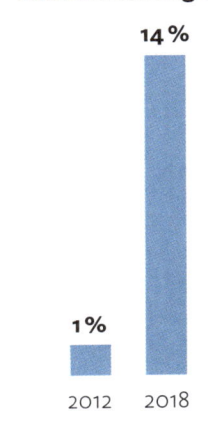

Abb. 4. Anteil veganer Produkte an den Neueinführungen in Deutschland (Lebensmittel und Getränke)

im Jahr 2013 deutschlandweit nur 75 rein vegane Gastronomiebetriebe, 2015 gab es bereits 137, im Jahr 2018 schon 250 und bei Erscheinen dieses Buchs 2021 sind es ganze 298.[32] Im Januar 2021 verzeichnete außerdem die bereits 2014 initiierte Veganuary-Kampagne (eine kostenlose Kampagne, die Menschen darin unterstützt, im Januar einen Monat lang eine vegane Ernährung auszuprobieren) Rekordzahlen. Erstmals seit ihrer Entstehung meldeten sich mehr als 500.000 Menschen aus über 200 Ländern an.[33] Unter allen Angemeldeten gaben etwa 40 Prozent in einer nachgelagerten Umfrage an, sich weiterhin komplett vegan ernähren zu wollen und zumindest drei Viertel derer, die nicht vorhatten, sich weiterhin komplett vegan zu ernähren, wollen den Konsum tierischer Lebensmittel mindestens halbieren.[34]

Auch weitere positive Meldungen unterstreichen das Voranschreiten der veganen Bewegung in 2021: Im Libanon stellte weltweit erstmals ein Hospital die gesamte Verpflegung der Patient*innen auf eine vegane Kost um,[35] Israel verbot als weltweit erstes Land den Pelzverkauf zu Modezwecken,[36] in Frankreich wurde dem »ONA« als weltweit erstes von Beginn an rein veganes Restaurant ein Michelin-Stern verliehen[37] (2020 stellte das deutsche Restaurant »Seven Swans« seine Küche auf rein vegan um und konnte dennoch seinen Michelin-Stern halten)[38], und die bekannte Fitnessmarke Rocka Nutrition, die 2015 im Jahr ihrer Gründung alles andere als vegan war, stellte aufgrund des Sinneswandels des Gründers Julian Zietlow das komplette Sortiment innerhalb eines Jahres komplett auf vegan um. Damit folgte sie anderen Unternehmen wie The Body Shop, die ebenfalls 2021 bekannt gaben, dass sie bis spätestens 2023 ihr gesamtes Sortiment vegan gestalten werden.[39] Ein weiterer historischer Tag lag im Jahr 2021: Die Albert Schweitzer Stiftung bezeichnete den 25. Juni 2021 als den Tag, der den »Anfang vom Ende der Massentierhaltung« in Deutschland

markiert, da an diesem Tag fast alle großen Lebensmitteleinzelhändler (Aldi Nord/Süd, die Rewe-Gruppe (u. a. Rewe und Penny), die Schwarz-Gruppe (u. a. Lidl und Kaufland) und der Edeka-Verbund (u. a. Edeka und Netto)) verkündet haben, bis 2030 kein Billigfleisch mehr zu verkaufen (also eine Abkehr von den Stufen 1 und 2 des Haltungsform-Systems in der Nutztierhaltung).[40] Im Jahr 2021 wird die Gesamtheit der weltweit vegan lebenden Menschen auf etwa 79 Millionen geschätzt.[41] Selbst klassische Fleischunternehmen wie Rügenwalder Mühle erzielen hierzulande mittlerweile knapp die Hälfte ihres Umsatzes mit veganen und vegetarischen Fleischalternativen.[42]

Was all diese Zahlen nahelegen, bestätigen die Umfrageergebnisse des britischen Marktforschungsinstituts Ipsos MORI: Der Veganismus ist eine der am schnellsten wachsenden Lifestyle-Bewegungen unserer Zeit.[43] Noch besser trifft es allerdings die amerikanische Psychologin Dr. Melanie Joy, wenn sie vom Veganismus als eine der am schnellsten wachsenden sozialen Gerechtigkeitsbewegungen unserer Zeit spricht.[44] Auch wenn heutzutage Menschen aus unterschiedlichsten Gründen zu einer veganen Ernährung finden, und es augenscheinlich immer mehr »Lifestyle-Veganer*innen« gibt, sind es die ethischen Argumente des Veganismus, die für sein starkes Wachstum verantwortlich sind. Die Ausbeutung von fühlenden Individuen zu kulinarischen Zwecken ohne ernährungsphysiologische Notwendigkeit wird von Jahr zu Jahr für immer mehr Menschen inakzeptabel.

Vegan lebende Menschen in Deutschland

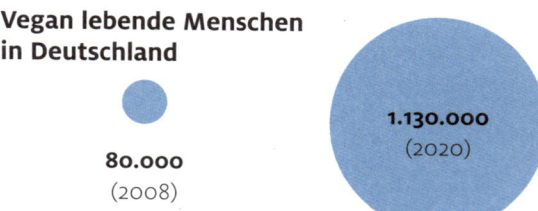

80.000 (2008)

1.130.000 (2020)

Abb. 5. Anzahl vegan lebender Personen in 2008 und 2020

Zur Vertiefung: Das Buch **Tierethik kurz + verständlich** der Philosophin Dr. Friederike Schmitz bespricht diverse Argumente zu den wichtigsten praktischen tierethischen Fragen (Tierversuche, Nutztier- und Haustierhaltung etc.). Es bietet einen guten Einstieg für alle, die sich systematisch und aus ethischer Perspektive mit der Mensch-Tier-Beziehung beschäftigen möchten. Im Rahmen dessen werden die wichtigsten Tierethik-Positionen von u. a. Peter Singer und Tom Regan vorgestellt und bewertet und auch neuere ethische Positionen beleuchtet.

DIE ZUKUNFT
des Veganismus

Wie der kanadische Psychologe Steven Pinker schrieb, ist eine der Haupterkenntnisse der Sozialpsychologie, dass sich Menschen einen Großteil ihrer Verhaltensweisen von anderen Menschen abschauen. Aber nicht nur auf Menschen, sondern auch auf andere Tiere scheint dies in vielen Fällen zuzutreffen. So zeigt beispielsweise das gut dokumentierte Beispiel der vegetarischen Löwin Little Tyke, dass selbst Hypercarnivoren den Fleischverzehr nicht unweigerlich in ihrer DNA verankert haben, sondern es sich wohl eher von ihrem Rudel abschauen. Little Tyke war eine knapp 3 Meter lange und knapp 160 Kilogramm schwere Löwin, die im September 1946 geboren, von ihrer Mutter nach der Geburt verstoßen und daraufhin vom Ehepaar Georges und Margaret Westbeau aufgezogen wurde. Little Tyke wollte nicht nur von sich aus kein Fleisch essen und verweigerte jeglichen Fütterungsversuch damit, sondern sie lebte auf der Ranch der Westbeaus auch in Gesellschaft eines Schafs, eines Hirschs, einer Katze und eines Schwans, zu denen sie enge soziale Beziehungen pflegte. Gesundheitlich ging es Little Tyke trotz ihrer fleischfreien Ernährung bis zu ihrem Tod ausgesprochen gut.

Aus dieser sozialpsychologischen Erkenntnis kann man also auch ableiten, weshalb die allermeisten Menschen heutzutage Fleisch und andere tierische Produkte essen: Sie essen Fleisch, weil die meisten Menschen Fleisch essen. Wenn man Menschen heutzutage fragt, aus welchen Gründen sie Fleisch konsumieren, dann geben die meisten Gründe wie Geschmacksvorlieben, Gewohnheit und Bequemlichkeit an. Alle drei Bedürfnisse können zukünftig auch vegane (pflanzliche, pilz-, bakterien- oder zellbasierte) Alternativen zu tierischen Produkten befriedigen. Kaum ein Mensch gibt als Grund für seinen Fleischverzehr an, dass er oder sie es besonders toll findet, dass dafür ein Tier ausgebeutet und getötet wird. Im Gegenteil: Das Tierleid ist für viele Menschen ein nötiges (und oft bei der Kaufentscheidung verdrängtes) Übel, mit dem sie sich arrangiert haben. Wie der Deutsche Ethikrat in einer Stellungnahme schrieb, ist die Realität der landwirtschaftlichen Praxis eigentlich gar nicht mit den vorherrschenden gesellschaftlichen Wertvorstellungen vereinbar. Somit ist es nur eine Frage der Zeit, bis technologische Fortschritte tierleidfreie Produkte hervorbringen werden, die geschmacklich hervorragend, preiswert und gut verfügbar sind und somit die Hemmschwelle für den Umstieg so niedrig machen, dass ein Großteil der Menschen von sich aus den weitestgehenden Umstieg auf diese Produkte vollzieht.

Um die Tierausbeutung zu beenden und damit eine Welt nach veganen Werten zu erschaffen, muss bei Weitem nicht die gesamte Bevölkerung vegan werden, sondern es genügt das Erreichen der sogenannten »kritischen Masse«. In der Ökonomie bezeichnet die kritische Masse jenen Schwellenwert, an dem eine Organisation genügend Eigendynamik entwickelt oder ein Produkt ausreichend Marktanteile einnimmt, um sich selbst zu erhalten und dadurch von selbst weiter an Bedeutung zu gewinnen. Wie hoch der Bevölkerungsanteil an engagierten Reformist*innen sein muss, um einen sozialen Wandel in der Gesamtgesellschaft herbeizuführen, hängt von einer Vielzahl an Faktoren ab. Jüngere Untersuchungen sprechen von etwa einem Viertel unter Optimalbedingungen und weniger als der Hälfte unter erschwerten Bedingungen. Um diesen gesellschaftlichen Wandel herbeizuführen, muss nicht mal ein Viertel oder die Hälfte der Bevölkerung der DACH-Region komplett vegan werden. Es genügt, wenn diese kritische Masse an Menschen zumindest die Werte des Veganismus befürwortet, auch wenn sie selbst noch nicht strikt

> **»Die meisten Leute essen Fleisch, weil die meisten Leute Fleisch essen.«**
>
> Tobias Leenaert (The Vegan Strategist)

danach lebt. Wie die amerikanische Psychologin Dr. Melanie Joy betont, ist ein mindestens so großer Hebel neben der Anzahl an strikt vegan lebenden Menschen auch die Anzahl sogenannter »Vegan Allies«, also »Verbündeter«, die zwar selbst aufgrund von Bequemlichkeit oder anderen äußeren Umständen noch mehr oder weniger regelmäßig tierische Produkte essen, aber von ihrer Lebenseinstellung her eigentlich einen kollektiven Wandel befürworten. So gibt es in Hinblick auf den Erfolg der veganen Bewegung nicht nur vegan lebende Menschen als Teil der Lösung und alle anderen als Teil des Problems, sondern auch viele Graubereiche dazwischen. Es wäre fatal, diesen »Vegan Allies« nicht die Möglichkeit zu geben, ebenfalls ein Teil der Lösung zu sein. Das betonte der damalige Vizepräsidnet der Vegan Society, Leslie Cross, bereits im Jahr 1954. Er schrieb in einem Artikel, dass die vegane Bewegung alle Unterstützer*innen der veganen Idee willkommen heißen sollte – angefangen von jenen mischköstlich lebenden Menschen, die aber zumindest die Grundwerte des Veganismus gutheißen, bis hin zu jenen, die, so weit es ihnen möglich ist, strikt vegan leben.

Selbst wenn man pessimistisch auf die ethische Entwicklung der Menschheit blickt, ist es schwer vorstellbar, dass sich unsere Welt nicht dennoch in eine Richtung entwickelt, die mit den Grundwerten des Veganismus übereinstimmt. Zwar kann man auch rein auf Basis der großen Vielfalt von pflanzlichen Lebensmitteln fernab von Fleisch- und Käsealternativen großartige vegane Gerichte zaubern (wie Sebastian im Rezeptteil dieses Buches unter Beweis stellt), aber dennoch ist es nicht von der Hand zu weisen, dass der Großteil der Menschheit den Geschmack von tierischen Produkten äußerst gerne mag. Alleine der technologische Fortschritt wird jedoch das ineffiziente und ökologisch desaströse System der weltweiten Nutztierhaltung zukünftig schlichtweg obsolet machen. Nachfolgende Generationen werden mit Unverständnis auf heutige Praktiken der sogenannten »Nutztierhaltung« blicken, da sie die kulinarischen Erlebnisse, die uns heute Fleisch, Milch, Käse, Eier und

Vorteile von Zellkulturfleisch gegenüber herkömmlichem Fleisch

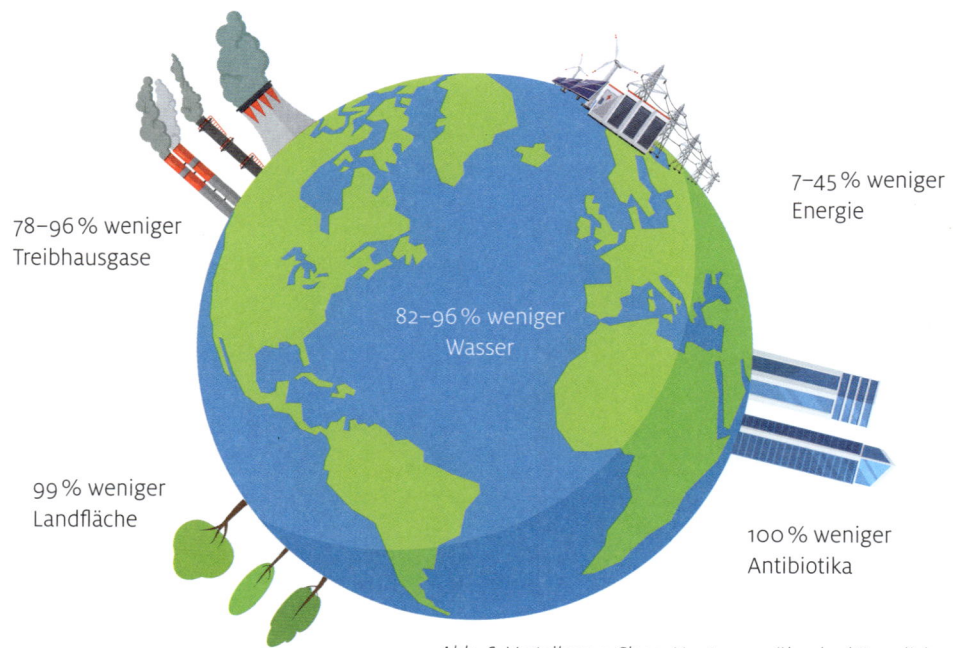

78–96 % weniger Treibhausgase

7–45 % weniger Energie

82–96 % weniger Wasser

99 % weniger Landfläche

100 % weniger Antibiotika

Abb. 6. Vorteile von Clean Meat gegenüber herkömmlichem Fleisch

andere tierische Produkte liefern, ganz einfach ohne die Ausbeutung und Tötung der Tiere bekommen werden. Daher spielt die Entwicklung von veganen Tierproduktalternativen eine so zentrale Rolle, und die aktuell bereits vielversprechenden veganen Ersatzprodukte werden zukünftig noch mehr überzeugen und ab einem gewissen Punkt nicht mehr vom tierischen Äquivalent unterscheidbar sein. Zusätzlich werden neue Technologien echtes Fleisch unabhängig vom Tier aus Zellen wachsen lassen. Wird es also nicht der ethische Fortschritt alleine sein, der ein Ende der »Nutztierhaltung« bringt, dann wird es der technologische Fortschritt sein.

Dabei ist es nicht weiter verwunderlich, dass viele Menschen sich eine derartige neue Welt heutzutage noch kaum vorstellen können. Denn wie eine oft zitierte Maxime besagt, neigen wir Menschen seit jeher dazu, zu überschätzen, was sich in unserer Gesellschaft kurzfristig verändern kann – und wir unterschätzen, was sich langfristig verändern wird. Wie der Tierrechtsaktivist und Autor Paul Shapiro betont, sind es primär technologische und nicht ethische Gründe gewesen, die dazu führten, dass wir heute nicht mehr Wale für ihren Tran, Tauben für ihre Flugleistung und Pferde für ihre Muskelkraft ausbeuten. Wir brauchen heutzutage schlichtweg den Tran der Wale nicht mehr für Öllampen, weil Tran durch Petroleum abgelöst wurde. Zudem haben wir mittlerweile ohnehin effizientere Methoden gefunden, um Licht zu erzeugen. Tauben mussten nicht mehr als Nachrichtenüberbringer fungieren, weil Telegrafen erfunden wurden, die später von Faxgeräten und E-Mails abgelöst wurden. Auch Pferde wurden zumindest zu großen Teilen aus der Knechtschaft des Menschen entlassen, da Autos mit Verbrennungsmotoren erfunden wurden, die Kutschen ablösten. All das waren zwar technologische Innovationen, aber sie hatten dennoch einen Einfluss auf das Mensch-Tier-Verhältnis. Ebenso wie es heute Mischköstler*innen absurd finden würden, Wale zu töten, um trotz des Vorhandenseins von elektrischem Licht Öllampen zu benutzen, wird die Tötung von Tieren für Fleisch, Leder und andere tierische Produkte zukünftigen Generationen absurd erscheinen. Die Innovationen der sogenannten zellbasierten Landwirtschaft ermöglichen es heute schon, Fleisch aus Zellen zu kultivieren. Somit wird es in Zukunft möglich sein, mithilfe einer Zelle aus der Feder eines Huhns oder der Nabelschnur eines Kalbs Abertausende Kilos an hochwertigem, umweltfreundlichem und vor allem ethischem Fleisch zu produzieren, ohne dafür Tiere zu töten. Weitere Vorteile dieser innovativen Technologien zeigt Abbildung 6.

Zur Vertiefung: Das Buch **Neues Fleisch** des Journalisten Hendrik Hassel widmet sich dem Thema der zellbasierten Landwirtschaft und stellt viele der wichtigsten Pionierinnen und Pioniere in diesem Feld vor. In den zwölf Kapiteln und den zwölf abschließenden eigenen Thesen informiert Hendrik umfassend über Zellkulturfleisch, mikrobiell produzierte Milchprodukte und viele weitere spannende Themen rund um diese innovative Art der Lebensmittelproduktion. Weitere lesenswerte Bücher zu diesem Thema sind **Sauberes Fleisch** von Paul Shapiro und **Clean Meat** von Nadine Filko.

NIKOS EMPFEHLUNG:
Top 3 vegane Sachbücher *(Ernährungswissenschaft)*

Vegan for Life
Jack Norris & Virginia Messina

Ein Grundlagenwerk für die einfache Umsetzung einer veganen Ernährung im Alltag. Behandelt werden u.a. ethische Themen, kritische Nährstoffe, Strategien in der Ernährungsumstellung, vegane Ernährung für Schwangere, Stillende, Kinder und Senioren sowie Krankheitsprävention durch Ernährung. Der Diätologe Jack Norris und die Diätologin Virginia Messina führen auch lesenswerte Ernährungsblogs (www.jacknorrisrd.com, www.thevegandr.com) und betreiben zusammen mit Kolleg*innen die informative Webseite www.veganhealth.org (in Englisch). Virginia Messina hat darüber hinaus **Vegan for her** (auch in Deutsch erhältlich), ein Buch über die Besonderheiten der veganen Ernährung für Frauen sowie **Never to late to go vegan** (in Englisch) zum Thema der veganen Ernährung im fortgeschrittenen Alter verfasst.

How Not To Die
Dr. Michael Greger & Gene Stone

Dr. Michael Greger zeigt in seinem Buch anhand einer Fülle an Studien, wie man den 15 häufigsten Todesursachen in westlichen Ländern effektiv vorbeugen, diese bei Auftreten stoppen und in manchen Fällen sogar reversieren kann. Darüber hinaus gibt er mit Dr. Greger's Daily Dozen eine einfache Hilfestellung, wie sich die nährstoffreichsten Lebensmittel täglich in den Speiseplan integrieren lassen. Äußerst lesenswert sind auch seine Bücher **How Not To Diet** zum Thema gesunde Gewichtskontrolle und **How Not To Die In A Pandemic** (beide in Deutsch erhältlich) zum Pandemierisiko durch die westliche Ernährung und was man dagegen tun kann. Empfehlenswert sind die ergänzenden Kochbücher zu seinen ersten beiden Büchern. Dr. Greger hat zudem die Webseite www.nutritionfacts.org gegründet, auf der es Hunderte Ernährungsvideos zu Themen wie Ernährungstherapie, Fasten, Nährstoffbedarfsdeckung usw. gibt.

Vegetarische und vegane Ernährung
Dr. Claus Leitzmann & Dr. Markus Keller

In der Erstauflage noch **Vegetarische Ernährung** betitelt, liefert diese Neuauflage auch vielfältige evidenzbasierte Inhalte zu veganer Ernährung. Keine leichte Kost, denn an vielen Stellen werden Grundlagen der Ernährungswissenschaft zum vollständigen Verständnis vorausgesetzt. Doch auch für Laien bietet das Buch jede Menge Infos zur historischen Entwicklung der veganen und vegetarischen Ernährung, zu gesundheitlichen Auswirkungen der Kostformen und Hintergrundwissen zu den Nährstoffen. Dr. Leitzmann ist Co-Autor des Klassikers **Vollwert-Ernährung**. Dr. Keller, Gründer des Forschungsinstituts für pflanzenbasierte Ernährung (IFPE), ist Co-Autor von **Vegane Ernährung in Schwangerschaft, Stillzeit und Beikost** und **Vegane Kinderernährung**.

NIKOS EMPFEHLUNG:
Top 3 vegane Sachbücher *(Sonstiges)*

Der Weg zur veganen Welt
Tobias Leenaert

Tobias Leenaert ist u. a. Mitbegründer von **ProVeg International** und veröffentlicht lesenswerte Artikel auf seinem Blog **The Vegan Strategist**. In seinem Buch teilt er die Quintessenz seiner über 20-jährigen Erfahrung als veganer Aktivist. Das Buch liefert einen ebenso klugen wie pragmatischen Leitfaden zur Verbreitung der veganen Lebensweise zum Wohle aller. Tobias scheut dabei nicht davor zurück, unliebsame Themen anzusprechen, und wirft einen undogmatischen Blick auf Strategien, Ziele und Kommunikation der veganen Bewegung. Er geht der Frage nach, wie effektiver veganer Aktivismus aussehen kann und inwieweit unsere tierethischen Überzeugungen uns manchmal im Weg stehen. **Der Weg zur veganen Welt** ist ein wichtiges Buch für alle vegan lebenden Menschen, um mit ihrem Umfeld rational zu kommunizieren.

Warum wir Hunde lieben, Schweine essen und Kühe anziehen
Dr. Melanie Joy

Die überarbeitete 10-Jahres-Jubiläumsausgabe dieses Buchs zeigt auf, warum in unserer Gesellschaft manche Tiere wie Familienmitglieder betrachtet und wertgeschätzt werden, während andere Tiere ausgebeutet und getötet werden. Die amerikanische Psychologin Dr. Melanie Joy erläutert die komplexen sozialen und psychologischen Mechanismen, durch die bestimmte Lebewesen in unseren Augen zu Lebensmitteln, werden und zeigt, welches Glaubenssystem diese und andere Formen der Diskriminierung ermöglicht. DieGründerin der Organisation **Beyond Carnism** verfasste weitere Bücher wie **Beyond Beliefs** und **The Vegan Matrix** (beide nur in Englisch erhältlich). Ersteres beschreibt, wie man als vegan lebender Mensch in einer nicht veganen Welt die eigenen Werte richtig kommunizieren und erfüllende Beziehungen über die Grenzen unterschiedlicher Ernährungsstile hinaus aufbauen kann.

Food Revolte: Ein vegan-feministisches Manifest
Anna-Lena Klapp

Frauen machen etwa drei Viertel der veganen Bewegung in Deutschland aus, und dennoch werden deutlich häufiger Männer als Leitfiguren des Veganismus inszeniert. Die Ernährungswissenschaftlerin und Aktivistin Anna-Lena Klapp beleuchtet in ihrem Buch konkrete Beispiele und zeigt auf, inwiefern sich patriarchale Muster in der veganen Bewegung wiederfinden lassen. Damit einher geht laut ihrem Buch – bewusst oder unbewusst – die Aufrechterhaltung sexistischer Strukturen, die im Sinne einer wirklich gerechten und nachhaltigen Gesellschaft überwunden werden müssen. Dieses Buch verdeutlicht, wie wichtig es ist, dass Feminismus und Veganismus Hand in Hand gehen, und gibt hilfreiche Lösungsvorschläge.

GRÜNDE

FÜR EINE VEGANE LEBENSWEISE

WARUM VEGAN LEBENDE MENSCHEN
keine tierischen Produkte konsumieren

Wie 2019 eine Befragung an 24.000 vegan lebenden Menschen aus 15 europäischen Ländern zeigte, haben viele von ihnen mehr als nur einen Grund für ihren Umstieg auf eine vegane Lebensweise.[1] Ethische, ökologische und gesundheitliche Gründe zählen zu den am häufigsten genannten. Da die meisten Befragungen dieser Art mehrere Antwortmöglichkeiten zulassen, war jedoch lange Zeit nicht durch Umfragen belegt, welche Motivation bei vegan lebenden Menschen in den DACH-Staaten der schwerwiegendste Beweggrund für den initialen Umstieg und welcher der wichtigste für das Beibehalten der veganen Ernährung ist.

Durch eine eigens durchgeführte Umfrage mit 10.000 vegan lebenden Menschen in unseren sozialen Netzwerken konnten wir diese Frage nun aber ebenfalls beantworten. Es zeigte sich, dass das ethische Argument mit 62 Prozent sowohl der mit Abstand gewichtigste Grund für den initialen Umstieg als auch mit 69 Prozent der gewichtigste Grund für die Aufrechterhaltung der veganen Lebensweise für Personen aus den DACH-Staaten ist.[2] Daraus lässt sich folgern, dass bei einigen Menschen, bei denen Tierethik nicht die ursprünglich stärkste Motivation war, diese mit der Zeit an Priorität gewann. 22 Prozent stiegen ursprünglich aus gesundheitlichen Gründen um, allerdings waren diese nur noch bei knapp 12 Prozent der Hauptgrund für die Weiterführung der veganen Ernährung. Die Häufigkeit der ökologisch motivierten veganen Ernährung änderte sich hingegen im Laufe der Zeit mit 13 Prozent (Umstieg) zu 15 Prozent (Aufrechterhaltung) nur geringfügig.

Weltgesundheitliche (Pandemien, Antibiotikaresistenzen usw.), religiöse und kulinarische Gründe spielten hingegen nur eine untergeordnete Rolle. Dies deckt sich mit einer der wenigen weiteren Single-Choice-Umfragen zur Hauptmotivation für den Umstieg mit über 12.000 Teilnehmer*innen (vorwiegend aus Australien, USA, Kanada und dem Vereinigten Königreich), in der 68 Prozent Tierethik, 17 Prozent Gesundheit und knapp 10 Prozent Umweltschutz als primären Grund angaben.[3] Anhand der im vorherigen Kapitel gezeigten Definition des Veganismus nach der *Vegan Society* überrascht es nicht, dass sich die Mehrheit der vegan lebenden Menschen aus ethischen Gründen für eine vegane Lebensweise entscheidet. Die Tierethik bildet nämlich seit jeher den Kern des Veganismus.[4] Dennoch wird gesellschaftlich (und in den sozialen Medien) der Fokus sehr oft überwiegend oder gar ausschließlich auf die gesundheitlichen oder ökologischen Aspekte der veganen Ernährung gelegt. Dies führt wiederum dazu, dass der eigentliche Kernpunkt oft außen vor bleibt. So wird verhindert, dass über diejenigen gesprochen wird, die unter unserer aktuellen Lebensweise am meisten leiden: jene Tiere, die wir als sogenannte »Nutztiere« bezeichnen und die für unsere Ernährung, Kleidung, Forschungszwecke und vieles weitere ausgebeutet und getötet werden – obwohl es heutzutage in den meisten Fällen nicht mehr notwendig ist. In welchem Ausmaß westliche Länder wie Deutschland Tiere alleine zu kulinarischen Zwecken töten, zeigt Abbildung 7. Durchschnittlich isst jeder Mensch in Deutschland im Laufe seines Lebens weit mehr als 1.000 Tiere, die in den allermeisten Fällen unter unwürdigen Bedingungen gehalten und nach nur einem Bruchteil ihres Lebens getötet wurden.

So viele Tiere isst jede Person in Deutschland in ihrem Leben

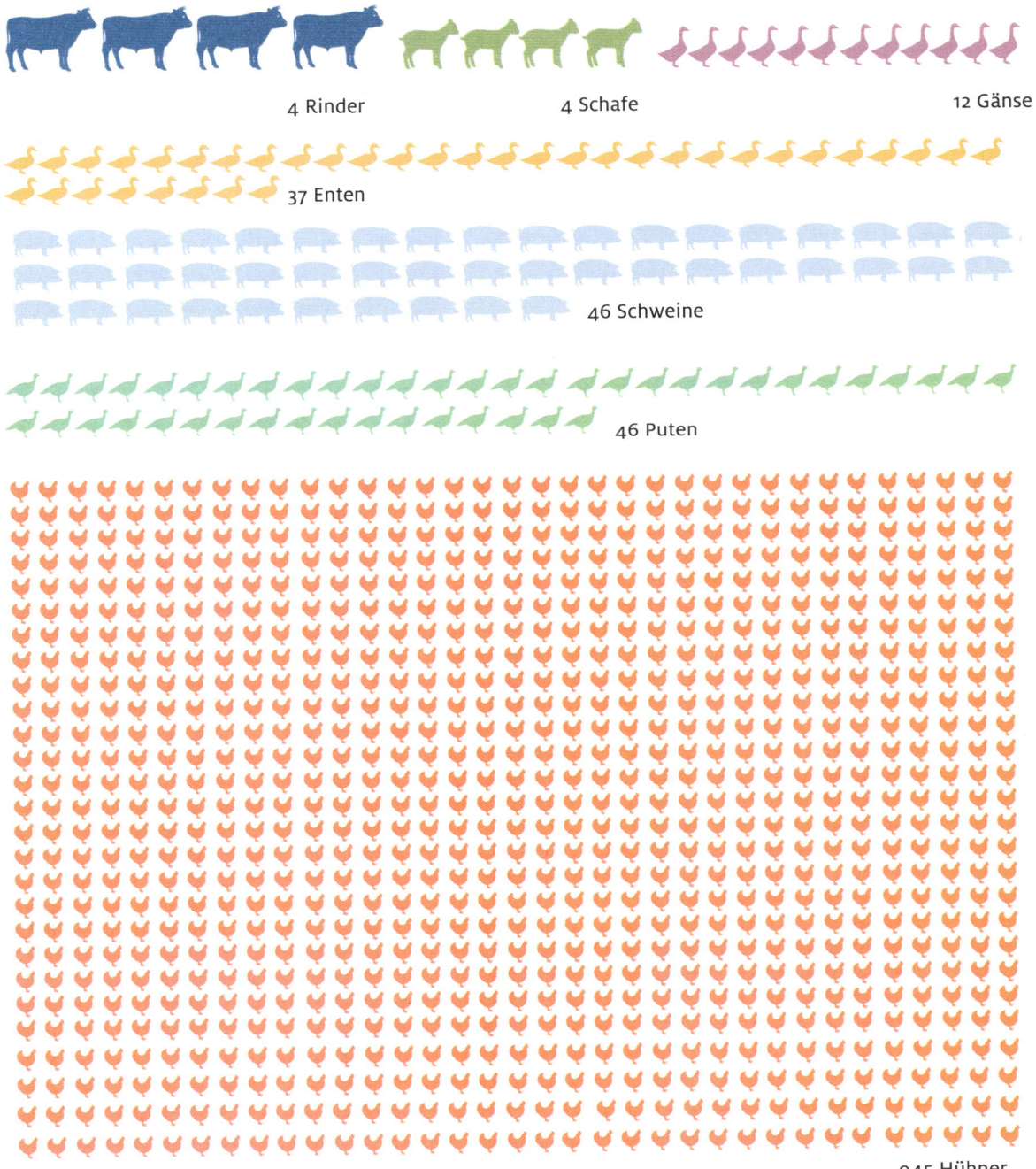

4 Rinder   4 Schafe   12 Gänse

37 Enten

46 Schweine

46 Puten

945 Hühner

Abb. 7. Lebenslanger Durchschnittsverzehr an Tieren in Deutschland pro Person[5]

Alleine in Deutschland werden pro Tag (!) mehr als 2 Millionen Landtiere für den Verzehr geschlachtet (Fische nicht einberechnet).[6] Weltweit sind es täglich über 200 Millionen.[7] Würde man Menschen in dieser Geschwindigkeit töten, wäre die Menschheit in etwa 40 Tagen vom Planeten verschwunden. Abbildung 8 illustriert, wie jung die allermeisten Nutztiere sterben müssen und wie lange ihre eigentliche Lebenserwartung wäre. Männliche Küken von Legehennen werden bereits am Tag ihrer Geburt getötet, weil sie einerseits für die Eierindustrie nicht zu gebrauchen sind und andererseits einer Zuchtrasse entspringen, die zu langsam Fleisch ansetzt, sodass ihre Aufzucht aus Sicht der Betriebe unökonomisch wäre. Aber auch Masthähnchen (männliche wie weibliche) werden nur wenige Wochen alt, obwohl ihre natürliche Lebenserwartung mehrere Jahre beträgt. Dasselbe gilt für Kaninchen, Schweine, Rinder und weitere Tiere, deren Fleisch vom Menschen verzehrt wird. Wie nachfolgend in diesem Buch beschrieben wird, ist der schnellere Tod dieser Tiere aber in vielen Fällen sogar noch die bessere Alternative als das Überleben von beispielsweise Milchkühen und Legehennen, deren Leid sich dadurch lediglich in die Länge zieht.

Zwar sprechen auch ökologische, (welt)gesundheitliche und weitere Argumente für eine drastische

DAS KURZE LEBEN VON NUTZTIEREN

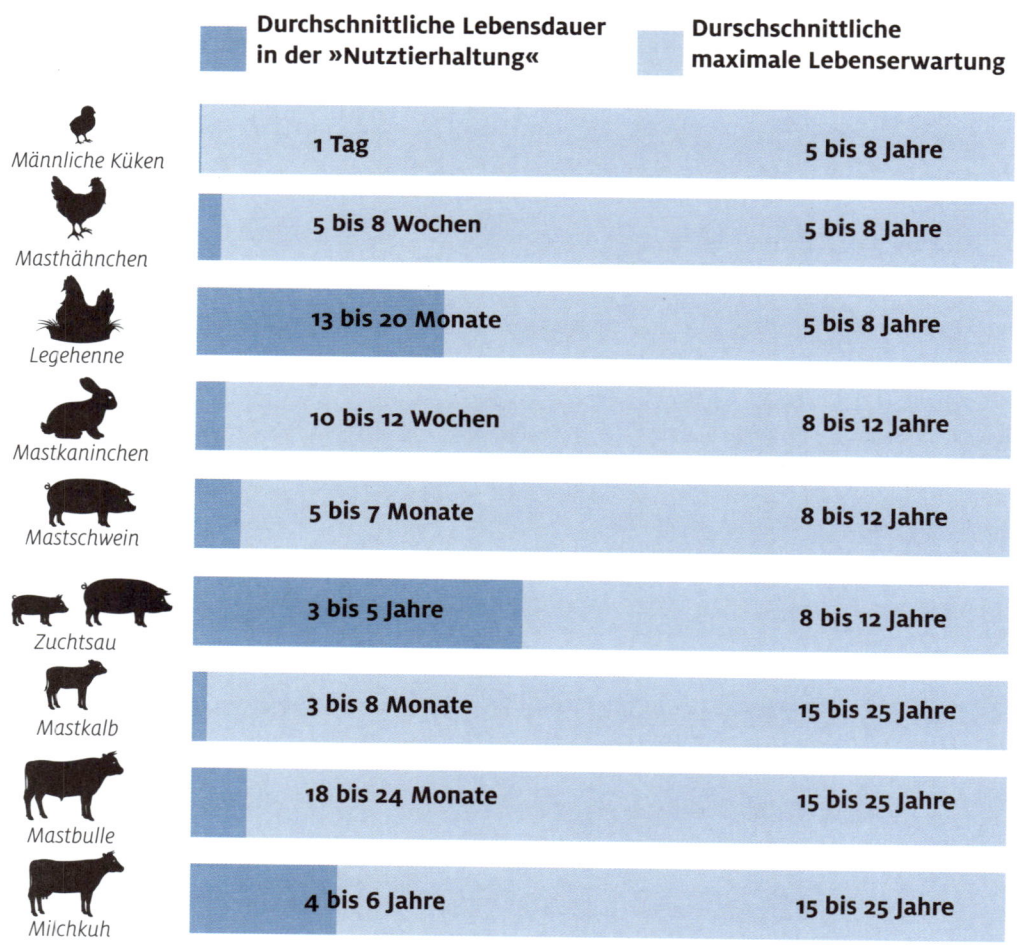

Abb. 8. Lebensdauer in der »Nutztierhaltung« im Vergleich zur Lebenserwartung von Tieren[8,9,10,11]

Reduktion des Konsums von Fleisch und anderen tierischen Lebensmitteln[12], aber eine komplette Abkehr von der Tierausbeutung kann nur ethisch begründet werden, da alle anderen negativen Aspekte der aktuell vorherrschenden Tierhaltung bereits durch Reformen der Haltungsbedingungen bzw. eine Einschränkung der Tierhaltung erreicht werden könnten. Mit anderen Worten: Die desaströsen ökologischen Auswirkungen der weltweiten Tierhaltung sowie die Gefahren von Antibiotikaresistenzen und Zoonosen könnten bereits damit in Schach gehalten werden, dass deutlich weniger Tiere unter anderen Bedingungen gehalten werden. Dadurch würden zwar insgesamt weniger Tiere ausgebeutet, aber für das weiterhin ausgebeutete Individuum machte es keinen Unterschied. Wie der amerikanische Philosoph Tom Regan schrieb, verlangt der Tierrechtsaktivismus nicht größere Käfige, sondern leere Käfige.[13] Daher treten vegan lebende Menschen dafür ein, dass nicht weniger Ausbeutung und Grausamkeiten gegenüber Tieren geschehen, sondern dass nichts mehr davon geduldet wird. Das Ziel kann dabei nicht sein, Tierleid komplett zu verhindern; das ist in einer derart komplexen Welt für ein Individuum nicht umsetzbar. Allerdings macht es ethisch gesehen einen bedeutenden Unterschied, ob Leidverursachung und Tötung mit oder ohne Absicht begangen werden und welche Maßnahmen unternommen werden, um Leid für Menschen und andere Tiere auf ein möglichstes Minimum zu reduzieren.

Abb. 9. Hühner mit ausreichend Auslauf - ein seltenes Bild in der Tierhaltung

Im Jahr 2021 wurden in Deutschland in der Eierindustrie etwa 45 Millionen männliche Küken an ihrem ersten Lebenstag vergast, weil sie keine Eier legen und aufgrund ihrer Zuchtlinie zu wenig schnell Gewicht für die Mast zulegen und somit unrentabel sind.

Zur Vertiefung: Die Dokumentation **The Game Changers** beschäftigt sich mit der Frage, wie sich der Wechsel zu einer veganen Ernährung auf die Leistungsfähigkeit von Athlet*innen auswirkt und ob diese trotz oder gerade wegen der veganen Kost zu Höchstleistungen imstande sind. Zu Wort kommen unter anderem Arnold Schwarzenegger, Lewis Hamilton, Patrik Baboumian, Dotsie Bausch und viele weitere. Trotz kleinerer einseitiger pro-veganer Verzerrungen ist dies eine durchweg gute Dokumentation, die auch von Organisationen wie dem American College of Lifestyle Medicine befürwortet wird. Ein ähnliches Konzept verfolgt die vegane Sport-Dokumentation **V like Victory aus Deutschland**, die kostenlos auf Youtube angesehen werden kann.

GRÜNDE
für die Exklusion von Fleisch

Vieles spricht dafür, dass dem Verzehr von Fleisch eine bedeutende Rolle in der Evolution des Menschen zukam.[14] Dennoch überschätzen viele Personen dessen evolutive Relevanz vor allem in Bezug auf die Entwicklung unserer kognitiven Fähigkeiten, für die andere Aspekte wie das Kochen von deutlich größerer Bedeutung waren.[15] Egal welche Rolle der Fleischverzehr zu früheren Zeiten gespielt haben mag, in der heutigen Zeit mit dem Zugang zu einem solch reichhaltigen veganen Lebensmittelangebot inklusive angereicherter Lebensmittel und Nahrungsergänzungsmittel ist hierzulande niemand mehr auf den Fleischverzehr angewiesen.[16] Das soll nicht heißen, dass es auf keinem Teil der Welt in keiner Situation jemals eine gerechtfertigte Argumentation für den Fleischverzehr geben kann. Aber in privilegierten westlichen Ländern wie den DACH-Staaten gibt es dafür keine ethische Rechtfertigung. Dort stellt der Konsum tierischer Lebensmittel lediglich ein (kulinarisches) Begehren dar. Diesem liegt keine ernährungsphysiologische Notwendigkeit zugrunde, und gleichzeitig verletzt er schwerwiegende Bedürfnisse von Tieren, wie ihr Interesse an der Vermeidung von Leid, Ausbeutung und der Tötung.

Die Ethik als philosophische Disziplin versucht dabei, sehr vereinfacht gesagt, zu gewährleisten, dass möglichst viele Individuen ein möglichst gutes Leben führen können. Ein ethisches Miteinander ist somit im Sinne aller Individuen, die nicht vollkommen isoliert von jeglicher Gesellschaft leben. Wichtig ist dabei, dass Willkür (ein für andere nicht nachvollziehbares Handeln aufgrund rein persönlicher Beweggründe, welches sich nicht an bestimmte Regeln hält) zum Wohle aller Personen innerhalb der Gesellschaft ausgeschlossen wird. Denn wie uns die Geschichte lehrt, ist dort, wo Willkür herrscht, auf Dauer kein funktionierendes, gelingendes Miteinander möglich.

Da Willkür zu unbegründeter Schlechterbehandlung führen sowie einem funktionierenden Miteinander im Wege stehen kann, ist es im Interesse aller Menschen, Willkür in allen Lebensbereichen zu vermeiden –

denn die willkürliche Schlechterbehandlung kann jeden treffen. Ein wichtiger Grundsatz, um Willkür zu vermeiden, lautet Gleiches gleich und Ungleiches ungleich zu behandeln. Ein Beispiel: Eine Forderung, der die allermeisten Menschen bereitwillig zustimmen, ist das Ziel, dass keinem leidensfähigen Individuum willkürlich Leid zugefügt werden sollte, weil jenes Leid sonst auch sie selbst treffen könnte. Wenn zur Vermeidung von Willkür Gleiches gleich zu behandeln ist, dann kann das Ziel, jemandem nicht willkürlich Leid zuzufügen, allerdings nicht einfach ohne Weiteres auf Menschen alleine beschränkt werden; die Fähigkeit zu leiden macht nicht an der Speziesgrenze Halt. Wer diese Form der Berücksichtigung auf Menschen beschränken will, müsste im Sinne der Willkürvermeidung aufzeigen können, welche in dieser Hinsicht relevante Eigenschaft alle Menschen von anderen Tieren bezüglich des Zufügens von Leid trennt. Die bloße Spezieszugehörigkeit kann für sich genommen kein ausreichendes Kriterium sein, um eine klare Mensch-Tier-Grenze zu ziehen. Trotz vielfältiger Bemühung zahlreicher Menschen, die ihren Fleischkonsum rechtfertigen wollen, konnte keine derartige einzigarte Eigenschaft beim Menschen schlüssig, konsistent und frei von Willkür aufgezeigt werden.

Zudem darf nicht ignoriert werden, welche Menschenrechtsverletzungen im Rahmen der industriellen Intensivtierhaltung immer wieder dokumentiert werden. Auch deutsche Schlachtbetriebe beuten in vielen Fällen systematisch Menschen aus osteuropäischen Ländern aus. Berichte zeigen, dass etwa drei Viertel der Arbeiter*innen unfaire Werkverträge bei Subunternehmen haben, bei denen sie, zum Teil über Tricks bei der Arbeitszeitenregelung, nicht einmal den gesetzlichen Mindestlohn erhalten. Viele der Beschäftigten wohnen außerdem in unwürdigen Massenunterkünften, in denen bis zu sechs Personen in einem Zimmer mit nur einem Gemeinschaftsbadezimmer unter meist mangelhaften hygienischen Zuständen leben müssen.[17] Die begrenzte Datenlage zu der psychischen Belastung durch die Arbeit in Schlachthäusern

Warum vegan lebende Menschen kein Fleisch essen

Billigfleisch verletzt Menschenrechte

Um die Kosten für Fleisch möglichst gering zu halten, beuten auch deutsche Schlachtbetriebe oft Menschen aus. Arbeiter*innen werden nicht gerecht vergütet, haben unfaire Werkverträge und hausen in unwürdigen Massenunterkünften. Ihre Arbeit ist überdies psychisch belastend und erhöht das Risiko für das Auftreten von psychischen Störungen sowie Drogen- und Alkoholsucht.

Tiere fühlen Schmerz, Leid und Angst

Sämtliche von uns als »Nutztiere« gehaltenen Tiere haben ein gut belegtes physisches und psychisches Leidempfinden und somit ein klares Interesse an der Leidvermeidung sowie am Aufrechterhalten ihres Lebens. Es ist nur folgerichtig, dieses Interesse zu berücksichtigen und ihnen kein Leid zuzufügen und sie nicht zu töten.

Die »Nutztierhaltung« ist ein Gefahrenherd für Pandemien

Das Risiko für das Auftreten von gefährlichen Zoonosen ist unweigerlich mit der Fleischproduktion verknüpft. Bis zu drei Viertel aller humanpathogenen Erreger stammen aus der »Nutztierhaltung«. So ist es nur eine Frage der Zeit bis zur nächsten globalen Pandemie.

Eine gerechte Gesellschaft kann keine Tierausbeutung dulden

Eine lebenswerte Gesellschaft ist möglichst frei von Willkür und Ungerechtigkeiten. Das gesellschaftliche Ziel, Individuen nicht willkürlich Leid zuzufügen, kann dabei nicht rational begründbar nur auf Menschen beschränkt werden, da die Fähigkeit zu leiden nicht an der Speziesgrenze haltmacht.

Fleisch hat kein Monopol auf Nährstoffe

Man findet alle im Fleisch enthaltenen überlebensnotwendigen Nährstoffe auch in anderen nicht tierischen Lebensmitteln. Eine gesunde Ernährung kann auch ohne die Ausbeutung dieser Tiere gelingen.

»Nutztierhaltung« ist der weltweit größte Antibiotikaverbraucher

Laut WHO ist die »Nutztierhaltung« durch die willkürliche und übermäßige Verabreichung von Antibiotika an die Tiere einer der relevantesten Gründe für das Auftreten von Antibiotikaresistenzen. Weltweit werden etwa drei Viertel aller Antibiotika nicht in der Humanmedizin, sondern in der Tierhaltung angewendet.

Übermäßiger Fleischkonsum belastet die Umwelt

Führende Fachgesellschaften sind sich einig, dass Ernährungsweisen mit einem großen Anteil an tierischen Produkten schlechter für die Umwelt sind, weil sie mehr Ressourcen verbrauchen und mehr Umweltschäden verursachen. Der Konsument tierischer Produkte ist ein enormer Flächen- und Wasserverbraucher und maßgeblich an der Regenwaldabholzung, dem Artensterben und dem Klimawandel beteiligt.

Abb. 10. Probleme verbunden mit dem Verzehr von Fleisch

offenbart ebenfalls Besorgniserregendes: Eine groß angelegte Studie aus den USA zeigte, dass mit der Errichtung von Schlachthäusern in Gemeinden die Rate an Strafdelikten – vor allem Sexual- und Gewaltverbrechen – überproportional anstieg.[18] Studien untermauern, dass die Arbeit in Schlachthäusern das Risiko für das Auftreten von psychischen Störungen sowie Drogen- und Alkoholsucht erhöht.[19]

Letztendlich sollte es bei all den Diskussionen auch schlichtweg darum gehen, die altbekannte goldene Regel der Ethik in der Variante des Philosophen Leonard Nelson konsequent zu befolgen: Man möge so handeln, dass man auch selbst in diese Handlung einstimmen würde, wenn die Interessen des betroffenen Individuums die eignen wären.[20] Da sämtliche von uns als »Nutztiere« bezeichneten Lebewesen ein gut belegtes physisches und psychisches Leidempfinden haben und somit ein klares Interesse an der Leidvermeidung und am Aufrechterhalten ihres Lebens aufweisen, ist es nur folgerichtig, dieses Interesse zu berücksichtigen und ihnen kein Leid zuzufügen und sie nicht zu töten. Wenn wir in der Situation des Opfers wären, würden wir uns ebenso sehr wünschen, dass sich jemand so für unsere Interessen einsetzt, wie es vegan lebende Menschen für andere Tiere tun. Nur weil wir Menschen aktuell in der überlegenen Position sind, haben wir nicht das Recht, diese Situation auszunutzen. Eine so deutliche Interessensverletzung nur aufgrund der Spezieszugehörigkeit zu begehen, ist ebenso falsch, wie sie es aufgrund der ethnischen Zugehörigkeit, des Geschlechts oder anderer willkürlich gewählter Merkmale ist. Somit ist die Kritik am vorherrschenden Speziesismus ebenso wie Kritik an anderen Formen der Diskriminierung wie dem Rassismus und dem Sexismus rational und solide begründbar. Unsere Gesellschaft entwickelt sich nicht nur technologisch, sondern auch ethisch weiter. Es ist an der Zeit, auch nicht menschliche Tiere in unsere ethische Betrachtung miteinzubeziehen. Am Ende des Tages profitiert davon jeder einzelne Mensch, denn eine sich an ethischen Werten orientierende Gesellschaft ist nicht nur eine lebenswertere für all die anderen Tiere, sondern auch für die Menschen.

Auch wenn abseits der ethischen Gründe keine weiteren Argumente für das Ende der Tierausbeutung nötig sind (ebenso wie es abseits der ethischen Begründung keine weiteren Rechtfertigungen für die Abschaffung der Apartheid oder anderer sozialer Ungerechtigkeiten geben musste), gibt es dennoch eine Reihe an ökologischen und weltgesundheitlichen Aspekten der modernen Intensivtierhaltung, die ebenfalls in der Diskussion um den Fleischverzehr nicht unbeachtet bleiben dürfen. Die weltweit größte Ernährungsfachgesellschaft – die Academy of Nutrition and Dietetics (AND) – schreibt dazu: »Pflanzenbasierte Ernährungsformen sind umweltfreundlicher als Ernährungsweisen mit einem großen Anteil an tierischen Produkten, weil sie weniger Ressourcen verbrauchen und somit weniger Umweltschäden verursachen.«[21] Die weltweite »Nutztierhaltung« ist für etwa drei Viertel der Amazonasregenwald-Abholzungen verantwortlich,[22] verursacht im europäischen Durchschnitt etwa 17 Prozent der Treibhausgasemissionen (mehr als alle Autos in der EU; siehe Abbildung 12)[23] und ist ein enormer Flächenverbraucher. Etwa ein Drittel der weltweiten Landfläche[24] bzw. drei Viertel der landwirtschaftlich genutzten Fläche[25] werden direkt oder indirekt durch die »Nutztierhaltung« belegt. Obwohl sie also den Großteil der Fläche einnimmt, liefern die dadurch produzierten tierischen Lebensmittel nur etwa 18 Prozent aller weltweit produzierten Kalorien bzw. 37 Prozent aller Proteine.[26]

Laut der World Health Organization (WHO) ist die »Nutztierhaltung« außerdem durch die willkürliche und übermäßige Verabreichung von Antibiotika an die Tiere einer der relevantesten Gründe für das Auftreten von Antibiotikaresistenzen.[27] Weltweit werden etwa drei Viertel der Antibiotika nicht in der Humanmedizin, sondern in der Tierhaltung angewendet,[28] und Prognosen gehen davon aus, dass 2050 jährlich mehr Menschen an Antibiotikaresistenzen als an Krebs sterben werden.[29] Somit riskieren wir, einen der bedeutendsten medizinischen Meilensteine des letzten Jahrhunderts lediglich aufgrund des unstillbaren Verlangens nach möglichst viel billigem Fleisch und anderen tierischen Lebensmitteln einzubüßen. Auch das Thema Zoonosen (= Infektionskrankheiten, die von Tieren auf den Menschen – und umgekehrt – übertragbar sind) ist unweigerlich mit der Fleischproduktion verknüpft. Zoonosen wie die Geflügelgrippe oder der Rinderwahn[30] stammen ebenso wie bis zu drei Viertel aller humanpathogenen Erreger aus der

Vegane Alternativen zu Fleisch & Wurst

Basis für selbst gemachte Fleischalternativen

- (Räucher-)Tofu *(z. B. von Taifun oder Svadesha)*
- (Räucher-)Tempeh *(z. B. von Tempehmanufaktur oder Nagel)*
- Seitan *(Seitan-Fix z. B. von Vantastic Foods oder Veganz)*
- Erbsenhack *(z. B. von dmBio oder Latao)*
- Sonnenblumenhack *(z. B. von Sunflower Family oder enerBIO)*
- Sojahack *(z. B. von Vantastic Foods oder Veganz)*
- Jackfruit *(z. B. von Jacky F. oder Govinda)*

Vegane Wurstalternativen

- Vegane Leberwurst *(siehe Rezept Seite 112 oder z. B. von Granovita)*
- Veganer Aufschnitt *(z. B. von Veganz)*
- Vegane Teewurst *(z. B. von Rügenwalder Mühle)*

Vegane Convenience-Fleischalternativen

- Fleischersatz auf Weizen-Seitanbasis *(z. B. von Wheaty oder Grüngold)*
- Fleischersatz auf Lupinenbasis *(z. B. von Alberts)*
- Fleischersatz auf Erbsenbasis *(z. B. von Vegini oder Planted)*
- Fleischersatz auf Sojabasis *(z. B. von Like Meat oder Garden Gourmet)*
- Fleischersatz auf Tofubasis *(z. B. von Lord of Tofu)*

Zellbasiertes & 3-D-gedrucktes Fleisch (noch nicht erhältlich)

- Upside Foods *(u. a. zellbasiertes Hühnerfleisch)*
- Super Meat *(u. a. zellbasiertes Hühnerfleisch)*
- Mosa Meat *(u. a. zellbasiertes Rindfleisch)*
- Aleph Farms *(u. a. zellbasiertes Steak)*
- Innocent Meat *(diverses zellbasiertes Fleisch)*
- New Age Meats *(u. a. zellbasiertes Schweinefleisch)*
- Peace of Meat *(u. a. zallbasiertes tierisches Fett)*
- Nova Meat *(3-D-gedrucktes Pflanzenfleisch)*
- Redefine Meat *(3-D-gedrucktes Pflanzenfleisch)*

Abb. 11. Vegane Alternativen zu Fleisch & Wurst

»Nutztierhaltung«.[31] So hieß es in einem Editorial des American Journal of Public Health im Jahr 2007 bezüglich des Zoonosen-Risikos durch die Tierhaltung: »Diejenigen, die Tierprodukte konsumieren, schaden damit nicht nur den Tieren und gefährden sich selbst, sondern sie bedrohen damit auch das Wohlergehen anderer Menschen, die heute oder in der Zukunft auf unserem Planeten leben.«[32] All diese Szenarien wären in einer Welt ohne »Nutztierhaltung« zwar nicht gänzlich verschwunden, aber das Risiko wäre bedeutend geringer.[33] Somit lässt sich sagen, dass die Bestrebungen der veganen Bewegung durchaus als Multi-Problemlöser (in Kombinationen mit anderen wichtigen Interventionen) fungieren. Obwohl alleine schon die ethischen Argumente eine Abkehr von der »Nutztierhaltung« dringend notwendig machen, verstärken die positiven Effekte auf die Umwelt und die Weltgesundheit die vegane Position zusätzlich.

Wie Abbildung 11 (S. 27) zeigt, gibt es in der veganen Ernährung zahlreiche gute Fleischalternativen, sodass man beliebte deftig-fleischige Aromen auch ohne den negativen Beigeschmack des Tierleids genießen kann. Durch eine gut geplante vegane Kost können alle in Fleisch dicht konzentrierten Nährstoffe auch ohne tierische Lebensmittel in ausreichender Menge zugeführt werden. In den kommenden Jahren wird außerdem durch Innovationen wie dem Zellkulturfleisch eine exakte Reproduktion von tierischem Gewebe ohne die negativen ethischen, ökologischen und weltgesundheitlichen Aspekte möglich sein.[34]

17 % der Treibhausgasemissionen in Europa stammen aus der »Nutztierhaltung«

Die »Nutztierhaltung« ermittiert in Europa

mehr

CO$_2$*

als alle

in Europa zugelassenen Autos zusammengezählt! **

*Gemessen in CO$_2$-Äquivalenten
**PKWs & Vans

Abb. 12. Treibhausgasemission im Europa im Vergleich

Zur Vertiefung: Die Dokumentation **The End of Meat** von Marc Pierschel (u. a. Produzent von **Live and Let Live**) geht den ethischen und ökologischen Folgen der globalen Fleischproduktion auf den Grund und zeigt auf, wie eine Welt ohne den Verzehr von Fleisch von geschlachteten Tieren aussehen könnte. Mit **The End of Meat** wurde erstmals auch das Thema der zellbasierten Landwirtschaft (u. a. die Produktion von Fleisch aus Zellen ohne Schlachtung des Tieres) beleuchtet und als aussichtsreiche Alternative auf dem Weg hin zu einer Welt ohne Tierausbeutung aufgezeigt.

GRÜNDE
für die Exklusion von Meerestieren

Mit Lebensmitteln aus dem Meer verhält es sich wie mit beinahe allen anderen tierischen Produkten: Ökologisch gesehen sind sie nicht per se problematisch, aber die schiere Masse, die die wachsende Weltbevölkerung verlangt, und die Methoden, die zur Deckung dieser steigenden Nachfrage zu möglichst günstigen Preisen gewählt werden, belasten unsere Umwelt schwerwiegend.[35] Im Jahr 2018 wurden etwa 180 Millionen Tonnen Fisch gefangen bzw. gezüchtet (etwa zu gleichen Teilen Wildfang und Aquakultur).[36] Das entspricht etwa der siebenfachen Menge im Vergleich zu 1950.[37] Wie diese Zahlen zeigen, werden Meerestiere im Gegensatz zu »Nutztierhaltung« am Land nicht als Individuen erfasst, sondern es wird lediglich das Gesamtgewicht gemessen – ein Umstand, der verdeutlicht, dass Meerestiere ethisch noch weniger Berücksichtigung als Land-»Nutztiere« erfahren. Wie viele Individuen das sind, lässt sich aufgrund des stark unterschiedlichen Gewichts schwer messen, Schätzungen gehen von etwa 1 bis 2,7 Billionen (1 Billion = 1.000 Milliarden) aus.[38]

Diese enorme Menge führt dazu, dass laut Weltfischereireport der Ernährungs- und Landwirtschaftsorganisation der Vereinten Nationen (FAO) etwa ein Drittel der weltweiten Fischbestände überfischt ist.[39] Wenn dieser Kurs beibehalten wird, könnte es bis Mitte dieses Jahrhunderts laut einer kanadischen Publikation sogar so weit kommen, dass die kommerzielle Fischerei komplett zusammenbricht.[40] Erschwerend kommt hinzu, dass beim konventionellen Fischfang nicht nur der Fisch aus seinem Lebensraum entfernt wird, sondern dass aufgrund der Fangmethoden oft das gesamte Ökosystem Schaden nimmt. Nicht zu vergessen die oftmals menschenunwürdigen Bedingungen auf See für die Mitarbeiter*innen. Diese werden in Publikationen als moderne Sklaverei beschrieben, denn um die Kosten zu senken, setzen einige Unternehmen Menschen ein, die dem Menschenhandel zum Opfer gefallen sind.[41] Viele von ihnen werden oft monate-oder gar jahrelang wie Sklaven an Bord gehalten undunter Gewaltandrohung gezwungen, bis

zu 20 Stunden täglich ohne freie Tage zu arbeiten.[42] Aquakulturen, die gängige Alternative zu herkömmlichem Wildfang, sind quasi Intensivtierhaltung unter Wasser. Sie verursachen viele vergleichbar schwere ethische, ökologische und weltgesundheitliche Probleme wie die Intensivtierhaltung an Land und sind daher ebenso keine tragbare Alternative.[43]

Reduzierte man hingegen die Produktionsmengen auf ein umweltverträgliches Maß und veränderte die Rahmenbedingungen so, dass derartige Menschenrechtsverletzungen bei den Arbeiter*innen auf hoher See nicht mehr begangen werden, wäre die Produktion so gering, dass die Nachfrage nicht im geringsten gedeckt werden könnte. Zudem wäre der Preis so hoch, dass nur wenige Menschen sich regelmäßig Fisch leisten könnten. Unabhängig davon, wie nachhaltig produziert wird, bleibt die Frage, was Menschen überhaupt das Recht gibt, Fische und andere Meerestiere zu töten, wenn es für ihr Überleben nicht notwendig ist. Wie die Wissenschaftlerin Victoria Braithwaite in ihrem lesenswerten Buch »Do Fish Feel Pain?« (nur in Englisch erhältlich) beschreibt, fühlen Fische nicht nur Schmerzen, sondern sind auch wesentlich intelligenter als es viele Menschen glauben.[44] Diese Erkenntnis unterstreicht der Verhaltensforscher Jonathan Balcombe in seinem aufschlussreichen Buch »What A Fish Knows (deutscher Titel »Was Fische Wissen«).[45] Mit ihrer ausgeprägten Lernfähigkeit und ihrem erstaunlichen Langzeitgedächtnis gleichen Fische vielen höheren Wirbeltieren. Manche von ihnen benutzen Werkzeuge, sie kommunizieren auf vielfältige Weise, kooperieren zum Teil sogar artübergreifend und weisen weitere Merkmale von sozialer Intelligenz auf.[46,47] Auch das von der Europäischen Union beauftragte AHAW-Panel (Animal Health and Welfare) schlussfolgerte anhand der wissenschaftlichen Datenlage: »Die Gesamtheit der Daten zeigt, dass einige Fischarten die Kapazität zur Schmerzempfindung aufweisen. [...] Reaktionen von gewissen Fischarten in bestimmten Situationen suggerieren, dass diese in der Lage sind, Angst zu erleben.«[48] Auch wenn das genaue Ausmaß noch nicht

Warum vegan lebende Menschen keine Fische, Krusten- und Schalentiere essen

Billigfisch verletzt auch Menschenrechte

Um die Kosten geringstmöglich zu halten, setzen manche Unternehmen Personen ein, die Opfer von Menschenhandel wurden. Diese werden oft Monate oder gar Jahre wie Sklaven an Bord gehalten und unter Gewaltandrohung zu Arbeit unter unwürdigen Bedingungen gezwungen.

Fischkonsum zerstört Ökosysteme

Der konventionelle Fischfang entfernt nicht nur wahllos große Mengen an Tieren aus dem Meer, sondern zerstört zugleich (z. B. durch Grundschleppnetze) den Meeresboden und damit ganze Ökosysteme. Da beispielsweise Korallen langsam wachsen, kann eine Erholung Jahrzehnte dauern.

Fische fühlen Schmerz und Angst

Das von der Europäischen Union beauftragte AHAW-Panel schlussfolgerte, dass die Datenlage klar dafür spricht, dass einige Fischarten die Kapazität zur Schmerzempfindung aufweisen und Emotionen wie Angst erleben können.

Fische, Krusten- und Schalentiere haben kein Monopol auf Nährstoffe

Man findet alle in diesen Tieren enthaltenen überlebensnotwendigen Nährstoffe auch in anderen nicht tierischen Lebensmitteln. So kann eine gesunde Ernährung auch ohne die Ausbeutung dieser Tiere gelingen.

Fischkonsum tötet nicht nur Fische

Unter den 10–40 Prozent Beifang der konventionellen Fischerei befinden sich pro Jahr mehrere Hunderttausend Wale, Delfine, Haie, Rochen, Meeresschildkröten und sogar Seevögel, die schwer verletzt oder tot zurück ins Meer geworfen werden.

Meerestiere sind oft mit Schadstoffen belastet

Es häufen sich Meldungen über Mikroplastik, Biozide, Schwermetalle und andere Industriegifte in Fischen, die zeigen, dass neben den guten Omega-3-Fettsäuren vieles in Meerestieren stecken kann, das man besser nicht zu sich nehmen möchte.

Fische werden noch grausamer als Landtiere behandelt

Die meisten kommerziell gefangenen Fische werden nicht betäubt, sobald sie an Bord geholt wurden. Sie ersticken entweder qualvoll an der Luft oder sie sterben, während sie lebendig und bei vollem Bewusstsein aufgeschlitzt und ausgenommen werden.

Abb. 13. Probleme verbunden mit dem Verzehr von Fischen, Krusten- und Schalentieren

Vegane Alternativen zu Meerestieren

Nährstoffe & Aroma

- Omega-3-Fettsäuren (EPA/DHA) → Mikroalgenöl *(Kapseln oder Öle; z. B. von Watson Nutrition oder Norsan)*
- Jod → Jodsalz oder Meeresalgen *(Achtung, teils hoher Jodgehalt; z. B. von Arche Naturkost oder Algamar)*
- Fischaroma → diverse Algen *(z. B. Nori oder Dulse)*

Pflanzliche Fischalternativen

- Algen-Tofu *(z. B. von Alberts oder Nagel)*
- Vegane Fischstäbchen *(z. B. von Vivera oder Vantastic Foods)*
- Veganer Lachs *(»Laxs« von Veganz oder »ZeaStar« von Vegan Finest Foods)*
- Veganer Karottenlachs von Sebastian *(siehe S. 158)*

Zellbasierter & 3-D-gedruckter Fisch (noch nicht erhältlich)

- BlueNalu *(u. a. zallbasierte Goldmakrele)*
- Bluu Biosciences *(u. a. zellbasierter Karpfen)*
- Finless Foods *(u. a. zellbasierter Thunfisch)*
- Wildtype *(u. a. zellbasierter Lachs)*
- Shiok Meats *(u. a. zellbasierte Shrimps)*
- Cultured Decadence *(u. a. zellbasierter Hummer)*
- Caviar Biotec *(u. a. zellbasierter Kaviar)*
- Revo Foods *(u. a. 3-D-gedruckter Lachs)*

Rezepttipp

Sebastians veganer Karottenlachs *(siehe S. 158)* überzeugt auch echte Lachs-Lieberhaber*innen!

Abb. 14. Vegane Fischalternativen

gänzlich klar ist, zeigt sich, dass Fische Strukturen besitzen, die den Schmerzrezeptoren im Menschen ähneln und dass sie auf Schmerzimpulse reagieren und versuchen, diese zu vermeiden.[49] Wenn eine uns geistig überlegene, aber körperlich und sprachlich gänzlich fremde Spezies auf die Erde kommt und sich anhand ihrer zur Verfügung stehenden Testmethoden unsicher ist, ob Menschen leidensfähig sind, wären wir auch froh, wenn die Entscheidung im Zweifel zu unseren Gunsten als potenziell Leidtragende ausgeht. Genauso sollten wir es mit Fischen und anderen Meerestieren halten.

Ein weiteres mit dem herkömmlichen Fischfang einhergehendes Problem ist der hohe ungewollte Beifang. Wie hoch dieser bemessen wird, hängt von der Methodik der Erfassung ab und davon, was genau als Beifang definiert wird. Selbst konservative Schätzungen gehen immer noch von 10–20 Prozent Beifang aus.[50] Wird eine strenge Beifang-Definition in Einklang mit den Prinzipien des nachhaltigen Managements angewandt, dann werden laut WWF rund 38 Millionen Tonnen (also etwa 40 Prozent des Gesamtfangs) als Beifang unbeabsichtigt aus dem Meer geholt und zumeist stark verletzt oder tot zurück ins Meer geworfen.[51] Dazu zählen pro Jahr auch mehrere Hunderttausend Wale, Delphine, Haie, Rochen, Meeresschildkröten und sogar Seevögel, die in den Netzen hängenbleiben. So sterben durch Beifang mehr Wale pro Jahr als zur Blütezeit des Walfangs im vergangenen Jahrhundert.[52] Der technologische Fortschritt hat es ermöglicht, dass wir Wale nicht mehr für ihr Öl jagen müssen, um es zum Heizen oder für Öllampen zur Lichterzeugung zu nutzen. Wir haben mittlerweile bessere und ethischere Alternativen dafür. Ebenso können wir in Zukunft durch immer besser werdende

pflanzliche und zellbasierte Fischalternativen aufhören, Fische und andere Meerestiere für unseren Genuss auszubeuten, und so die Weltmeere von der Lebensmittelindustrie befreien. Wie die Übersicht auf Seite 31 zeigt, gibt es in der veganen Ernährung zahlreiche gute Fischalternativen, die unseren Speiseplan mit marinen Geschmackserlebnissen sowie Nährstoffen wie Omega-3-Fettsäuren und Jod bereichern – ganz ohne Meerestiere.

Abb. 15. Buckelwal mit Nachwuchs
Pro Jahr ertrinken etwa 300.000 Wale, Delfine und Tümmler ungewollt in den Fangnetzen der Fischerei. Somit sterben heutzutage alleine durch Beifang jährlich mehr Wale als zur Blütezeit des Walfangs im letzten Jahrhundert.

Zur Vertiefung: Die für Netflix produzierte Dokumentation **Seaspiracy** befasst sich mit den ökologischen und ethischen Auswirkungen des globalen Fischfangs. Produziert wurde sie von Kip Andersen, der bereits die beiden Dokumentationen **Cowspiracy** und **What the Health** zu den ökologischen und gesundheitlichen Folgen des Konsums tierischer Produkte veröffentlicht hat. Alle drei stellen einige Sachverhalte etwas zu einseitig zugunsten des Veganismus dar, aber dennoch ist gerade Seaspiracy äußerst sehenswert, um die mit dem Fischverzehr assoziierten Probleme einem breiten Publikum begreifbar zu machen.

GRÜNDE
für die Exklusion von Milchprodukten

Auch wenn sich Milchprodukte in so gut wie jeder Ernährungsempfehlung der offiziellen Fachgesellschaften wiederfinden, zeigt die Datenlage, dass aus gesundheitlicher Sicht auch Ernährungsformen ohne Milchprodukte bei entsprechend guter Kostzusammenstellung bedarfsdeckend sind.[53,54,55] Um es mit den Worten des amerikanischen Mediziners Dr. Michael Klaper zu sagen: »Der menschliche Körper hat ebenso wenig einen zwingenden Bedarf an Kuhmilch wie an Hundemilch, Pferdemilch oder Giraffenmilch.«[56] Eine Kuh ist außerdem keine Milchmaschine, sondern gibt nur dann Milch (ebenso wie der Mensch und alle anderen Säugetiere), wenn sie Nachwuchs zur Welt gebracht hat. Dieser Umstand läuft allerdings zuwider der in den vergangenen Jahrzehnten kontinuierlich steigenden Nachfrage nach Milchprodukten, weshalb die Milchindustrie durch immer wiederkehrende Zwangsschwängerungen sowie Milchkuh-Qualzuchten mit immer höherer Milchleistung gegensteuert, um die hohe Nachfrage nach möglichst preiswerten Milchprodukten zu decken.

In Deutschland gab eine Kuh im Jahr 1900 im nationalen Durchschnitt »nur« knapp über 2.000 Liter Milch pro Jahr, wohingegen es 2019 zuchtbedingt mit jährlich über 8.000 Litern Milch etwa die vierfache Menge war.[57] Der durchschnittliche Pro-Kopf-Verzehr an Frischmilcherzeugnissen beträgt in Deutschland etwa 90 Kilogramm (davon etwa 50 Kilogramm Konsummilch)[58] pro Jahr.[59] Dazu kommen etwa 25 Kilogramm Käse (für 1 Kilogramm Emmentaler werden beispielsweise 12 Liter Milch benötigt)[60] und etwa 12 Kilogramm an weiteren Milchprodukten. Insgesamt verzehrt also jeder Bewohner Deutschlands durchschnittlich mehr als 120 Kilogramm Frischmilcherzeugnisse und Käse pro Jahr, wofür ein Vielfaches an Milch benötigt wird.

Es wird deutlich, wie groß die Nachfrage nach Milch und daraus hergestellten Lebensmitteln hierzulande ist. Deutschland ist mit einer Gesamtproduktion in Höhe von über 30 Millionen Tonnen der größte Milcherzeuger der EU.[61] Um solche enormen Mengen produzieren zu können, wurden 2020 etwa vier Millionen Milchkühe in Deutschland gehalten.[62] Vor allem im Süden Deutschlands ist die besonders qualvolle Anbindungshaltung von Milchkühen trotz zahlreicher tierschutzrelevanter Einwände immer noch weit verbreitet. Rund die Hälfte der etwa 30.000 Milchviehbetriebe in Bayern hält ihre Tiere in Anbindungshaltung.[63] Deutschlandweit lebt etwa ein Viertel der Milchkühe in Anbindungshaltung und ist somit häufig monatelang – oft sogar jahrelang – praktisch bewegungslos an einen Fleck gefesselt.[64] Die Tiere sind dabei über Halsrahmen, Gurte oder Ketten um den Hals fixiert und können wesentliche Verhaltensweisen wie das Bewegungs-, Sozial- und Komfortverhalten nicht artgerecht ausleben. Auch unter den restlichen drei Vierteln der Kühe, die in Laufställen gehalten werden, wird einem Großteil ein artgerechtes Leben verwehrt. Mit friedlichem Grasen auf grünen, saftigen Weiden – wie es Milchpackungen den Konsument*innen oft suggerieren – hat das Leben der meisten Milchkühe in Deutschland nichts zu tun. Weit mehr als die Hälfte der Milchkühe hierzulande verbringt ihr Leben in Stallhaltung gänzlich ohne Weidegang.[65]

Ein weiteres ethisches Problem stellt in der Milchindustrie die Enthornung der Kälber dar. Das sehr schmerzhafte Ausbrennen der Hornanlagen ist derzeit in Deutschland laut Tierschutzgesetz bis zum Alter von sechs Wochen sogar gänzlich ohne Betäubung erlaubt.[66] Ein heißer Brennstab zerstört dabei die Hornanlagen, die von Nerven durchzogen und entsprechend empfindsam sind. Kälber werden in der »Nutztierhaltung« enthornt, damit die Kühe sich später in den engen Laufställen nicht gegenseitig mit ihren Hörnern verletzen. Verletzungen treten jedoch vor allem durch das Halten auf zu engem Raum auf, wodurch die Milchkühe unter Stress stehen.[67] Ein zusätzliches ethisches Problem stellt die auf Milchleistung optimierte Qualzucht der Milchkühe dar. Die sichtbarste Folge der auf maximale Milchleistung ausgelegten Züchtung ist das große Euter, das so groß werden kann, dass es die normalen Bewegungsabläufe

Warum vegan lebende Menschen keine Milch(-produkte) essen

Kühe werden oft verstümmelt

Viele Kälber werden in der Milchwirtschaft ohne Betäubung enthornt. Dieser Eingriff ist nicht nur äußerst schmerzhaft, sondern die Hörner sind auch wichtig bei sozialen Auseinandersetzungen und der Körperpflege.

Milchprodukte haben kein Monopol auf Nährstoffe

Alle in der Milch enthaltenen überlebensnotwendigen Nährstoffe findet man auch in anderen nicht tierischen Lebensmitteln, sodass eine gesunde Ernährung auch ohne Kuhausbeutung gelingen kann.

»Milchkühe« werden zwangsbesamt und ihres Nachwuchses beraubt

Kühe werden in der Milchwirtschaft im Laufe ihres kurzen Lebens mehrfach zwangsgeschwängert. Ihr Nachwuchs wird ihnen kurz nach der Geburt entrissen, obwohl bekannt ist, dass Kuh und Kalb eine enge Bindung zueinander aufbauen.

»Milchkühe« leben nicht artgerecht

Weit mehr als die Hälfte der deutschen Milchkühe verbringt ihr Leben in Stallungen ohne Weidegang. Etwa ein Viertel aller Milchkühe in Deutschland lebt sogar immer noch in grausamer Anbindungshaltung. Dort sind die Tiere quasi bewegungslos auf einem Fleck gefesselt und können viele Verhaltensweisen nicht artgerecht ausleben.

Milchkonsum tötet Kälber

Über 300.000 männliche Kälber wurden 2019 in Deutschland als »Nebenprodukt« der Milchindustrie nach wenigen Lebensmonaten geschlachtet und zu Kalbfleisch verarbeitet. Milch- und Fleischindustrie hängen also unweigerlich zusammen.

Auch »Milchkühe« werden getötet

Die durchschnittliche maximale Lebenserwartung einer Kuh liegt bei 15 bis 25 Jahren. In der Milchindustrie werden Kühe jedoch aufgrund Unfruchtbarkeit, zuchtbedingter Erkrankungen, nachlassender Milchleistung und weiterer Gründe nach vier bis sechs Jahren geschlachtet.

Kühe stammen aus Qualzuchten

Kühe geben nur Milch wenn sie Nachwuchs haben und auch dann nur in einer Menge, die ausreichend für das Kalb ist. Heutige Kühe stammen aus Qualzüchtungen, die viermal mehr Milch pro Jahr geben als noch um 1900. Die hohe Milchleistung geht dabei u. a. zu Lasten der Eutergesundheit.

Abb. 16. Probleme verbunden mit dem Verzehr von Milch(-produkten)

Vegane Alternativen zu Milch(-produkten)

Käsealternativen
- Veganer Pizzakäse *(Rezept siehe S. 234 oder gekauft von Wilmersburger oder Veganz)*
- Veganer Frischkäse *(Rezepte siehe S.99, 102 oder von Soyana)*
- Veganer Parmesan *(Rezept siehe S. 103 oder von Vantastic Foods oder Violife)*
- Veganer Brotzeitkäse *(Rezept siehe S. 100 oder von Soyana oder Lord of Tofu)*
- Veganer Mozzarella *(Rezept siehe S. 106 oder von Mozzarisella oder Mondarella)*
- Veganer Hirtenkäse *(Rezept siehe S. 99 oder gekauft von Soyana oder Lord of Tofu)*

Milchalternativen
- Haferdrink *(z. B. Oatly)*
- Sojadrink *(z. B. Alpro)*
- Reisdrink *(z. B. Provamel)*
- Erbsendrink *(z. B. Vly)*
- Mandeldrink *(z. B. Joya)*
- Dinkeldrink *(z. B. Allos)*
- Kokosmilch *(z. B. Rapunzel)*
- → Wann immer möglich, eine mit Kalzium angereicherte Sorte wählen

Alternativen zu Butter, Sahne usw.
- Butter → Margarine *(z. B. Naturli oder Alsan)*
- Sahne → Hafer- oder Sojacuisine *(z. B. Natumi)*
- Crème fraîche → Creme VEGA *(Dr. Oetker)*
- Schlagsahne → vegane Schlagcreme *(z. B. Soyatoo)*
- Saure Sahne → Soyananda von Soyana

Joghurtalternativen:
- Sojajoghurt *(z. B. Sojade)*
- Mandeljoghurt *(z. B. Alnatura)*
- Haferjoghurt *(z. B. dmBio)*
- Kokosjoghurt *(z. B. Harvest Moon)*
- Cashewjoghurt *(z. B. Dr. Mannah's (ehemals Happy Cashew))*

Abb. 17. Vegane Milch- & Käsealternative

der Kuh einschränkt. Auch diverse Stoffwechsel- und Eutererkrankungen treten zuchtbedingt häufiger auf.[68] Mehr als ein Drittel der Milchkühe in Deutschland leidet beispielsweise an Euterentzündungen (Mastitis).[69] Weitere ethische Probleme stellen die frühzeitige Tötung der Kühe in der Milchwirtschaft sowie die Tötung des männlichen Nachwuchses dar. Wie Abbildung 8 (siehe S. 22) zeigt, liegt die durchschnittliche maximale Lebenserwartung einer Kuh bei 15 bis 25 Jahren. In der Milchindustrie werden Milchkühe jedoch aufgrund von abnehmender Fruchtbarkeit und Milchleistung, Eutererkrankungen, Erkrankungen an Klauen- und Gliedmaßen oder anderen Gründen meist bereits im Alter von vier bis sechs Jahren geschlachtet, da sie dann nicht mehr rentabel sind.[70] Darüber hinaus wird der Milchkuh ihr Nachwuchs kurz nach der Geburt weggenommen, obwohl Kuh und Kalb eine sehr enge Bindung zueinander aufbauen. Kälber verbringen ein Drittel ihrer Zeit auch abseits des Säugens in unmittelbarer Nähe der Mutterkuh[71] und leiden ohne diese Nähe zur Mutter unter chronischem Stress.[72] Nach der Trennung steht den weiblichen Kälbern ein Lebenslauf wie der ihrer Mütter bevor, wohingegen die männlichen Kälber drei bis acht Monate aufgezogen und dann getötet und zu Kalbfleisch verarbeitet werden. So werden in Deutschland jährlich über 300.000 Kälber geschlachtet.[73] Die Milch- und die Fleischindustrie gehören also unweigerlich zusammen, und die falsche Vorstellung, dass Milchprodukte kein Leid und keinen Tod verursachen, könnte nicht weiter von der Realität entfernt sein. Wie der amerikanische Rechtswissenschaftler Gary Francione diesbezüglich richtig anmerkte: »Jedes Mal, wenn man ein Glas Milch trinkt oder ein Stück Käse isst, schadet man einer Mutter.«[74] Glücklicherweise haben Milchprodukte – wie auch alle anderen tierischen Lebensmittel – kein Monopol auf überlebensnotwendige Nährstoffe. Man kann sich in jeder Phase des Lebenszyklus auch ohne die Muttermilch einer artfremden Spezies bedarfsdeckend ernähren.[75] Wie Abbildung 17 (siehe S. 35) zeigt, gibt es in der veganen Ernährung außerdem zahlreiche Milch-, Sahne-, Butter- und Käsealternativen.

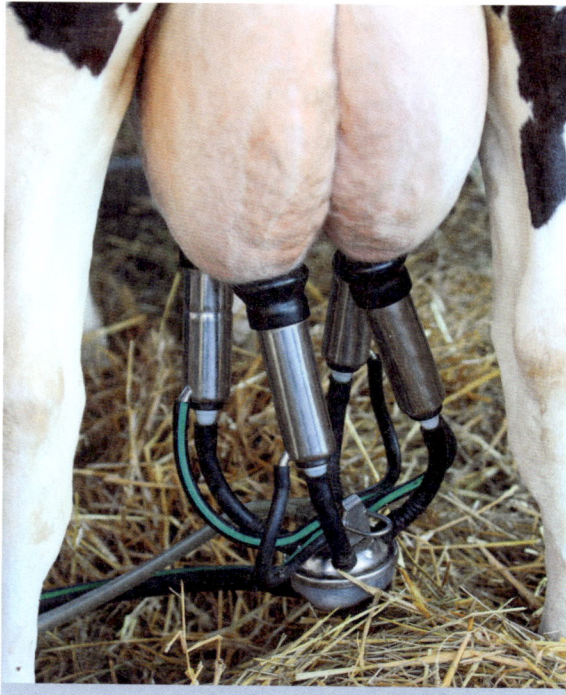

Abb. 18. Kuheuter an der Melkmaschine
Um 1900 betrug die jährliche Milchleistung deutscher Kühe in der Milchwirtschaft »nur« etwa 2.000 Liter. Durch die auf Milchleistung optimierte Qualzucht geben heutige »Milchkühe« mit durchschnittlich über 8.000 Liter pro Jahr etwa viermal so viel Milch.

Zur Vertiefung: Das Thema des von Andreas Pichler produzierten Dokumentarfilms **Das System Milch** ist die Intensivierung der Milchwirtschaft samt der damit einhergehenden negativen Folgen für Mensch, Tier und Umwelt. Er zeigt, dass Milch in den allermeisten Fällen nichts mit dem idyllischen Bild von glücklichen Kühen auf Bauernhöfen zu tun hat, sondern ein knallhartes Business ist, das zulasten der Milchkühe geht. Der Film wirft einen Blick hinter die Kulissen der Milchindustrie, offenbart die versteckten Kosten und Folgen der globalen Produktion von Milcherzeugnissen und erörtert mögliche Lösungsansätze.

GRÜNDE
für die Exklusion von Eiern

1850 verzehrte jeder Mensch in Deutschland durchschnittlich 46 Eier (Schaleneier und Eier in verarbeiteten Produkten zusammengezählt) pro Jahr.[76] Im Jahr 2020 waren es mit 239 Eiern pro Person mehr als fünfmal so viel.[77] Dieser hohe Bedarf steht im Gegensatz zu der eigentlichen Frequenz, in der Hühner Eier legen. In der Natur dienen die Eier einzig der Fortpflanzung. Aus diesem Grund legten die nicht domestizierten Vorfahrinnen heutiger Hühner lediglich zwei- bis viermal pro Jahr fünf bis zehn Eier.[78] Um die stark steigende Nachfrage zu günstigen Preisen zu bedienen, wurden über die Jahrzehnte hinweg Hühner so gezüchtet, dass diese immer mehr Eier legen. Betriebe wurden immer größer, die Besatzdichten immer höher und die Haltungsformen damit einhergehend immer weniger artgerecht. Um 1900 legten Hühner in der »Nutztierhaltung« mit etwa 80 Eiern pro Jahr schon mehr als das Doppelte von natürlich vorkommenden Hühnerrassen, und heutzutage sind es sogar 300 und mehr Eier pro Jahr.[79] 2018 stammten knapp zwei Drittel der Eier, die in Deutschland verkauft wurden, aus Bodenhaltung und knapp 6 Prozent aus der noch grausameren Käfig- bzw. Kleingruppenhaltung.[80] In der Bodenhaltung werden mehrere Tausend Legehennen in großen Hallen dicht gedrängt gehalten. Bis zu neun Hennen drängen sich hier pro Quadratmeter, und sie haben keinen Ausgang ins Freie. Bei der beschönigend als »Kleingruppenhaltung« bezeichneten Haltung sind es sogar 13 Hennen pro Quadratmeter. Somit steht in der Bodenhaltung jeder Henne nur etwa die Fläche von anderthalb DIN–A4–Blättern zu, und in der Kleingruppenhaltung ist es nur etwa ein einziges DIN-A4-Blatt. Selbst in der Biohaltung müssen sich sechs Hennen 1 Quadratmeter teilen.

In den Ställen, in denen nicht selten Zehntausende Hühner auf engem Raum zusammengedrängt werden, können sich selbstredend keine Familien und Sozialverbände bilden. Hühner leben in der Natur in Gruppen von höchstens 50 Tieren.[81] Ist die Gruppe wesentlich größer, können Hühner keine stabile Rangordnung aufbauen. So ist es wenig überraschend, dass die Tiere unter permanentem Stress leiden und es zu Verhaltensstörungen wie Federpicken kommen kann. Diese Störung kann sich bis zum Kannibalismus ausweiten. Um Verletzungen zu verhindern, wird den Hennen daher für gewöhnlich schon im Kükenalter der vordere Teil ihres Schnabels abgeschnitten. Das Kürzen des Schnabels zerstört dabei Knochen und Gewebe und verursacht starke akute und zum Teil chronische Schmerzen beim Tier.[82] Der Schnabel ist ein empfindliches Tastorgan und kann durch das sogenannte Kupieren seine Funktion nur noch eingeschränkt erfüllen. Das führt dazu, dass die Tiere kaum noch artgemäß fressen und ihr Gefieder nicht sachgemäß pflegen können. Dieser Eingriff ist zwar offiziell verboten, aber er wird auf der Grundlage von Ausnahmegenehmigungen dennoch weiterhin routinemäßig durchgeführt.[83]

Aufgrund der schlechten Haltungsbedingungen und der hohen Legeleistung weisen außerdem mehr als die Hälfte der Legehennen Knochenbrüche auf.[84] Zur Bildung der Schale von einem Ei benötigt das Huhn etwa 3 Gramm Calcium.[85] Da das benötigte Calcium für die Eierschale aus dem Hühnerskelett mobilisiert wird, demineralisieren die Hühnerknochen aufgrund der hohen Legeleistung unverhältnismäßig rasch. Dies kann selbst durch die calciumreiche Fütterung nicht ausgeglichen werden. Folgen sind eine reduzierte Festigkeit des Skeletts und brüchigere Knochen, was als Hauptursache für die häufigen Knochenbrüche bei Legehennen gilt.[86]

Viele Menschen denken fälschlicherweise, dass der Konsum von Eiern nicht mit der Tötung von Tieren einhergeht. Die Wahrheit könnte aber auch hier leider nicht weiter von dieser Vorstellung entfernt sein. Wie Abbildung 8 (siehe S. 22) zeigt, wird kaum eine Legehenne älter als etwa anderthalb Jahre, obwohl sie eigentlich eine durchschnittliche maximale Lebenserwartung von fünf bis acht Jahren hätte. Das bis dato älteste Huhn namens Matilda wurde sogar 16 Jahre alt.[87] Dies liegt daran, dass die Hühner getötet

Warum vegan lebende Menschen keine Eier essen

Hühner werden oft verstümmelt

Um das durch schlechte Haltebedingungen verursachte Federpicken bei Hühnern zu verhindern, wird den Tieren oft schon im Kükenalter der (überaus schmerzempfindliche) vordere Teil ihres Schnabels ohne Betäubung abgeschnitten.

Haltung & Legeleistung gehen zulasten der Gesundheit

Die schlechten Haltungsbedingungen und die hohe Legeleistung führen bei mehr als der Hälfte der Legehennen in Deutschland zu Knochenbrüchen.

Auch Legehennen werden getötet

Hühner können fünf bis acht Jahre alt werden. In der Eierindustrie werden sie aufgrund nachlassender Legeleistung bereits nach 13 bis 20 Monaten geschlachtet.

Hühner stammen aus Qualzuchten

Hühner legen in der Natur pro Jahr nur wenige Dutzend Eier. Heutige Hühner stammen aus Qualzuchten, sodass sie jährlich bis zu 300 Eier und mehr legen. Die hohe Legeleistung ist nicht nur anstrengend, sondern geht unter anderem zulasten der Knochengesundheit.

Hühner leben zusammengepfercht

Zwei Drittel aller Eier in Deutschland stammen aus Bodenhaltung, bei der jede Henne nur etwa die Fläche von anderthalb DIN-A4-Blättern Platz hat.

Eierverzehr tötet Küken

Etwa 45 Millionen männliche Küken wurden 2019 in Deutschland an ihrem ersten Lebenstag geschreddert oder vergast, weil sie keine Eier legen und ihre Aufzucht zur Fleischproduktion aufgrund ihrer Zuchtlinie unökonomisch für die Betriebe ist.

Eier haben kein Monopol auf Nährstoffe

Alle in Eiern enthaltenen überlebensnotwendigen Nährstoffe findet man auch in anderen nicht tierischen Lebensmitteln. Eine gesunde Ernährung kann auch ohne Hühnerausbeutung gelingen.

Abb. 19. Probleme verbunden mit dem Verzehr von Eiern

Vegane Alternativen zu Eiern

Vegane Alternativen als Bindemittel

- 1 EL Leinsamen/Chiasamen/Sojamehl + 3–6 EL Wasser
- ½ EL Pfeilwurzelmehl + 3 EL *(kaltes)* Wasser
- ½ sehr reife Banane oder 60 g Apfelmus *(für süße Backwaren)*
- Veganer Ei-Ersatz *(z. B. von KoRo oder Biovegan)*

Geschmack, Farbe, Textur

- Kala Namak *(Schwarzsalz; Geschmack)*
- Kurkuma oder Safran *(Farbe)*
- Aquafaba *(Kichererbsen-Kochwasser; wie Eischnee)*
- Gekochte Karotten perfekt um Eifarbe zu imitieren. *(siehe z. B. Seite 248 Vanille-creme mit Erdbeeren)*

Vegane Ersatzprodukte für Eiergerichte (Rührei, Omelett etc.)

- (Seiden-)Tofu
- Just Egg
- MyEy
- Soyana vegane Omelett-Alternative

Sebastians Tipp für Eiersatz

Das Thema Ei-Ersatz ist leider das Komplizierteste wenn es um den Ersatz von ge-wohnten Zutaten geht. Das hängt damit zusammen, dass das Ei in der Küche so viele unterschiedliche Funktionen bedient. Es bringt Fett mit ein, das Eigelb wirkt als Emulgator um Fette und Flüssigkeiten zu verbinden und das Eiweiß wirkt wie ein Kleber, der aber auch gleichzeitig für Luftigkeit sorgt. Aufgeschlagen als Eischnee nochmal ganz anders. Daher gibt es leider wenig Möglichkeiten einen pauschalen Eiersatz zu nennen, weil man jedes mal sehen muss was das Ei im Originalrezept für Aufgaben erfüllt. Ei Ersatz wie MyEy kommt schon sehr nah ran. Hier im Buch findet ihr passende Lösung für jeden Einsatz. (siehe z. B. S. 156; 157; S.224; S.244) Also kei-ne Angst – wenn man etwas Übung hat kann man Ei ganz wunderbar ersetzen.

Abb. 20. Vegane Ei-Alternativen

werden, wenn ihre Legeleistung nachlässt. Legehennen erhalten in der Regel zudem keine ausreichende medizinische Versorgung. Beträchtliche Sterberaten aufgrund von Krankheiten und Verletzungen sind in den Betrieben stets fest einkalkuliert. In Deutschland sterben jährlich etwa 2,6 Millionen Legehennen bereits vor der Schlachtung, über 32 Millionen werden hierzulande pro Jahr aufgrund nachlassender Legeleistung oder anderen Effizienzgründen getötet.[88,89] Zusätzlich zu den Legehennen, die wegen nachlassender Legeleistung getötet werden, vergast oder schreddert die Eierindustrie jährlich etwa 45 Millionen männliche Küken am ersten Tag ihres Lebens.[90] Der Grund: Die Tiere in der Eierindustrie entspringen einer Zuchtlinie, die nicht schnell genug Fleisch ansetzt, um sie profitabel als Masthuhn aufzuziehen. Masthybriden wiegen nach 30 Tagen bereits mehr als 2 Kilogramm, wohingegen die männlichen Küken aus der Zuchtlinie der Legehybriden weniger als 1 Kilogramm wiegen.[91] Zusammen mit den getöteten Legehennen sowie jenen bereits vor der Schlachtung verstorbenen Tieren sterben so in Deutschland jährlich zwischen 80 und 100 Millionen Tiere für die Eierproduktion.[92,93] Durch den Kauf und den Konsum von Eiern finanziert man also auch Tierausbeutung und Tötung.

Selbst wenn es zukünftig ein Ende des Tötens von Eintagsküken gäbe – nach heutigem Stand ist ein Verbot für das Jahr 2022 angekündigt –, taucht an anderer Stelle ein weiteres ethisches Problem auf: Die bisher getöteten Eintagsküken werden als Futter für Zoo- und Wildtiere verwertet. Wenn diese Quelle entfällt, müssen Tiere an anderer Stelle für deren Futterversorgung gezüchtet und getötet werden, sofern sich nicht gleichzeitig etwas an der Zoohaltung und anderen vergleichbaren Einrichtungen ändert.[94] Glücklicherweise haben aber Eier – ebenso wie alle anderen tierischen Lebensmittel – kein Monopol auf überlebensnotwendige Nährstoffe, und so kann man sich in jeder Phase des Lebenszyklus auch ohne Eier ernähren.[95] Wie Abbildung 20 (siehe S. 39) zeigt, können Eier in der Küche auf vielfältige Art ersetzt werden. Sowohl deren bindende Eigenschaft als auch der schwefelige Eiergeschmack lassen sich anderweitig erreichen, sodass ähnliche kulinarische Eindrücke traditioneller Eierspeisen wie Omelett und Rührei in der veganen Küche nachempfunden werden können.

Abb. 21. Zwei gleichaltrige Hühner unterschiedlicher Zuchtlinien

Zwei zum gleichen Zeitpunkt geschlüpfte Küken einer sogenannten Legehybridlinie (links) und einer als Masthybrid bezeichneten Linie (rechtes) im Alter 34 Tagen. Nach vier Wochen wiegt ein »Mastküken« aufgrund der Züchtung bereits doppelt so viel wie ein »Legeküken«, das am selben Tag geschlüpft ist.

Zur Vertiefung: Erschreckende Bilder aus der Eierindustrie und zahlreichen anderen Formen der »Nutztierhaltung« zeigt der von Chris Delforce produzierte Film **Dominion** (ebenso wie andere Filme, beispielsweise **Earthlings**). Neben der Ausbeutung von Tieren zu Nahrungszwecken werden auch die Themen Haustierzüchtung, Wildtierjagd, Tierversuche und die Ausbeutung zu Unterhaltungszwecken (Zoo, Zirkus etc.) sowie zu Bekleidungszwecken gezeigt. Die Dokumentation kann kostenlos unter www.dominionmovement.com angesehen werden. Ein britisches Äquivalent zu **Dominion** bietet die kostenlos verfügbare Dokumentation **Land of hope and glory**.

GRÜNDE
für die Exklusion von Tieren in anderen Bereichen

Honig: Bienen sind keine Honigmaschinen für den menschlichen Bedarf, sondern äußerst wertvolle Welternährer. Schätzungen zufolge werden von den 100 Pflanzenarten, die über 90 Prozent der Ernährung des Menschen sicherstellen, 71 von Bienen bestäubt.[96] Somit leisten Bienen bereits durch die Bestäubung eine Leistung im Wert von etwa 250 Milliarden Euro pro Jahr. Wenn Menschen den aufwendig produzierten Honig zusätzlich zum eigenen Vorteil zweckentfremden und den Bienen lediglich ernährungsphysiologisch minderwertige Zuckerlösungen zurücklassen, findet eine ungerechte Nutzung statt. Ernährungsphysiologisch sind Bienen deutlich stärker auf ihren eigenen Honig angewiesen, als es Menschen sind, für die Honig nicht notwendig ist. Wie Abbildung 22 zeigt, kann Honig außerdem durch eine Vielzahl an pflanzlichen Süßungsmitteln ersetzt werden. Einheimische Imkereien mögen hierzulande im Vergleich zum internationalen Durchschnitt deutlich wesensgerechtere Haltungsformen für Honigbienen aufweisen, aber da in Deutschland etwa 80 Prozent des Honigs importiert werden müssen, um den großen Honighunger zu stillen (etwa 1 Kilogramm pro Person pro Jahr),[97] ist dieser Umstand für die ethische Betrachtung des konsumierten Honigs insgesamt wenig relevant.[98] Bei der Produktion von preisgünstigem konventionellem Honig werden in vielen Fällen schwerwiegende Interessensverletzungen an Honigbienen begangen.[99] Egal wie vermeintlich artgerecht Bienen gehalten werden, es ändert nichts an der Tatsache, dass wir den Bienen etwas für sie Wichtiges ohne triftigen Grund wegnehmen – und dieser Umstand verletzt die Grundprinzipien des Veganismus. Konkrete ethische und ökologische Probleme der aktuell vorherrschenden weltweiten Bienenhaltung werden im Film »More than honey« aufgezeigt.

Vegane Alternativen zu Honig

Birnendicksaft

Apfeldicksaft

Kokosblütensirup

Ahornsirup

Agavendicksaft

Zuckerrübensirup

Reissirup

Dattelsirup

Vonig (veganer Honig)

Abb. 22. Vegane Honigalternativen

Kollagen/Gelatine: Kollagen ist ein vor allem in Haut, Sehnen, Bändern und dem Bindegewebe von Tieren vorkommendes Strukturprotein. Sichtbar für Endverbraucher ist Kollagen vor allem als Nahrungsergänzungsmittel sowie als Bestandteil von Kosmetikprodukten wie Hautcremes. Wenn Kollagen durch enzymatische Prozesse aufgespalten wird, entsteht daraus Gelatine, die in der Lebensmittel- (Fruchtgummis, Tortenguss usw.) und Nahrungsergänzungsmittelbranche (vor allem als Kapselhüllen) Verwendung findet. Für alle Einsatzgebiete gibt es aber auch vegane Alternativen. Kollagen ist grundsätzlich kein überlebensnotwendiger Stoff, da der menschliche Organismus (ebenso wie andere Säugetiere, Vögel und Fische) Kollagen aus gewissen Aminosäuren selbst bilden kann.[100] Dennoch kann die Eigensynthese aufgrund diverser Faktoren (Genetik, Alter, Stress,[101] Rauchen[102] usw.) reduziert sein, und die Supplementierung mit Kollagen zeigte in diversen Studien unter anderem positive Effekte auf das Hautbild.[103] Sollte die Eigensynthese von vegan lebenden Menschen aus diversen Gründen herabgesetzt sein, müssen diese dennoch kein tierisches Kollagen supplementieren, sondern können ihre verminderte körpereigene Synthese durch eine Supplementierung mit der (synthetisch und daher vegan hergestellten) Aminosäure Glycin in erheblichem Maße steigern.[104] Darüber hinaus bietet die zellbasierte Landwirtschaft mit Firmen wie Geltor die Möglichkeit, tierisches Kollagen unabhängig vom Tier zu produzieren und somit auch echtes Kollagen vegan herzustellen.[105] Für die Verwendung in der Lebensmittelindustrie gibt es mit Geliermitteln wie Agar Agar (aus Algen), Pektin (aus Äpfeln) und vielen weiteren zahlreiche vegane Ersatzmöglichkeiten.[106] Kapselhüllen aus Gelatine können in Nahrungsergänzungsmitteln durch HPMC-Kapselhüllen aus Cellulose ersetzt werden.

Leder: Die Haut der »Nutztiere« ist nach dem Fleisch das wirtschaftlich bedeutendste Produkt der Schlachthäuser, und somit hängt die Fleischindustrie unweigerlich mit der Lederindustrie zusammen.[107] Anders als oft gesagt ist Leder kein Abfall-, sondern ein Kuppelprodukt und hat somit als Nebenprodukt der Fleischindustrie einen genauso schlechten ökologischen Fußabdruck. Das anschließende Gerben ist außerdem sehr wasserintensiv, und die dabei in vielen Fällen zum Einsatz kommenden Chemikalien sind vor allem für die direkt involvierten Arbeiter*innen ein gesundheitliches Problem. Erschwerend kommt hinzu, dass es in vielen ausländischen Gerbereien wie beispielsweise in Bangladesch oft noch Kinderarbeit gibt, sodass schon die jugendlichen Arbeitskräfte ungeschützt mit den Chemikalien in Berührung kommen und dadurch oft an schweren Haut- und Atemwegserkrankungen leiden (zum Teil mit Todesfolge).[108] Aber auch für uns Verbraucher*innen sind die zur Lederherstellung eingesetzten Stoffe nicht ungefährlich. Stiftung Warentest hat unter anderem Kinderschuhe und Arbeitshandschuhe untersucht und in jedem fünften Kinderschuh und jedem dritten Arbeitshandschuh so große Mengen an giftigem Chromat gemessen, dass diese eigentlich gar nicht hätten verkauft werden dürfen.[109] Während für die herkömmliche Lederproduktion hauptsächlich die Haut von geschlachteten Rindern (aber auch von Schweinen, Ziegen, Schafen usw.) verwendet wird, werden Schlangen und anderen Reptilien für Exotenleder sogar oft lebendig gehäutet.[110] Das wichtigste Einsatzgebiet für Leder ist die Schuhproduktion, aber auch für Möbel und die Innenausstattung von Autos wird viel Leder verbraucht.[111] Zahlreiche vegane Schuhmarken wie Ahimsa, bleed, Bourgeois Boheme, Ethletic, Nae, Vegetarian Shoes und viele weitere, die man u. a. in veganen (Online-)Shops wie Avesu findet, bieten mittlerweile hochwertige vegane tierlederfreie Schuhe an. Und auch diverse Automarken haben lederfreie Optionen für ihre Innenausstattung.[112] Es gibt neben klassischem Kunstleder (zumeist textile Gewebe mit einer Beschichtung aus Kunststoffen) zahlreiche andere neuartige und nachhaltigere vegane Lederersatzstoffe wie Kombucha-, Ananas-, Kork-, Pilz-, Kaktus- oder Apfel-Leder und viele weitere, von denen zumindest einige in den kommenden Jahren vermehrt Einzug in die Modebranche halten werden.[113] Unternehmen wie Modern Meadow und Geltor zeigen darüber hinaus, dass es mit den Technologien der zellbasierten Landwirtschaft möglich ist, echte Tierhaut unabhängig vom Tier zu züchten.[114] Geltor hat beispielsweise einen tierfreien zellbasierten Ledereinband für ein exklusives Einzelstück des Buches »Clean Meat« (Deutscher Titel »Sauberes Fleisch«) des amerikanischen Autors Paul Shapiro hergestellt, der als Unikat für 13.000 Euro versteigert wurde. Die Einnahmen wurden an das Good Food Institute gespendet.[115] Somit kann man zukünftig echtes Leder tragen, ohne dass dafür Tiere leiden und sterben müssen.

Pelz: Obwohl in Deutschland die letzte Pelzfarm 2019 aufgrund von Verschärfungen in den gesetzlichen Bestimmungen zur hiesigen Pelzzucht geschlossen wurde (auch in Österreich und der Schweiz gibt es keine Pelzfarmen mehr) und 82 Prozent der Deutschen sich in einer Umfrage gegen Pelz ausgesprochen haben,[116] wurden hierzulande im Jahr 2020 immer noch knapp 24 Millionen Euro mit Pelzen umgesetzt (zum Vergleich: 2012 waren es noch knapp 88 Millionen und 2005 etwa 500 Millionen Euro).[117,118]

Abb. 23. Pelzmäntel

Für die einen ist es nur ein Modeaccessoire, für die anderen ist es ihr Leben. Weltweit werden jährlich mehr als 95 Millionen Tiere unter unwürdigen Bedingungen gehalten und für ihr Fell getötet.

Noch ist ein Ende der Pelzproduktion weltweit nicht in Sicht, aber es zeigt sich zumindest ein Umdenken. So verbot Israel 2021 als erstes Land weltweit den Pelzhandel zur Gänze (mit Ausnahme von Pelz für religiöse Zwecke).[119] Vor allem in Fernost, Finnland und Polen befinden sich allerdings weiterhin große Pelzfarmen, in denen die Tiere unter katastrophalen Bedingungen in winzigen Käfigen gehalten werden, wo es ihnen meist nicht einmal möglich ist, sich umzudrehen.[120] Nach nur wenigen Lebensmonaten werden Füchse, Marderhunde, Kaninchen und Nerze getötet, um ihnen das Fell abzuziehen. So kommen jedes Jahr mehr als 95 Millionen Tiere ums Leben, nur damit ihr Fell als Kragen, Kapuze oder sonstiges Accessoire verwendet werden kann.[121] Als Alternative stünde Kunstpelz zur Verfügung. Dieser hat aber zum einen eine schlechte Ökobilanz und zum anderen wurden in der Vergangenheit immer wieder echte Pelze als Kunstpelz verkauft, da diese in der Produktion oft billiger als Kunstpelz sind.[122] Zusätzlich könnte man argumentieren, dass man mit dem Tragen von Kunstpelz nach außen hin den Anschein erweckt, dass das Tragen von Pelz akzeptabel sei. Denn für Außenstehende ist nicht immer erkennbar, ob es sich um echten Pelz handelt oder nicht. Daher sind (vegan lebende) Menschen am besten beraten, wenn sie schlichtweg weder Pelz noch Kunstpelz tragen.

Daunen: Daunen bezeichnen die besonders weichen Flaum- bzw. Unterfedern von Tieren wie Enten und Gänsen. Sie finden in der Textilbranche zur thermischen Isolierung vor allem als Füllung von Bettwaren, Schlafsäcken und Jacken Verwendung. So vorteilhaft Daunen hier auch sein mögen, überwiegen die Bedürfnisse der Gänse und Enten nach Unversehrtheit deutlich das Begehren der Menschen nach Daunen in ihrer Kleidung. Während die Federn und Daunen bei Enten ausschließlich nach der Schlachtung entnommen und verwendet werden (womit die Tötung des Tieres ein unweigerlicher Teil der Herstellung von Daunen ist), stammen die Federn bei Gänsen auch von lebendigen Tieren.[123] Der Grund hierfür ist erneut ein wirtschaftlicher: Werden die Gänse erst nach ihrer Tötung gerupft, können von jedem Tier nur einmalig Daunen gewonnen werden. Für Daunenproduzenten ist es hingegen profitabler, die Tiere mehrfach lebendig zu rupfen, da die Daunen nachwachsen.[124] Die Gänse werden hier bei vollem Bewusstsein gerupft (ein sehr schmerzvoller Prozess; mindestens mit dem Ausreißen von Kopfhaaren beim Menschen vergleichbar). Wenn sie nicht mehr rentabel genug sind, werden sie ebenfalls geschlachtet. Beim Rupfen werden die Tiere oft verletzt, und es kann zu offenen Wunden und gebrochenen Flügeln aufgrund der groben Handhabung kommen. Es überrascht daher nicht, dass Vögel nach dem Rupfen Anzeichen von starker Angst und Verzweiflung zeigen.[125] Regulär reißt man Gänsen so im Laufe ihres kurzen Lebens bis zu viermal ihre Federn aus ihrem Körper. Sogenannte Elterngänse (jene Gänse, die ausschließlich für die Produktion von Nachkommen und die Daunenproduktion verwendet werden), müssen diesen leidvollen Vorgang im Laufe ihres Lebens sogar bis zu 16-mal ertragen.[126] In der EU ist das lebendige Rupfen zwar gesetzlich verboten, aber wie Recherchen in der Vergangenheit immer wieder aufzeigten, ist der Lebendrupf in den Hauptproduktionsländern Ungarn, Polen und China, aus denen auch die in den DACH-Staaten verwendeten Daunen überwiegend stammen, weit verbreitet.[127] Am

Abb. 24. Gerupfte Gans
Gänse werden vor ihrem frühzeitigen Tod bis zu viermal gerupft, Elterngänse sogar bis zu 16 mal.

Ende des Tages geht die Produktion von Daunen also immer mit dem Tod des Tiers und in den überwiegenden Fällen mit vorherigem großem Leid einher.

Wolle:
Viele Personen betrachten Wolle als ein ethisch unbedenkliches Naturprodukt, denn sie denken fälschlicherweise, dass hierfür Tieren kein Leid angetan wird. Schafe und andere Tiere bezahlen allerdings einen hohen Preis in Form von Verletzungen durch die oftmals brutale Behandlung und einem frühen Tod für Kleidungsstücke aus Wolle. Schafe und Ziegen sind soziale Lebewesen, die ebenso Schmerz, Angst und Einsamkeit fühlen können und darunter leiden, dass sie von Menschen wie Wollproduktionsmaschinen behandelt werden. Ebenso wenig wie Kühe von Natur aus gemolken werden müssen, müssen Schafe entgegen der häufigen Behauptung geschoren werden.[128] Nicht domestizierte Schafe bilden nämlich nur jene Wollmenge, die sie ausreichend vor Kälte schützt. Erst durch ihre Qualzucht mit Fokus auf die Bildung enormer Wollmengen ist das Scheren unumgänglich geworden. Das Scheren der Schafe ist aber kein harmloser Friseurbesuch für die Tiere, sondern geht mit einer ganzen Reihe an Tierschutzproblemen einher. Es erfolgt oft unter Zeitdruck, weil die Schafscherer*innen in Ländern wie Australien (der weltweite Hauptproduzent für Wolle) nicht nach Stunden, sondern nach der Wollmenge bezahlt werden.[129] Wie Undercover-Videos von Tierrechtsorganisationen[130] zeigen, werden den Tieren oft große Schnittwunden zugefügt, die im Anschluss nicht ausreichend versorgt werden. In den heißen Sommern leiden Schafe durch die Überzüchtung an ihrem vielen Fell, wohingegen sie nach dem Scheren der Kälte ausgesetzt sind. Bereits kurz nach der Geburt werden den Lämmern in vielen Fällen ohne Betäubung die Schwänze kupiert, und die Männchen werden (erneut meist ohne Betäubung) kastriert.[131] Sobald die Tiere nicht mehr ausreichend Wolle liefern, um rentabel zu sein, werden auch sie weit vor dem Erreichen ihres durchschnittlichen maximalen Lebensalters getötet.[132]

Seide:

Seide ist eine tierische Faser, die in den Drüsen im Maul einer Schmetterlingsart namens Seidenspinner gebildet und für den Bau ihres Kokons gesponnen wird. Wie auch in anderen Bereichen der »Nutztierhaltung« leiden Seidenspinner unter ihrer Qualzucht durch den Menschen. Sie sind praktisch ein kompletter Pflegefall und in der Natur nicht überlebensfähig. So wurden sie durch die Züchtung blind, sind zu schwer, um noch fliegen zu können, und aufgrund von fehlendem Fresswerkzeug und unterentwickelten Organen nicht in der Lage, Futter zu sich zu nehmen. Sie verhungern wenige Tage nach dem Schlüpfen und der Eierablage für die weitere Zucht.[133] Der Großteil der Seidenspinner erlebt diese Lebensphase aber gar nicht erst. Da die in den Seidenkokons eingesponnenen Larven beim Schlüpfen die Kokons beschädigen – und diese dann nur noch bedingt für die Seidenproduktion brauchbar wären –, werden sie vor dem Schlüpfen mit heißem Wasserdampf oder anderen Mitteln getötet. Ohnehin kann nur ein kleiner Teil des Kokons für die Seidenproduktion herangezogen werden, sodass man etwa 9 Kilogramm Kokons für 1 Kilogramm Seide benötigt. Dafür mussten etwa 4.500 Seidenspinner getötet und 120 Kilogramm Maulbeerblätter als Nahrung für die Raupen verwendet werden.[134] Seide kommt abseits des Modesektors auch als Seidenpulver in Kosmetikprodukten wie Lippenstiften und Hautcremes zum Einsatz. Für die kosmetische Anwendung wurden (vorerst überwiegend in den USA) bereits von Firmen aus dem Sektor der zellbasierten Landwirtschaft wie Bolt Threads tierfreie Seidenpulver entwickelt[135], und im Fashionbereich stehen mit Materialien wie Bambusviskose, Lyocell (Tencel) und Sojaseide ebenfalls vegane Alternativen zur Verfügung. Letztere wird aus den Verarbeitungsabfällen der Sojabohnen gewonnen und hat schon eine lange Geschichte: Sie wurde bereits in den 1930er-Jahren durch Ford-Gründer Henry Ford entwickelt, aber geriet in Vergessenheit, bis sie vor Kurzem wiederbelebt wurde.[136]

Tierversuche:

In Deutschland wurden 2019 etwa 2,2–2,9 Millionen Tiere für Tierversuche ausgebeutet.[137,138] Knapp die Hälfte der in Tierversuchen eingesetzten Tiere diente dabei lediglich der reinen Grundlagenforschung. Die Versuche hatten also keinen konkreten oder absehbaren Nutzen für den Menschen.[139] Tierversuche sind jedoch nicht nur grausam, sondern auch wissenschaftlich oft fragwürdig und damit wenig sinnvoll, weil es bereits bessere Alternativen gibt.[140] Tiere müssen dort schreckliche Qualen erleiden; sie müssen beispielsweise Giftstoffe einatmen, werden mit Krankheiten infiziert oder bekommen Löcher in den Schädel gebohrt. Sie werden teils zwangsernährt, teils unterernährt oder einfach nur für eine Organentnahme getötet. Ethisch ist es schlichtweg nicht zu rechtfertigen, dass Lebewesen, die in ähnlicher Weise wie der Mensch schmerzempfindlich und leidensfähig sind, so etwas angetan wird. Vegan lebende Menschen greifen daher (soweit wie möglich und im Alltag umsetzbar) auf Produkte zurück, die nicht nur frei von tierischen Bestandteilen, sondern auch frei von Tierversuchen sind. Auch aus wissenschaftlichen Gründen sollte auf Tierversuche verzichtet werden, stattdessen sollten tierversuchsfreie und zugleich wissenschaftlich sinnvollere Verfahren zum Einsatz kommen. Ergebnisse aus Tierversuchen lassen sich im Allgemeinen nämlich nur schwer auf den Menschen übertragen und bringen seit jeher nicht den erhofften Durchbruch in Bezug auf drängende medizinische Fragen. Der Grund hierfür liegt darin, dass sich andere Tiere maßgeblich vom Menschen hinsichtlich Körperbau, Stoffwechsel und Erbgut unterscheiden. Anders gesagt: Der Mensch ist

Abb. 25. Cruelty-Free-Logo von PETA

schlichtweg keine große Ratte oder Katze. Somit sind Studien an Tieren in sehr vielen Fällen nicht auf den Menschen übertragbar. Das zeigt sich unter anderem auch darin, dass trotz vorheriger Tierversuche immer wieder Produkte vom Markt genommen werden müssen. Erst im Nachhinein zeigte sich, dass diese zwar im Tierversuch harmlos, aber für den Menschen doch problematisch waren. So versagen etwa 90 Prozent der Medikamente, die erfolgreich im Tierversuch waren, beim Menschen.[141] Ein bekanntes Beispiel für die unzureichende Aussagekraft von Tierversuchen in der Arzneimittelforschung ist das Beruhigungsmittel Contergan. Es war in Tierversuchen vor der Zulassung nebenwirkungsfrei, führte bei Menschen jedoch bei Einnahme während der Schwangerschaft zu schweren Fehlbildungen bis hin zum Fehlen von Gliedmaßen und Organen bei Neugeborenen. Organisationen wie die Ärzte gegen Tierversuche[142] und der deutsche Tierschutzbund[143] bieten auf ihren Webseiten jeweils vertiefende Informationen zu tierversuchsfreien Forschungsmethoden an und zeigen deren Vorteile auf.

Zoo & Zirkus:
Immer wieder hört und liest man, dass Zoos für den Erhalt gefährdeter Arten von großer Bedeutung und somit sozusagen »gelebter Artenschutz« wären. Allerdings ist der überwiegende Teil der in Zoos gehaltenen Tiere nicht vom Aussterben bedroht. Um überhaupt einen Beitrag zum Artenschutz zu leisten, müssten Tiere aus Zoos außerdem wieder nach einer bestimmten Zeit ausgewildert werden. Dies passiert allerdings verhältnismäßig selten, da die Tiere aufgrund der überwiegend ungeeigneten Haltungsbedingungen für eine Auswilderung nicht bereit sind.[144] In den Zoos können Tiere nämlich wichtige Verhaltensweisen für ein Überleben in freier Wildbahn nicht ausreichend erlernen. Zudem bedeutete echter Artenschutz in erster Linie ohnehin, dass Tiere direkt in ihrem natürlichen Lebensraum geschützt werden. Alleine in den zehn größten deutschen Zoos leben aktuell über 100.000 Tiere unter großteils nicht artgerechten Bedingungen.[145] Es fehlt ihnen dort in vielen Fällen an Bewegungsfreiheit und Rückzugsmöglichkeiten. Viele Tiere legen in freier Wildbahn täglich große Distanzen von mehreren Dutzenden Kilometern zurück, wofür sie in Zoos – geschweige denn in Zirkussen – nicht den notwendigen Platz haben. Auch wenn sich nicht alle Zoos im Rahmen dieser Betrachtung über einen Kamm scheren lassen, gleicht eine überwiegende Mehrzahl der Zoos lediglich kommerziellen Freizeitparks ohne einen bedeutenden Beitrag zum Artenschutz. Die Gefangenschaft der Tiere dient dort einzig und allein der Belustigung der Zoobesucher*innen. Zoos verschlingen außerdem in großem Maße Steuergelder. Seit der Jahrtausendwende flossen insgesamt mehr als 1,5 Milliarden Euro an Fördergeldern, die größtenteils aus Steuergeldern

Zur Vertiefung: Beispielhaft für die vielfältige Ausbeutung von Tieren zu Unterhaltungszwecken wie in Zirkussen, Zoos und Aquarien schildert der Dokumentarfilm **Blackfish** von Gabriela Cowperthwaite das traurige Schicksal des Schwertwals Tilikum. Die Zuschauer*innen erhalten hier einen Einblick hinter die freundliche Fassade dieser Touristenattraktion. Angefangen von Tilikums Gefangennahme im Jahr 1983 vor der Küste Islands über seine Auseinandersetzungen mit anderen in Gefangenschaft lebenden Orcas aufgrund der schlechten Haltungsbedingungen bis hin zu den Misshandlungen durch seine Trainer*innen zeigt der Film das triste Leben dieser intelligenten und sensiblen Lebewesen in Tierparks.

bestanden, in die Kassen der deutschen Zoos.[146] Alleine der defizitäre Tierpark Friedrichsfelde erhielt im Jahr 2012 als Zuschuss mehr als 6 Euro pro Besucher aus Steuergeldern – dies war mehr als die Hälfte des Eintrittspreises. Bei rund 970.000 Besucher*innen in dem Jahr waren das für diesen einzelnen Tierpark bereits über etwa 6 Millionen Euro.[147] Auch das Argument, dass Zoos ihre Besucher*innen für mehr Tier- und Umweltschutz begeistern können, trifft auf die meisten Einrichtungen nicht zu. Der Anblick eingesperrter und zum Teil verhaltensgestörter Tiere fernab ihres artgerechten Lebensraumes unterstützt keineswegs die Achtung und Wertschätzung gegenüber Tieren. Die primären Kritikpunkte gegenüber der Haltung von Tieren in Zoos treffen in noch stärkerem Maße auf Zirkusse zu, die gar nicht erst versuchen, den Anschein zu erwecken, dass ihre Tierausbeutung irgendeinen anderen Zweck als reine Unterhaltung aus Profitgründen zum Ziel hat. Details zu der Problematik der Tierhaltung in Zirkussen und Zoos werden im Buch »Zirkus und Zoo« der Sozialwissenschaftlerin Laura Zodrow und des Psychologen Colin Goldner beschrieben. Tiere werden in Zirkussen in den meisten Fällen nicht nur miserabel gehalten, sondern sie werden auch zu Verhaltensweisen gezwungen, die ihnen äußerst zuwider sind. Die Tiere werden außerdem oft nicht ausreichend medizinisch versorgt, nicht artgerecht ernährt, und sie erleiden großen Stress in ihren beengenden Käfigen, beim Transport und in der Manege.[148] Während es in Deutschland immer noch keinerlei Einschränkungen in Bezug auf den Einsatz von Tieren in Zirkussen gibt, haben diesbezüglich fortschrittlichere Länder wie Zypern, Malta, Griechenland, Bosnien-Herzegowina und weitere bereits ein generelles Verbot für den Einsatz sämtlicher Tiere in Zirkussen ausgesprochen. Zahlreiche andere Länder haben zumindest ein generelles Verbot für den Einsatz von Wildtieren verhängt.[149] Zudem lernen Kinder in Zirkussen nichts Sinnvolles über Tiere. Wenn sie miterleben, wie dort fühlende Lebewesen in der Manege umhergetrieben, dominiert und lächerlich gemacht werden, vermittelt das Kindern einen falschen Eindruck der Mensch-Tier-Beziehung. Filmisch wird das Thema der Tierhaltung in Zirkussen im Film »Tyke – Elephant Outlaw« aufgearbeitet.

Abb. 26. Löwe im Zirkus

(Wild-)Tiere werden in vielen Zoos miserabel gehalten, zu leidvollen Verhaltensweisen gezwungen und werden unzureichend ernährt und medizinisch versorgt.

NIKOS EMPFEHLUNG:
Top 3 Webseiten zu veganer Ernährung

Neben den hier gelisteten Webseiten liefert das vegane Online-Wirtschaftsmagazin »Vegconomist« spannende Einblicke in die (wirtschaftliche) Entwicklung der veganen Bewegung. Im Printbereich liefern Magazine wie »Kochen ohne Knochen«, »Veganworld«, das »Welt Vegan Magazin«, »Vegan für mich« und das »Veganmagazin« viel Mehrwert (alle auch digital erhältlich). Zahlreiche Instagram-Accounts wie @ pflanzlich.stark, @mehrvegan und @dankevegan bieten ebenfalls regelmäßig informative Inhalte rund um den veganen Lebensstil, und bei Instagram-Accounts wie @veganfooddeutschland und @veganfindsaustria sind stets die neuesten veganen Produkte aus Deutschland und Österreich zu sehen.

 ## NutritionFacts by Dr. Michael Greger
www.nutritionfacts.org

Nutritionfacts.org ist ein gänzlich nicht-kommerzieller, kostenloser und frei zugänglicher Community-Service von Ernährungsmediziner Dr. Michael Greger (Autor von u. a. **How Not To Die**) und seinem Team. Nutritionfacts bietet die wohl umfangreichste und qualitativ hochwertigste Sammlung an mehr als 1.000 hochkarätigen Ernährungsvideos und Artikeln in englischer Sprache (viele der Videos haben deutsche Untertitel) zu beinahe jedem relevanten Aspekt der (pflanzlichen) Ernährung. Wöchentlich erscheinen mehrere neue Videos und Artikel. Vor allem das Video des Klassikervortrags **Uprooting the Leading Causes of Death** (mit deutschen Untertiteln auf YouTube verfügbar) sollte von jeder Person angesehen werden, die Interesse an gesunder Ernährung hat.

 ## Plant Based News
www.plantbasednews.org

Die Newsplattform **Plant Based News** (PBN) bietet weltweite Neuigkeiten aus dem Bereich der veganen Ernährung und umfangreiche Informationen rund um die ethischen, ökologischen und gesundheitlichen Aspekte des Veganismus. Sowohl auf Instagram als auch auf YouTube liefert PBN spannende Inhalte in Kooperation mit vielen wichtigen Akteur*innen der veganen Bewegung. Seit 2015 erscheint am Jahresende ein Jahresrückblick als Video. Die Rückblicke **Vegan 2017** und **Vegan 2019** sind die PBN-Videos mit den meisten Aufrufen. Auch bekannte Dokumentationen wie **HOPE: What you eat matters** und **Plantpure Nation** können auf dem Kanal von PBN angesehen werden. Eine große Rezeptvielfalt gibt es auf dem Instagram-Foodprofil @pbnfood, mehr gesundheitsbezogene Inhalte bei @pbnhealth und mehr Infos zu Fitness und veganer Ernährung bei @pbn.fitness.

 ## Ecodemy
www.ecodemy.de

Ecodemy, die Fachfernschule für vegane Ernährung, bietet wissenschaftlich fundierte Aus- und Fortbildungen an. Sie wurde dreimal in Folge (2019–2021) zur beliebtesten Fernschule Deutschlands gewählt und bietet auch abseits der kostenpflichtigen Bildungsangebote jede Menge kostenfreie Inhalte an, beispielsweise im digitalen Ecodemy-Magazin. Darüber hinaus gibt es bei Ecodemy (Stand April 2021) acht kostenlose E-Books zu Themen wie »Gesunde Fette in der Ernährung«, »Zucker in deiner Ernährung« oder »Potenziell kritische Nährstoffe bei veganer Ernährung«.

NIKOS EMPFEHLUNG:
Top 3 vegane Rezeptblogs

Neben den vielen veganen Kochbüchern sowie diversen YouTube-Kanälen mit veganen Rezeptvideos (z. B. »Hier kocht Alex« von Alexander Flohr, »Surdham's Kitchen« von Surdham Göb oder der YouTube-Kanal von Sebastian Copien) sind es vor allem vegane Rezeptblogs, die die kulinarische Vielfalt der veganen Ernährung einer breiten Masse an interessierten Personen hierzulande online verfügbar machen. Die Anzahl an interessanten Blogs übersteigt die Kapazität der Top-3-Platzierungen bei Weitem, daher seien an dieser Stelle zumindest noch zusätzlich die Rezeptblogs »Simply Vegan« von Sebastian und Tamara, »Zucker&Jagdwurst« von Isa und Julia sowie »Veganpassion« von Stina Spiegelberg erwähnt.

Eat This!
www.eat–this.org

Der Foodblog **Eat This!** von Nadine Horn und Jörg Mayer liefert eine große Auswahl an sehr schön fotografierten veganen Rezepten. Angefangen von veganen Frühstücksideen über vegane Suppen, Bowls und Burger hin zu Pizza, Pasta, Süßspeisen und vielem mehr gibt es eine große Vielfalt an Rezepten für jeden Tag und jede Gelegenheit. Ergänzt werden die Rezepte durch viele »How to«–Anleitungen mit Tipps für das selbst gebackene Brot, den selbst gemachten Tofu, hausgemachte Pickles und einiges mehr. Darüber hinaus haben Nadine und Jörg vier (Stand April 2021) gemeinsame vegane Kochbücher veröffentlicht.

Veggies
www.veggies.de

Lea Greens Rezepteblog **Veggies** strotzt nur so vor schmackhaften, abwechslungsreichen und sehr schön fotografierten veganen Rezepten. Die Vielzahl an Rezepten ist übersichtlich nach Kategorien eingeteilt, vor allem in der Kategorie »Beliebteste Rezepte« finden sich, wie der Name schon vermuten lässt, viele Highlights. Auch in der Kategorie »Special Interest« findet man viel Leckeres – vor allem Leas Weihnachtsrezepte bereichern jedes Weihnachtsfest. Sehr lesenswert ist auch ihr kostenlos zugängliches Online-Magazin **Vegan en Vogue** mit jeder Menge weiterer Rezepte und interessanter Artikel. Weitere Rezepte von Lea gibt es in Videoform auf ihrem YouTube-Kanal namens **Veggies Foodblog** sowie in ihren beiden Kochbüchern.

Bianca Zapatka
www.biancazapatka.com

Der gleichnamige Rezepteblog von **Bianca Zapatka** steht sowohl in deutscher als auch in englischer Sprache zur Verfügung. Die zahlreichen rein veganen und sehr schön in Szene gesetzten Rezepte aus den insgesamt elf verschiedenen Kategorien wie Basics, Frühstück, Hauptgerichte, leichte Gerichte & Salate bieten eine große und kostenlos verfügbare vegane Rezeptvielfalt. Die Rezepte sind detailliert mit Schritt-für-Schritt–Anleitungen beschrieben, und es gibt zahlreiche ergänzende Notizen und Anmerkungen, sodass garantiert beim Kochen nichts schiefgehen kann. Noch mehr Rezepte von Bianca gibt es in ihren vier (Stand April 2021) veganen Koch- und Backbüchern.

DER RICHTIGE EINSTIEG

IN DIE VEGANE ERNÄHRUNG

NÄHRSTOFFBEDARFSDECKUNG
ohne Tierprodukte

Befürworter*innen einer veganen Ernährung bezeichnen diese häufig als die gesündeste bzw. mitunter sogar als die einzig wirklich gesunde Ernährung.[1] Vegankritiker*innen hingegen sehen in der veganen Ernährung eine Mangelernährung, die vor allem in den kritischen Lebensphasen zu schweren Schäden führt.[2] Eine vegane Ernährungsweise jedoch kategorisch als gesund oder ungesund zu bezeichnen, ist in beiden Fällen zu kurz gedacht. Wie bei jeder anderen Ernährungsweise hängt der gesundheitliche Wert einer veganen Ernährung von der jeweiligen Kostzusammenstellung ab.

Da sich vegan lebende Menschen überdurchschnittlich viel mit Ernährungsthemen auseinandersetzen und einen überdurchschnittlich gesunden Lebensstil im Vergleich zur Gesamtbevölkerung pflegen,[3] ist es nicht überraschend, dass sie in manchen Untersuchungen besser als Mischköstler*innen in Bezug auf einige chronische Erkrankungen abschneiden. So geht eine vegane Ernährungsweise in Untersuchungen wie der sogenannten Adventist Health Study II mit einem geringeren Risiko für das Auftreten von Erkrankungen wie Diabetes mellitus Typ II, Herz-Kreislauf-Erkrankungen, Adipositas und gewissen Krebserkrankungen einher.[4]

Damit man im Rahmen der veganen Ernährung allerdings von gesundheitlichen Vorteilen profitieren kann, gilt es, einige Grundsätze zur Nährstoffbedarfsdeckung zu kennen. Denn mit steigender Einschränkung der Lebensmittelauswahl erhöht sich auch das Risiko für Nährstoffmängel.

Die Quintessenz lautet: Es gibt keinen essenziellen, also überlebensnotwendigen Nährstoff, dessen Bedarfsdeckung einzig und allein über den Konsum tierischer Lebensmittel möglich ist. Tierische Nahrungsquellen haben folglich kein Monopol auf irgendeinen Nährstoff, dessen Fehlen einem gesunden Leben im Wege stehen würde.

Wie Abbildung 27 zeigt, sind folgende Nährstoffe für den Menschen essenziell: acht Aminosäuren (in manchen Lebensphasen neun), zwei Fettsäuren, vier fettlösliche Vitamine, die gesamte Gruppe der wasserlöslichen B-Vitamine, Vitamin C sowie die Gruppe der Mineralstoffe. Diese Nährstoffe werden einheitlich

Essenzielle Nährstoffe für den menschlichen Organismus

Makronährstoffe

Proteine

Lipide

Essenzielle Aminosäuren	Essenzielle Fettsäuren
Phenylalanin	Alpha-Linolensäure
Isoleucin	*(Omega 3)*
Lysin	Linolsäure
Valin	*(Omega 6)*
Methionin	
Leucin	
Threonin	
Tryptophan	
(Histidin)	

Mikronährstoffe

Vitamine

Mineralstoffe

Wasserlöslich		Fettlöslich
Vitamin B$_1$ *(Thiamin)*	Vitamin B$_7$ *(Biotin)*	Vitamin A *(Retinol bzw. Beta-Carotin)*
Vitamin B$_2$ *(Riboflavin)*	Vitamin B$_9$ *(Folsäure)*	Vitamin D *(Calciferol)*
Vitamin B$_3$ *(Niacin)*	Vitamin B$_{12}$ *(Cobalamin)*	Vitamin E *(Tocopherol)*
Vitamin B$_4$ *(Cholin)*	Vitamin C *(Ascorbinsäure)*	Vitamin K *(Phyllochinon)*
Vitamin B$_5$ *(Pantothensäure)*		

Mengenelemente	Spurenelemente
Calcium *(Ca)*	Eisen *(Fe)*
Magnesium *(Mg)*	Jod *(J)*
Natrium *(Na)*	Zink *(Zn)*
Kalium *(K)*	Selen *(Se)*
Phosphor *(P)*	Kupfer *(Cu)*
Chlor *(Cl)*	Mangan *(Mn)*
	Molybdän *(Mo)*
	Chrom *(Cr)*
	(Fluor (F))

Abb. 27. Auflistung der überlebensnotwendigen Nährstoffe für den Menschen[5]

von Fachgesellschaften wie der amerikanischen National Academy of Medicine (NAM; früher Institute of Medicine, IOM)[6] oder der Deutschen Gesellschaft für Ernährung (DGE)[7] als jene Nährstoffe eingestuft, die durch die Nahrung zugeführt werden müssen, weil der Körper sie zum Überleben benötigt, aber sie nicht bzw. nicht in ausreichendem Maße selbst bilden kann. Die wichtigste Frage, die sich im Kontext jeder Ernährungsweise grundsätzlich stellt, lautet: Kann die jeweilige Ernährungsform diese überlebensnotwendigen Nährstoffe in ausreichender Menge liefern und zugleich sicherstellen, dass jene Stoffe, die im Übermaß gesundheitlich abträglich wirken (Zucker, gesättigte Fettsäuren, Salz, Cholesterin etc.), nicht in einer zu hohen Menge zugeführt werden? Wenn beide Punkte bejaht werden können, ist das im ersten Schritt bereits ein sehr gutes Indiz dafür, dass die in Betracht gezogene Ernährungsweise für den Menschen geeignet ist. Ob eine Kostform einen oder mehrere dieser Nährstoffe dabei in Form eines Nahrungsergänzungsmittels liefert oder ob der gesamte Nährstoffbedarf gänzlich ohne Nahrungsergänzungsmittel gedeckt werden kann, spielt bei richtiger Dosierung und Qualität der Supplemente keine relevante Rolle für die gesundheitliche Bewertung der jeweiligen Ernährungsweise, solange der Bedarf gedeckt wird.

Alle Mineralstoffe stammen ursprünglich aus dem Boden

In diesem Zusammenhang darf nicht vergessen werden, wie Nährstoffe überhaupt in die Nahrung gelangen. Sämtliche Mineralstoffe wie Calcium, Eisen, Zink, Selen, Jod usw. stammen ursprünglich aus unseren Böden. Von dort absorbieren sie die Pflanzen über ihre Wurzeln und machen sie damit für pflanzenfressende Tiere und den Menschen in der Nahrung verfügbar. Wenn fleischfressende Tiere diese Pflanzenfresser töten und fressen, nehmen sie über den Verzehr der Organe und der Muskeln ihrer Beute die darin gespeicherten Mineralstoffe aus der ursprünglich pflanzlichen Kost auf. Grundsätzlich stellt sich daher nicht die Frage, ob es irgendeinen Mineralstoff gibt, den man ausschließlich in tierischen Produkten findet, weil sie alle im ersten Schritt in Pflanzen vorkommen. Zwar verbinden viele Menschen Eisen in

erster Linie mit rotem Fleisch, Calcium mit Milch und Jod mit Fisch, aber all diese Mineralstoffe finden sich auch in mehr oder weniger großen Mengen in gewissen pflanzlichen Lebensmitteln. Natürlich kann es in manchen Fällen vorkommen, dass die prozentuale Absorptionsrate (auch Bioverfügbarkeit genannt) von Mineralstoffen in tierischen Nahrungsmitteln im Vergleich zu pflanzlichen höher ist. Doch durch eine gute Zusammenstellung des veganen Speiseplans, bei dem mineralstoffreiche pflanzliche Lebensmittel mit gewissen aufnahmefördernden Stoffen richtig kombiniert werden, kann die Bioverfügbarkeit genauso hoch sein wie in tierischen Lebensmitteln. Beim Eisen wären das beispielsweise Vitamin C[8] (aus Paprika, Zitrusfrüchten etc.), Beta-Carotin[9] (aus Süßkartoffeln, Karotten, Grünkohl etc.), schwefelhaltige Substanzen[10] (aus Zwiebeln, Knoblauch etc.) und gewisse organische Säuren[11] (wie Apfel- oder Zitronensäure aus diversen Obstsorten), die das pflanzliche Nicht-Häm-Eisen ebenso gut absorbierbar machen wie das Häm-Eisen aus tierischen Produkten wie etwa rotem Fleisch.

Der menschliche Körper benötigt ...

... kein rotes Fleisch, sondern bioverfügbares **Eisen** und **Zink.**

... keine Milchprodukte, sondern **Vitamin B12** und **Calcium.**

... keinen Fisch, sondern **Jod** und **Omega-3-Fettsäuren.**

... keine Eier, sondern **essenzielle Aminosäuren.**

... keine bestimmten Lebensmittel, sondern **bestimmte Nährstoffe.**

All diese Stoffe kann man ohne tierische Produkte zuführen.

Man findet alle Vitamine auch abseits von tierischen Lebensmitteln

Auch in Bezug auf die Gruppe der fett- und wasserlöslichen Vitamine gibt es kein Vitamin, das exklusiv in tierischen Produkten vorkommt. Vitamine stammen ursprünglich zumeist nicht aus dem tierischen Organismus, sondern werden von Mikroorganismen und Pflanzen als Primärproduzenten hergestellt und gelangen so in die Nahrungskette.[12] Selbst das kritischste Vitamin in der veganen Ernährungsweise – Vitamin B_{12} –ist ein bakterielles Produkt, und so haben tierische Produkte ebenfalls kein Monopol auf diesen Nährstoff.[13] Außerdem zeigt die Forschung, dass gewisse (Mikro-)Algenarten unter den richtigen Anbaubedingungen große Mengen an bioverfügbarem Vitamin B_{12} (vermutlich weil sie in Symbiose mit B_{12}-produzierenden Bakterien leben) enthalten können.[14] In jüngerer Vergangenheit rückte außerdem eine Pflanze mit dem Namen Wasserlinse (auch Mankai oder Duckweed genannt) in den Fokus der B_{12}-Forschung, da Untersuchungen zeigten, dass sie eine potenzielle pflanzliche B_{12}-Quelle für die vegane Ernährung darstellen kann.[15] Die Wasserlinse lebt allem Anschein nach ebenfalls in Symbiose mit B_{12}-produzierenden Bakterien, die Teil der Biomasse sind, und so enthält sie auf natürliche Art (natürlich ist hier nicht wertend zu verstehen) Vitamin B_{12}.[16] Durch richtige Fermentationstechniken mit ausgewählten Bakterienkulturen könnte man überdies auch B_{12}-reiche Lebensmittel wie Sauerkraut[17] und Sojajoghurt[18] produzieren. Aktuell legt allerdings noch kaum ein Lebensmittelproduzent in Deutschland einen Fokus auf solche Produktionsmethoden, und weder Wasserlinsen noch B_{12}-haltige Algen sind in Supermärkten weitverbreitet. Deshalb wird als Übergangslösung ein obligatorisches Vitamin-B_{12}-Supplement in der veganen Ernährung als wichtige Ergänzung empfohlen.

Die marine Nahrungskette:
Von den Mikroalgen als Primärproduzenten der Omega-3-Fettsäuren bis zum Fisch auf dem Teller

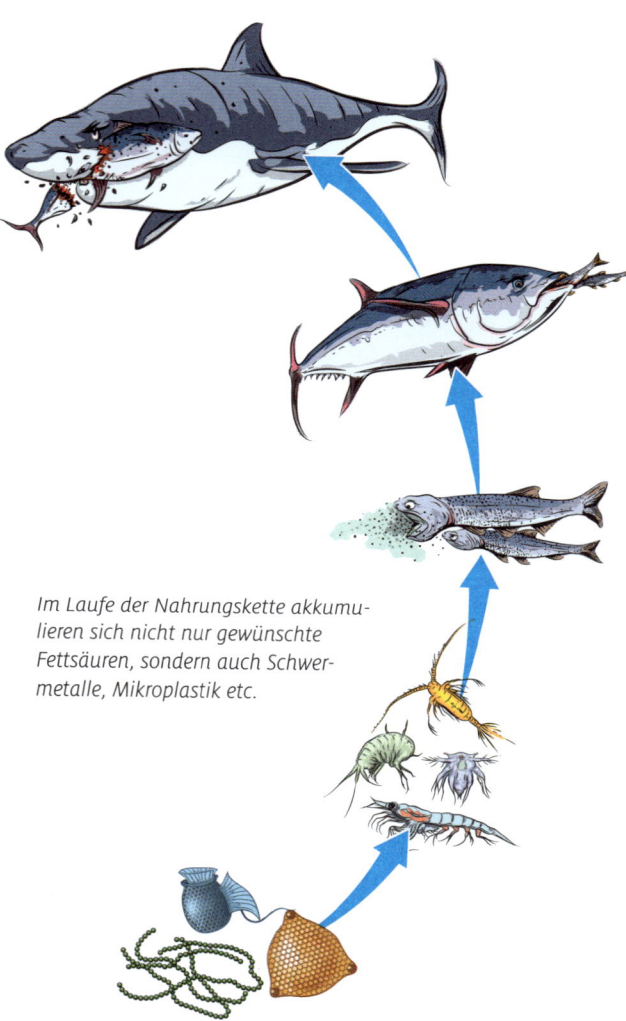

Im Laufe der Nahrungskette akkumulieren sich nicht nur gewünschte Fettsäuren, sondern auch Schwermetalle, Mikroplastik etc.

Abb. 28. Anreicherung der Omega-3-Fettsäuren aus Pflanzen im Laufe der Nahrungskette

Fische sind nicht die Primärproduzenten der Omega-3-Fettsäuren

Die essenzielle Omega-3-Fettsäure Alpha-Linolensäure (in Walnüssen, Lein-, Chia- und Hanfsamen sowie deren Ölen) und die essenzielle Omega-6-Fettsäure Linolsäure (in sämtlichen anderen Nüssen und Samen sowie deren Ölen) finden sich ebenfalls in ausreichender Menge in pflanzlichen Lebensmitteln. Selbst die semiessenziellen langkettigen Omega-3-Fettsäuren EPA (Eicosapentaensäure) und DHA (Docosahexaensäure), derentwegen manche Menschen auf fettreiche Fische wie Lachs oder Fischölkapseln schwören, stammen ursprünglich nicht aus dem Tier. Die eigentlichen Primärproduzenten dieser Fettsäuren sind Mikroalgen wie die Schizochytrium.[19]

Wie Abbildung 28 zeigt, akkumulieren sich die von den Mikroalgen produzierten Fettsäuren erst im Laufe der Nahrungskette im Gewebe jener Fische, die Menschen als Omega-3-Quelle verzehren. So ist es erneut der Umweg über den Fisch, über den diese Omega-3-Fettsäuren in unsere Nahrung gelangen. Im Gegensatz zu den Mineralstoffen sind diese Fettsäuren aus der pflanzlichen Quelle ohne weiteres Zutun ebenso gut bioverfügbar wie die aus dem Fisch. Darüber hinaus sind Pflanzen eine weniger belastete und nachhaltigere Omega-3-Quelle.[20,21] Zusätzlich hat der menschliche Körper (in Abhängigkeit von genetischen Faktoren und der Kostzusammenstellung) zu einem gewissen Grad die Kapazität, die langkettigen Omega-3-Fettsäuren EPA und DHA aus der kurzkettigen Omega-3-Fettsäure Alpha-Linolensäure (ALA) selbst zu bilden. Deshalb werden sie nicht als essenziell, sondern als semiessenziell bezeichnet.[22] Sollte diese Eigensynthese nicht zur optimalen Bedarfsdeckung genügen, kann in der veganen Ernährung der Bedarf über Mikroalgenöl gedeckt werden. Über die Versorgung mit der essenziellen Omega-6-Fettsäure namens Linolsäure muss man sich als vegan lebende Person (im Gegensatz zur Omega-3-Versorgung) gar keine Gedanken machen, solange man nicht einer extrem fettreduzierten veganen Ernährungsweise folgt. Sämtliche gängigen Nüsse und Samen und viele der am häufigsten verwendeten Pflanzenöle wie Sonnenblumenöl, Sojaöl, Maiskeimöl und weitere liefern viel Linolsäure und so ist bei insgesamt ausreichender Fettzufuhr ein Mangel quasi ausgeschlossen.

Pflanzen enthalten alle Aminosäuren

Genauso steht es um die Gruppe der essenziellen Aminosäuren, von denen acht bzw. neun (in gewissen Lebensphasen wie dem Kindesalter) als Bausteine der Proteine überlebensnotwendig sind. Man findet all diese Aminosäuren in Pflanzen und kann so den eigenen Bedarf durch proteinreiche Lebensmittel wie Hülsenfrüchte, Vollkorngetreide, Nüsse und Samen sowie aus diesen Lebensmitteln hergestellte Produkte wie Tempeh, Tofu, Seitan, Nusskäse etc. recht einfach decken. Auch die etwas geringere sogenannte biologische Wertigkeit von einzelnen pflanzlichen proteinhaltigen Lebensmitteln im Vergleich zu tierischen verliert im Alltag an Relevanz, da sich unterschiedliche Aminosäuren aus verschiedenen Lebensmitteln im Laufe des Tages untereinander zu »kompletten«, biologisch hochwertigen Proteinen ergänzen.[23] Ein ausgewogener und kaloriendeckender veganer Speiseplan kann ohne speziellen Fokus auf die Aminosäurezusammensetzung der einzelnen Lebensmittel ausreichend hochwertiges Protein liefern, um selbst den Bedarf von Athleten*innen zu decken.[24,25]

Mögliche Anzeichen eines Nährstoffdefizits

Wenig Energie & Antriebslosigkeit

Konzentrations-schwäche

Depressive Verstimmungen

Ein- und Durch-schlafschwierig-keiten

Herabgesetzte Immunabwehr

Verminderte Wundheilung

Probleme mit Haut & Nägeln

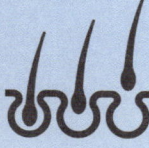
Vermehrter Haarausfall

Verringerung der Muskelkraft

Häufiges und stärkeres Frieren

Abb. 29. Darstellung potenzieller Nährstoffmangelsymptome[26]

Gibt es unentdeckte Nährstoffe in tierischen Lebensmitteln?

Man muss in diesem Zusammenhang allerdings einräumen, dass es Nährstoffe gibt, bei denen zum aktuellen Zeitpunkt noch kein wissenschaftlicher Konsens zu deren Essenzialität besteht. Somit könnten in Zukunft eventuell noch weitere Nährstoffe als überlebensnotwendig klassifiziert werden. Es könnte sich auch herausstellen, dass manche Personen aufgrund genetischer Dispositionen einige dieser Stoffe von außen zuführen müssen, die andere Menschen wiederum in ausreichender Menge selbst bilden.

Obwohl die aktuell als überlebensnotwendig klassifizierten Nährstoffe bereits seit Mitte des 20. Jahrhunderts bekannt sind[27], wurde vor etwa 20 Jahren zum letzten Mal ein Nährstoff zumindest von einigen Fachgesellschaften als essenziell eingestuft. Die National Academy of Medicine (NAM) erklärte beispielsweise den Nährstoff Cholin im Jahr 1998 als essen-

ziell.[28] Laut der Deutschen Gesellschaft für Ernährung (DGE) zählt Cholin allerdings nicht zu den essenziellen Nährstoffen, da laut DGE der Körper in der Lage ist, Cholin in ausreichender Menge zu synthetisieren.[29] Sollte es sich bestätigen, dass beispielsweise Cholin für die allermeisten Menschen ein essenzieller Nährstoff ist, gilt es, die besten veganen Quellen für diesen Nährstoff zu identifizieren. Zum aktuellen Zeitpunkt liegen noch nicht für sämtliche Lebensmittel Analysen zu deren Cholingehalt vor – Leber und Eier stellen die cholinreichsten Nahrungsmittel dar –, aber man weiß, dass mit Quinoa, Weizenkeimen, Mandeln, Brokkoli, Bohnen und weiteren auch eine Reihe an cholinreichen pflanzlichen Lebensmitteln zur Verfügung steht.[30,31] Außerdem gibt es mit Cholinbitartrat und CDP-Cholin zwei Formen von Cholin in Nahrungsergänzungsmitteln, die im Fall einer Unterversorgung den Cholinbedarf decken können. Darüber hinaus können selbst Stoffe wie Vitamin A (Retinol), die man nur in tierischen Produkten findet, synthetisch (und damit vegan) hergestellt werden.[32] So können selbst Personen, die aufgrund einer genetischen Disposition Beta-Carotin und andere Carotinoide nicht in ausreichendem Maße in Vitamin A umwandeln können,[33,34] ohne tierische Produkte ihren Bedarf decken.

Sollten zukünftig noch weitere Nährstoffe als essenziell klassifiziert werden, ist es jedoch äußerst unwahrscheinlich, dass es sich dabei um Nährstoffe handeln wird, die man exklusiv in tierischen Produkten finden kann. Die Vermutung stützt sich darauf, dass die bekannten Stoffe mit nutritivem Charakter, die nur in tierischen Produkten vorliegen (beispielsweise Cholesterin,[35] Carnitin,[36] Kreatin[37] etc.), allesamt nicht essenziell für den Menschen sind, da der menschliche Organismus die benötigten Mengen selbst produzieren kann. Zum anderen ist es auch deshalb unwahrscheinlich, dass es einen noch unentdeckten Nährstoff mit großer gesundheitlicher Bedeutung in tierischen Produkten gibt, da bereits eine ganze Reihe an vegan lebenden Personen seit vielen Jahrzehnten mit bester Gesundheit ohne tierische Produkte lebt. Es gibt darüber hinaus viele Kinder, die sogar seit ihrer Geburt vegan leben und sich bester Gesundheit erfreuen.[38]

Dennoch können Mängel bei unsachgemäßer Kostzusammenstellung auftreten, und so ist es von großer Bedeutung auf eine ausgewogene Ernährung zu achten und eventuell auftretende Mangelsymptome als solche wahrzunehmen. Abbildung 27 listet einige der häufigsten Nährstoffmangelsymptome auf. Diese sind allerdings recht unspezifisch, denn derartige Symptome können auch durch andere nicht nährstoffmangelbedingte Einflüsse auftreten.

Diese Ausführung soll verdeutlichen, dass man (unter den aktuellen Rahmenbedingungen) zur optimalen Umsetzung einer veganen Ernährung ausreichend Sachkenntnis benötigt, um sich langfristig bedarfsdeckend zu ernähren. Eine vegane Ernährung ist aber auch keine Raketenwissenschaft. Mit dem notwendigen Grundwissen kann sie in jeder Lebensphase umgesetzt werden, wie an späterer Stelle noch im Detail beschrieben wird. Wie man den Nährstoffbedarf im Alltag konkret decken kann, verrät die nachfolgend dargestellte vegane Lebensmittelpyramide.

DIE VEGANE ERNÄHRUNGSPYRAMIDE

Die in Abbildung 30 gezeigte vegane Lebensmittelpyramide wurde auf Basis der vegetarischen Ernährungspyramide der Loma Linda University sowie der Gießener veganen Lebensmittelpyramide gestaltet. Sie gibt einen Überblick zu den wichtigsten Komponenten einer veganen Ernährung und weist auf die Notwendigkeit einer adäquaten Zufuhr von mit Nährstoffen angereicherten Lebensmitteln oder Nahrungsergänzungsmitteln hin. Die darin gezeigten Hauptlebensmittelgruppen sollen ein Gefühl dafür vermitteln, in welcher Relation gewisse Lebensmittel(gruppen) in Bezug auf deren Zufuhrmengen zueinander stehen. Die Nahrungsaufnahme insgesamt hängt vom Kalorienbedarf der jeweiligen Person ab. Dieser ist wiederum unter anderem abhängig vom Gewicht, Geschlecht, Alter, Anteil der Muskelmasse am Gesamtgewicht und dem Betätigungslevel im Tagesverlauf. Mithilfe der gängigen Formeln zur Berechnung des Gesamtkalorienverbrauchs lässt sich der Kalorienbedarf allerdings nur halbwegs adäquat einschätzen und nicht punktgenau ableiten.

Darüber hinaus hat die Art der Zubereitung (z. B. roh oder gekocht)[39] einen bedeutenden Einfluss auf die Kalorienausbeute aus Lebensmitteln, und sämtliche Nährwertangaben in Nährwerttabellen sind lediglich Durchschnittswerte mit teils bedeutenden Schwankungsbreiten. Der genaue Gehalt an (Mikro-) Nährstoffen kann in Abhängigkeit der jeweiligen Sorte und den Anbaubedingungen deutlich unterschiedlich ausfallen. So gilt es, im Alltag primär ein grobes Verständnis von der Kaloriendichte einzelner Lebensmittel zu bekommen, ein besseres Gefühl für das eigene Hunger- und Sättigungsgefühl zu entwickeln sowie zumindest eine ungefähre Ahnung davon zu haben, in welcher Höhe sich der durchschnittliche wöchentliche Kalorienbedarf anhand der zuvor genannten Parameter bewegt. Sowohl ein zu starkes Über- als auch ein Unterschreiten sollte auf Dauer vermieden werden, um ein gesundes Körpergewicht aufrechtzuerhalten und die Nährstoffbedarfsdeckung sicherzustellen.

Wenn das Ziel das Beibehalten des aktuellen Körpergewichts ist, können die in Abbildung 30 gezeigten Verhältnisse als adäquater Richtwert herangezogen werden. Wird allerdings bei Untergewicht eine Gewichtszunahme angestrebt, liegt ein stärkerer Fokus auf kalorienreicheren Lebensmitteln wie Nüssen, Samen, hochwertigen Pflanzenölen etc., um die Energiedichte der Speisen zu erhöhen. Auch Fleisch- und Käseersatzprodukte, die zumeist energiedichter als vollwertige pflanzliche Lebensmittel sind, können in diesen Speiseplänen temporär vermehrt Einzug halten. Soll hingegen das Gewicht zum Erreichen eines Normalgewichts bei Übergewicht reduziert werden, wird zur besseren Sättigung die Menge an weniger kaloriendichten, vollwertigen Lebensmitteln wie Gemüse, Obst, Hülsenfrüchten und gering verarbeiteten Vollkorngetreiden erhöht. Gleichzeitig wird der Konsum von vor allem Pflanzenölen, energiedichteren verarbeiteten Produkten wie veganem Fleisch- und Käsealternativen, Süßigkeiten etc. deutlich reduziert.

Die Lebensmittelgruppen der veganen Ernährungspyramide

Die Pyramide ist grundsätzlich in zwei große Bereiche eingeteilt: Der untere Teil bildet das Grundgerüst der veganen Ernährung, alle dort aufgeführten Lebensmittelgruppen (Vollkorngetreide, Hülsenfrüchte, Gemüse/Pilze, Obst sowie Nüsse/Samen/Kerne) sollten am besten auf täglicher Basis Einzug in den veganen Speiseplan halten. Welche Vertreter der einzelnen Gruppen man wählt, ist dabei weniger relevant als das generelle Ziel, regelmäßig überwiegend Lebensmittel aus diesen Gruppen zu essen und auf Abwechslung zu achten. Natürlich sind beispielsweise Blaubeeren viel nährstoffreicher als Bananen, und Brokkoli ist nährstoffreicher als Selleriewurzeln, aber wichtiger als das einzelne Produkt ist der gesamte Speiseplan. Er sollte insgesamt ausgewogen und nährstoffbedarfsdeckend sein, das spielt eine viel größere Rolle.

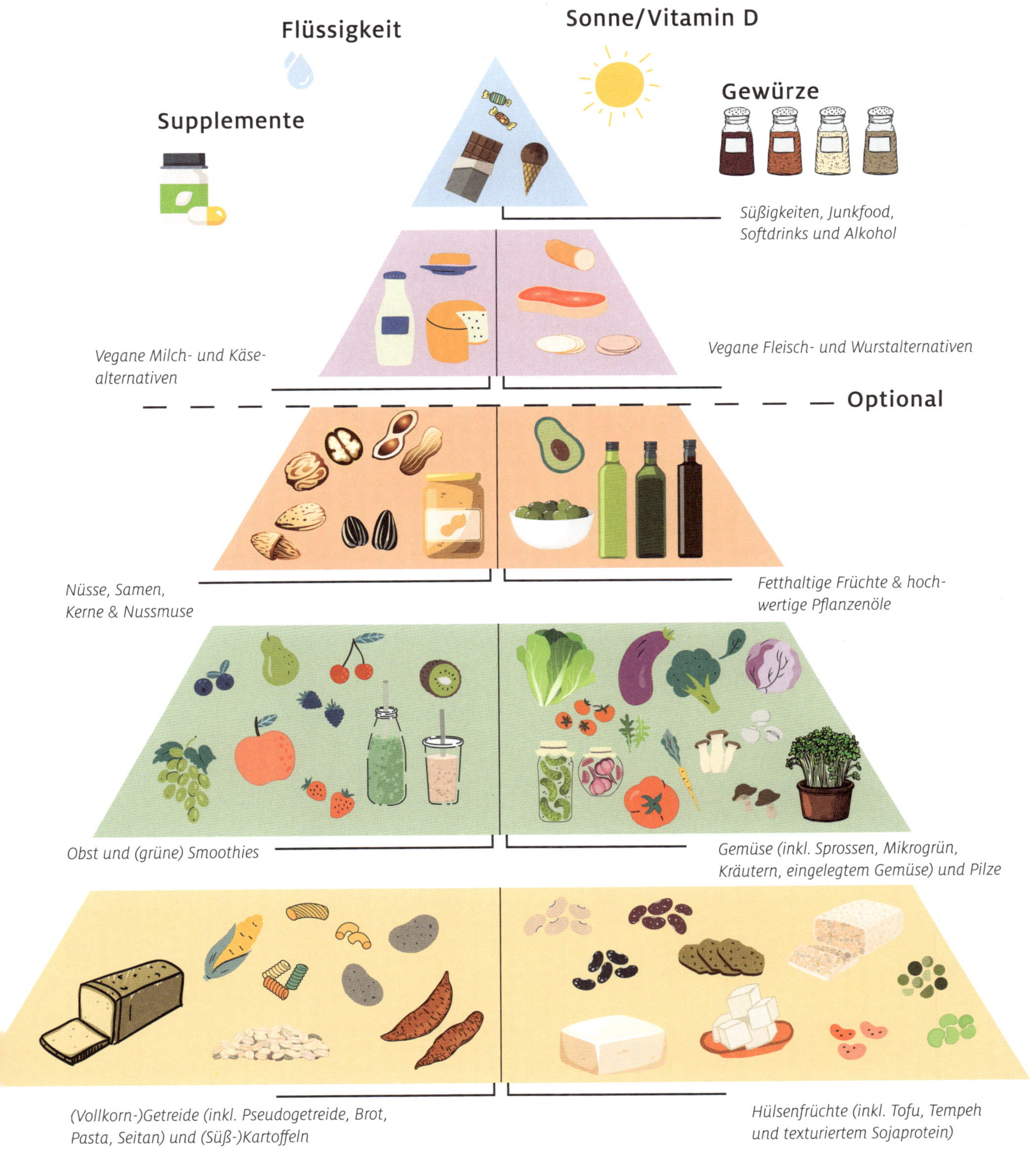

Flüssigkeit

Sonne/Vitamin D

Supplemente

Gewürze

Süßigkeiten, Junkfood, Softdrinks und Alkohol

Vegane Milch- und Käse-alternativen

Vegane Fleisch- und Wurstalternativen

— — — — — — **Optional**

Nüsse, Samen, Kerne & Nussmuse

Fetthaltige Früchte & hoch-wertige Pflanzenöle

Obst und (grüne) Smoothies

Gemüse (inkl. Sprossen, Mikrogrün, Kräutern, eingelegtem Gemüse) und Pilze

(Vollkorn-)Getreide (inkl. Pseudogetreide, Brot, Pasta, Seitan) und (Süß-)Kartoffeln

Hülsenfrüchte (inkl. Tofu, Tempeh und texturiertem Sojaprotein)

Abb. 30. Die vegane Lebensmittelpyramide [40,41]

1
EBENE

(Vollkorn-)Getreide & (Süß-)Kartoffeln + Hülsenfrüchte & Sojaprodukte

Wie auch in der vegetarischen Ernährungspyramide der Loma Linda University bilden (Vollkorn-)Getreide und Hülsenfrüchte die Basis der veganen Ernährungspyramide, um vor allem die Kalorien-, Protein- und Mineralstoffbedarfsdeckung sicherzustellen. Auch wenn Weißmehlprodukte im Rahmen einer insgesamt gut zusammengestellten Ernährung durchaus aufgrund kulinarischer Vorlieben Einzug in den veganen Speiseplan halten können, sollte der Großteil der Getreideprodukte aus dem vollen Korn stammen, da diese deutlich nährstoffreicher sind. Pseudogetreide (Amaranth, Quinoa usw.), gepufftes bzw. geflocktes Getreide, Couscous, Bulgur, Reis, Mais, Pasta und Brot sowie (Süß-)Kartoffeln und andere stärkehaltige Wurzeln sind nur einige der vielfältigen Optionen aus dieser Kategorie. Aus Getreide hergestellte Proteinlieferanten wie Seitan sind zwar nicht vollwertig, aber sie können helfen, den Proteinbedarf bei veganer Ernährung zu decken, und sind somit für alle Personen ohne Zöliakie oder andere Unverträglichkeiten gegenüber Gluten eine gute Ergänzung des Speiseplans.

Neben (Vollkorn-)Getreide und (Süß-)Kartoffeln bilden Hülsenfrüchte und daraus hergestellte Lebensmittel die zweite Kategorie in der Basis der Pyramide. Diese sind von großer Bedeutung, da sie die mit Abstand besten Proteinlieferanten in der veganen Ernährung darstellen. Sämtliche Hülsenfrüchte (Lupinen, Linsen, Erbsen, Kichererbsen, Soja-, Mung-, Kidneybohnen usw.) sowie daraus hergestellte Lebensmittel (Tempeh, (Räucher-)Tofu, texturiertes Soja- und Erbsenprotein usw.) liefern nicht nur quantitativ viel Protein, sondern sie enthalten auch jene Aminosäuren (= Bausteine der Proteine), die in anderen pflanzlichen Proteinträgern geringer vorhanden sind. Somit ergänzen sie diese und erhöhen die sogenannte biologische Wertigkeit der Proteine im veganen Speiseplan auf ein vergleichbares Level von tierischem Protein.

2
EBENE

Gemüse & Pilze + Obst

In der zweiten Ebene der Pyramide befinden sich Gemüse (inklusive Kräuter, Sprossen und Mikrogrün) und Pilze sowie Obst (inkl. Smoothies). Diese Lebensmittelgruppen sind besonders reich an Vitaminen und sekundären Pflanzenstoffen, die als bioaktive Substanzen zahlreiche positive gesundheitliche Wirkungen aufweisen. Sekundäre Pflanzenstoffe wie Carotinoide, Phytosterine, Glucosinolate und viele weitere wirken unter anderem antioxidativ, antikanzerogen, cholesterinsenkend und blutzuckerregulierend und können die menschliche Gesundheit so auf vielfältige Weise positiv beeinflussen.[42]

Jedes Gemüse ist gesund und kann gerne Teil des Speiseplans sein, aber vor allem Kreuzblütler (Brokkoli, Blumenkohl usw.) und Zwiebelgewächse (Lauch, Zwiebel usw.) sowie dunkelgrünes Blattgemüse (Spinat, Feldsalat, Grünkohl usw.) dürfen aufgrund ihrer einzigartigen sekundären Pflanzenstoffe bzw. ihrer insgesamt hohen Nährstoffdichte gerne vermehrt integriert werden.[43] Sprossen und Mikrogrün sind nicht nur äußerst nährstoffreich, sondern bieten außerdem die Möglichkeit, in den eigenen vier Wänden erntefrisches junges Gemüse auch im Winter anzubauen. Von den Pilzen sollten bevorzugt Zuchtpilze wie Champignons, Kräuterseitlinge oder Shiitakepilze verzehrt werden, da bei diesen die Gefahr von Kontaminationen mit Schwermetallen sowie von radioaktiver Belastung erheblich reduziert ist.[44] Die DGE empfiehlt maximal 250 g Wildpilze pro Woche zu essen.[45]

Auch beim Obst gilt: Jede Sorte darf im Rahmen einer ausgewogenen Ernährung gerne gegessen werden. Doch insbesondere Beeren und Steinobst punkten mit der durchschnittlich höchsten antioxidativen Kraft unter den Früchten und sollten daher einen besonderen Stellenwert im Speiseplan einnehmen.[46]
Bei grünen Smoothies gilt: Oxalsäurereiche Blattgemüse wie Spinat und Mangold sollten mit oxalsäurearmen Blattgemüsen wie Grünkohl, Feldsalat, Kopfsalat und Rucola abgewechselt werden, um die Oxalsäureaufnahme und damit das Risiko für die Oxalat-mitbedingte Entstehung von Nierensteinen zu reduzieren.

3 EBENE

Nüsse, Samen & Kerne + fetthaltige Früchte & hochwertige Pflanzenöle

In der dritten Ebene befinden sich überaus gesunde, aber sehr kalorienreiche Lebensmittel. Sie sollten zwar regelmäßiger Bestandteil der veganen Kost sein, aber aufgrund ihrer Energiedichte nicht in zu großem Maße genossen werden. Sie liefern überlebensnotwendige Fettsäuren (Omega 3 und Omega 6) und bereichern den veganen Speiseplan auch kulinarisch immens. Nüsse, Samen und Kerne (Walnüsse, Pekannüsse, Mandeln, Cashews, Sesam, Lein-, Chia- und Hanfsamen, Kürbis- und Sonnenblumenkerne usw.) stecken voller gesunder Fette und Proteine und sind überaus mineralstoffreich. Studien belegen nicht nur deren herzgesunde Wirkung,[47] sondern zeigen auch, dass ein regelmäßiger Verzehr von Nüssen trotz ihrer hohen Energiedichte auf Dauer (u. a. aufgrund ihres Sättigungseffektes) nicht mit einer Gewichtszunahme einhergeht.[48] Daher sollten sie nicht nur in der veganen Ernährung regelmäßig gegessen werden. Mit aus Nüssen und Samen hergestelltem Mus lassen sich darüber hinaus Saucen und Aufstriche cremiger und nährstoffreicher gestalten. Auch wenn Erdnüsse botanisch zu den Hülsenfrüchten zählen, sind sie ernährungsphysiologisch bei den Nüssen zu verorten.[49]

Sowohl fetthaltige Früchte wie Avocados und Oliven als auch hochwertige Pflanzenöle müssen nicht zwingend Teil der (veganen) Ernährung sein, aber gerade Letztere sind aus kulinarischer Sicht sehr bedeutend, bei hoher Qualität gesundheitlich zuträglich und können vor allem kleinen Esser*innen helfen, die Energiedichte der Gerichte zu erhöhen, ohne deren Volumen unnötig zu vergrößern. Zum Kochen und Braten sollten vor allem Öle mit einem hohen Anteil an einfach ungesättigten Fettsäuren (Olivenöl, Avocadoöl, High-Oleic(!)-Sonnenblumenöl usw.) verwendet werden. Diese sind hitzebeständig und förderlicher für die Gesundheit als Pflanzenöle bzw. Fette mit einem hohen Anteil an gesättigten Fettsäuren.[50] Öle mit reichlich Omega-3-Fettsäuren (Hanf-, Chia-, Leinöl usw.) sollten der kalten Küche vorbehalten sein bzw. auf gegarte Gerichte erst nach dem Anrichten gegeben werden.

4 EBENE

Vegane Milch-, Käse-, Fleisch- und Wurstalternativen

Die vierte Ebene der veganen Ernährungspyramide gilt als optional, das heißt, die darin aufgeführten Lebensmittel sind nicht zwingend notwendig – aber sie bereichern den Speiseplan sowohl in Bezug auf Kulinarik als auch Praktikabilität. Es gibt zahlreiche unterschiedliche pflanzliche Milchalternativen, beispielsweise Soja-, Erbsen- Hafer-, Dinkel-, Cashew-, Mandel-, Kokos- und Reisdrinks. Sollte also jemandem eine Milchalternative nicht schmecken, lohnt es sich, weitere Sorten zu probieren. Auch innerhalb einer Sorte gibt es zwischen unterschiedlichen Herstellern große geschmackliche Unterschiede. Hafermilch ist die in Deutschland am häufigsten verwendete pflanzliche Milchalternative, sie macht sich vor allem in Heißgetränken wie Kaffee und Kakao gut.[51] Pflanzenmilchsorten aus Soja und Erbse punkten hingegen vor allem mit ihrem deutlich höheren Proteingehalt im Vergleich zu anderen Sorten. Egal für welche Sorte man sich entscheidet; sie sollte wann immer möglich mit Calcium angereichert sein, damit sie denselben (oder einen höheren) Calciumgehalt wie Kuhmilch aufweist (120 mg/100 ml) und somit die vegane Calciumversorgung sicherstellt. Einige Sorten sind darüber hinaus mit weiteren potenziell kritischen Nährstoffen wie Vitamin B12, B2, D und weiteren angereichert.

Eine derartige Anreicherung findet bei veganem Käse in den meisten Fällen leider noch nicht statt, und auch der Proteingehalt von fast allen Pflanzenkäsesorten ist deutlich geringer als bei herkömmlichem Käse. Viele vegane Käsesorten weisen zudem (wie herkömmlicher Käse auch) einen hohen Gehalt an Salz und gesättigten Fettsäuren auf. Sie sollten daher nur in Maßen gegessen werden. Dasselbe gilt für vegane Fleisch- und Wurstalternativen. Sowohl geschmacklich als auch hinsichtlich ihrer Zutatenliste unterscheiden sich vegane Fleisch- und Käsealternativen je nach Hersteller äußerst stark voneinander. So gilt es, sich durch das mittlerweile sehr reichhaltige Angebot zu probieren und die ernährungsphysiologisch hochwertigeren Produkte zu bevorzugen.

5
EBENE

Süßigkeiten, Junkfood, Softdrinks & Alkohol

Wer kann und möchte, sollte diese Kategorie gut und gerne zur Gänze meiden. Die allermeisten Menschen haben allerdings eine Vorliebe für eine oder mehrere der in dieser Ebene gezeigten Produkte, und im Rahmen einer insgesamt ausgewogenen und nährstoffbedarfsdeckenden Ernährung spricht nichts dagegen, Lebensmittel bzw. Getränke aus der Spitze der Pyramide in moderatem Maße zu sich zu nehmen. Wie so oft macht hier die Menge das Gift. Entscheidend ist vielmehr die gesamte Ernährung und die generelle Lebensweise. Bei einigen alkoholischen Getränken wie Wein ebenso wie bei vielen Fruchtsäften ist noch anzu-merken, dass diese mithilfe tierischer Bestandteile gefiltert werden (wenn nicht anders deklariert) und somit streng genommen nicht vegan sind.[52]

Zusätzlich: ausreichend Flüssigkeit, mäßige Sonnenexposition, adäquate Nahrungsergänzung und reichlich Gewürze

Wie in Abbildung 30 zu sehen ist, sollte man neben der Ernährungspyramide noch vier weitere Aspekte im Rahmen der (veganen) Kost im Auge behalten. In Bezug auf die Flüssigkeitszufuhr gilt als Richtwert etwa die Empfehlung, insgesamt täglich etwa 35 Milliliter Flüssigkeit pro Kilogramm Körpergewicht aufzunehmen.[53] Stillende Frauen sollten etwa 500 bis 700 Milliliter zusätzlich trinken, um die Milchbildung durch die Mehrzufuhr auszugleichen. Körperliche Aktivität erhöht darüber hinaus in Abhängigkeit der Dauer und Intensität den Flüssigkeitsbedarf, wie die DGE in ihrer Publikation »Flüssigkeitsmanagement im Sport« im Detail beschreibt.[54] Etwa ein Drittel der Gesamtmenge des täglichen Flüssigkeitsbedarfs deckt man bereits durch den Wassergehalt der Lebensmittel, die restlichen zwei Drittel sollten über Getränke (vor allem Wasser und ungesüßten Tee) zugeführt werden. Die Bedarfsdeckung an Vitamin D erfolgt nur zu etwa 10–20 Prozent über die Nahrung, daher ist eine ausreichende (aber nicht übermäßige) Sonnenexposition zur suffizienten Eigensynthese an Vitamin D (oder

eine entsprechende Nahrungsergänzung) unumgänglich und von großer Bedeutung für die menschliche Gesundheit. Sollte die Sonnenexposition nicht ausreichen, gilt es, 40–60 Internationale Einheiten (IE) Vitamin D pro Kilogramm Körpergewicht pro Tag zu supplementieren.[55] Zu einer Überversorgung an Vitamin D bei diesen Dosen kann es auch bei zusätzlicher Sonnenexposition nicht kommen, da der Organismus die körpereigene Vitamin-D-Produktion entsprechend runterreguliert, um Überversorgungen entgegenzuwirken.[56]

Was eine adäquate Nahrungsergänzung ist und worauf man beim Kauf von Supplementen achten sollte, wird im weiteren Verlauf diese Kapitels noch näher beschrieben. Grundsätzlich gilt der Leitsatz: Je restriktiver eine Ernährungsweise ist (also je mehr Lebensmittelgruppen mit relevantem Nährwert ausgeschlossen werden), desto höher kann das Risiko für Nährstoffmängel sein und desto mehr muss auf eine ausgewogene Ernährung und in einigen Fällen auch auf eine Nahrungsergänzung geachtet werden. Da die vegane Ernährung sämtliche tierische Lebensmittel zur Gänze ausschließt, ergibt sich dadurch in Bezug auf einige Nährstoffe das Risiko für einen Mangel.[57] Diesem Risiko kann durch eine ausgewogene Speisenauswahl und die Supplementierung besonders kritischer Nährstoffe aber leicht entgegengewirkt werden. Sowohl aus kulinarischer als auch aus gesundheitlicher Sicht spielen neben den Hauptlebensmittelgruppen zusätzlich auch Gewürze eine wichtige Rolle in der menschlichen Ernährung. Die Verwendung von Gewürzen wurde in altertümlichen Städten bis zurück ins 4. Jh. v. Chr. nachgewiesen und spielt somit schon lange eine bedeutende Rolle in der menschlichen Ernährung.[58] Bezogen auf ihr Gewicht gehören viele Gewürze zu den antioxidantienreichsten Komponenten in unserer Ernährung.[59] Durch das Abschmecken von Gerichten mit ausreichend Gewürzen lässt sich darüber hinaus die Salzmenge reduzieren,[60] was wiederum gesundheitlich wertvoll ist. Übermäßiger Salzverzehr gilt unter den ernährungsbedingten Risikofaktoren in großen Studien wie der Global Burden of Disease Study als größter vermeidbarer Risikofaktor für frühzeitige Mortalität und Invalidität.[61]

DIE »5 AM TAG«
bei veganer Ernährung

Klassischerweise bezeichnet die »5 am Tag«-Kampagne des gleichnamigen Vereins seit mehr als 20 Jahren die Ernährungsrichtlinie, dass Individuen mindestens fünf Portionen Gemüse und Obst pro Tag konsumieren sollten – mindestens drei Portionen Gemüse (= 400 g) und mindestens zwei Portionen Obst (= 250 g).[62] Im Rahmen einer veganen Ernährung gilt diese Empfehlung selbstverständlich ebenso, aber da vegan lebende Menschen im Vergleich zur sich mit Mischkost ernährenden Gesamtbevölkerung ohnehin durch-schnittlich mehr Gemüse und Obst essen,[63] zielt die vegane Variante der »5 am Tag« konkreter auf spezielle Lebensmittel ab. Wie Abbildung 29 illustriert, gibt es fünf Lebensmittel(-gruppen), die im Rahmen einer veganen Ernährung gerne täglich, aber zumindest mehrmals wöchentlich Teil der Ernährung sein sollten. Das Ziel ist, gewisse potenziell kritische Nährstoffe abzudecken, die durch die meisten anderen pflanzlichen Lebensmittel nicht im selben Maß geliefert werden können.

Süßkartoffel oder Karotte:
Beta-Carotin (-> Vitamin A)

Linsen: Eisen + Lysin

Grünes Blattgemüse:
Vitamin K

Angereicherte
Pflanzenmilch:
Calcium

Leinsamen/Leinöl:
Omega 3 (ALA)

5 AM
TAG
VEGAN

Abb. 31. Die »5 am Tag« bei veganer Ernährung

1. Pflanzenmilch: Obwohl Hersteller ihre Pflanzenmilch aufgrund einer absurden Entscheidung des europäischen Gerichtshofs nicht mehr als Pflanzenmilch, sondern nur noch als Pflanzendrink bezeichnen dürfen[64] (Leberkäse, Meeresfrüchte, Zimtschnecke usw. scheinen kein Problem zu sein), ändert das nichts daran, dass vegan lebende Menschen Pflanzenmilch oft und gerne als Milchersatz konsumieren und diese (sofern sie mit Calcium angereichert ist) der mitunter bedeutendste Calciumlieferant in der veganen Ernährung ist. In Bio-Pflanzendrinks findet sich zur Anreicherung mit Calcium eine Rotalge namens Lithothamnium calcareum (diese liefert zusätzlich etwa 5–10 µg Jod pro 100 ml Pflanzenmilch),[65] während es bei konventionellen Marken oft zugesetztes Calciumcarbonat ist. Beides stellt eine gut bioverfügbare Calciumquelle dar, und so sind angereicherte Pflanzendrinks mindestens so gute Calciumquellen wie Kuhmilch.[66,67]

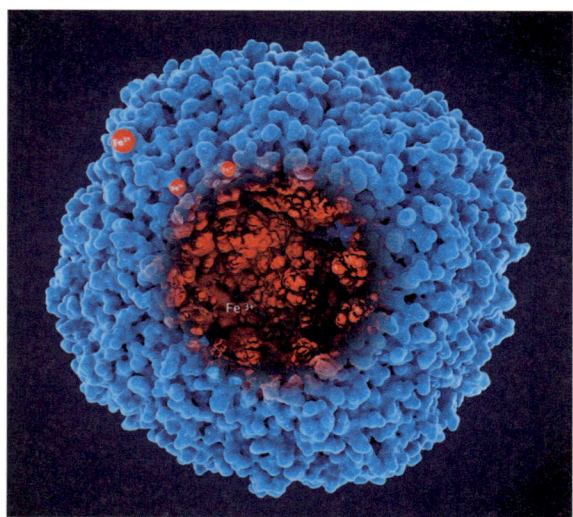

Abb. 32. Die chemische Struktur von Ferritin

Der Eisenkern befindet sich im Zentrum eines schützenden Käfigs aus Proteinen. Etwa zwei Drittel des Eisens in Linsen beispielsweise in einer derartigen hoch bioverfügbaren Ferritin-Form vor.

2. Linsen: Linsen sind nicht nur insgesamt sehr proteinreich, sondern sie liefern (wie andere Hülsenfrüchte auch) große Mengen einer Aminosäure namens Lysin. Diese essenzielle Aminosäure kann in der veganen Ernährung ohne den Verzehr von Hülsenfrüchten potenziell etwas zu kurz kommen. Darüber hinaus liegt das Eisen in Linsen zu mehr als zwei Dritteln als sogenanntes Ferritin-Eisen vor und ist damit hoch bioverfügbar.[58] Der Eisenforscher Prof. Dr. Claus Günther bringt es in Bezug auf den Eisengehalt von Linsen wie folgt auf den Punkt: Linsen = Steak[69] (100 g verzehrfertige Linsen liefern etwa die gleiche Menge hoch bioverfügbares Eisen wie 100 g Steak). Ferritin-Eisen kann als komplettes Molekül über den Ferritin-Port im Darm aufgenommen werden. So ist es auch ohne die zusätzliche Gabe absorptionsfördernder Stoffe ähnlich gut bioverfügbar wie Hämeisen aus Fleisch und wird auch nicht durch absorptionshemmende Stoffe wie die Phytinsäure oder Polyphenole beeinflusst.[70] Somit gehören Linsen sowohl quantitativ als auch qualitativ zu den besten Eisenlieferanten der veganen Ernährung.

3. Süßkartoffel & Karotte: Zwar liefern auch gewisse dunkelgrüne Blattgemüsesorten ansehnliche Mengen an Beta-Carotin, aber um auf Nummer sicher zu gehen, dass der Vitamin-A-Bedarf von vegan lebenden Menschen durch die körpereigene Synthese aus Carotinoiden gedeckt wird, empfiehlt es sich, orangefarbenes Gemüse wie Süßkartoffeln und Karotten (oder gewisse Kürbisarten) regelmäßig zu verzehren. Der Vollständigkeit halber sei ergänzt, dass es seltene genetische Dispositionen gibt, die die Umwandlung von Carotinoiden zu Vitamin A (Retinol) beeinträchtigen, was dazu führt, dass die Eigensynthese an Vitamin A aus Carotinoiden eingeschränkt wird.[71] In den meisten dieser ohnehin seltenen Fälle genügt eine schlichte Verdoppelung der Carotinoid-Zufuhr, um die verminderte Eigensynthese zu kompensieren. Nur in sehr seltenen Fällen ist die Konvertierungsfähigkeit so sehr eingeschränkt, dass Vitamin A als Nahrungsergänzungsmittel zugeführt werden muss. Da Vitamin A synthetisch und damit vegan hergestellt werden kann und dessen Wirksamkeit gut belegt ist,[72] stellt dies aber kein Problem dar. Wichtig ist, dass die mangelnde Konvertierungsfähigkeit früh genug erkannt und entsprechend supplementiert wird.

4. Grünes Blattgemüse: Grünes Blattgemüse wie Grünkohl, Spinat und Feldsalat ist sehr reich an Vitamin K.[73] Zwar liefern auch andere pflanzliche Lebensmittel wie Gemüse aus der Familie der Kreuzblütler (Brokkoli, Blumenkohl) und zu einem gewissen Grad Hülsenfrüchte wie Kichererbsen relevante Mengen an Vitamin K, aber um auf Nummer sicher zu gehen (und weil dunkelgrünes Blattgemüse insgesamt überaus nährstoffreich ist), sollte es regelmäßig auf dem Speiseplan stehen. Zu beachten sind dabei lediglich zwei Dinge. Zum einen reduzieren höhere Vitamin-K-Zufuhrmengen die blutgerinnungshemmende Wirkung von Medikamenten wie Warfarin und Marcumar,[74] und zum anderen sind gewisse dunkelgrüne Blattgemüsesorten wie Spinat und Mangold reich an Oxalsäure. Eine zu hohe Oxalsäurezufuhr kann wiederum das Risiko für die Bildung von Nierensteinen begünstigen.[75] Daher ist es ratsam, oxalsäurereiche Lebensmittel überwiegend gekocht zu verzehren, da dabei der Oxalsäuregehalt deutlich reduziert wird.[76]

5. Leinsamen/Leinöl: Diese stehen hier stellvertretend für sämtliche Samen mit hohem Omega-3-Gehalt wie Chia- und Sacha-Inchi-Samen sowie deren Öle. Im Gegensatz zu der überlebensnotwendigen Omega-6-Fettsäure namens Linolsäure, die weitverbreitet in der veganen Ernährung ist und auf deren Mindestzufuhr daher nicht geachtet werden muss, sind die guten Omega-3-Quellen für die ausreichende Zufuhr der überlebensnotwendigen Alpha-Linolensäure (ALA) deutlich begrenzter. Daher ist es sinnvoll, eine oder mehrere der besonders guten ALA-Quellen regelmäßig in den veganen Speiseplan zu inkludieren. Lein- und Chiasamen sollten immer vor dem Verzehr geschrotet werden, da der Körper die darin enthaltenen Fettsäuren ansonsten kaum aufnehmen kann.[77] Allerdings ist es sinnvoll, Leinsamen stets ganz und nicht bereits geschrotet zu kaufen – die Verpackung bietet meistens keinen Schutz vor Licht, und man weiß nie, wie lange sie schon im Regal liegt –, da die Qualität der darin enthaltenen Fettsäuren im Laufe der Lagerzeit in Mitleidenschaft gezogen werden kann. Ganze Leinsamen lassen sich mit einem haushaltsüblichen Mixer schroten und können dann bei Zimmertemperatur (sie müssen nicht zwingend gekühlt werden) vor Licht

geschützt (in einem lichtundurchlässigen Gefäß oder im Schrank) ohne Qualitätsverlust bis zu vier Monate aufbewahrt werden.[78] Die Empfehlung bezüglich des Verzehrs lautet, täglich 1–3 EL geschrotete Leinsamen oder 1–3 TL Leinöl (oder ein vergleichbares Omega-3-reiches Öl) zu konsumieren, um die ALA-Bedarfsdeckung sicherzustellen. Die verzehrte Menge sollte nicht geringer, aber auch nicht um ein Vielfaches größer sein. Während die Öle sehr empfindlich sind und daher spätestens nach dem Öffnen der Flasche im Kühlschrank gelagert, nicht erhitzt und nach wenigen Wochen aufgebraucht werden müssen,[79] sind die Omega-3-Fettsäuren in geschroteten Lein- und Chiasamen sehr stabil und überstehen selbst die Hitze beim Backen.[80] Das hat noch einen anderen Vorteil, denn fein gemahlene Leinsamen sind ein gutes Bindemittel und können in Backwaren als Ersatz für Eier verwendet werden. Vermengt man 1 EL Leinmehl mit 3 EL Wasser, ersetzt die Mischung 1 Ei in Bezug auf die Bindekraft.

1 EL gemahlene Leinsamen + 3 EL Wasser = 1 Ei

Sowohl der Geschmack (durch Kala Namak), die Farbe (durch Kurkuma) als auch die Bindefähigkeit (durch Leinsamen) von Eiern können durch vegane Lebensmittel ersetzt werden. Geschmacklich am nächsten kommt Eiern die vegane Ei-Alternative »Just Egg« der amerikanischen Firma Eat Just, Inc.

Abb. 33. »Leinsamen-Eier« als veganes Bindemittel

SINN UND UNSINN
von Nahrungsergänzungsmitteln

Supplemente sind ein zweischneidiges Schwert. Einerseits ist die Nahrungsergänzungsmittel-Industrie ein Milliardengeschäft mit teils unseriös arbeitenden Firmen, äußerst zwielichtigen Vermarktungsstrategien, überzogenen Gesundheitsversprechen, überhöhten Verkaufspreisen und in vielen Fällen auch qualitativ mangelhaften Produkten mit widersinnigen Dosierungen und zum Teil sogar potenziell gesundheitsschädlicher Wirkung. Das kommt unter anderem daher, dass zum aktuellen Zeitpunkt Nahrungsergänzungsmittel nur unzureichend reglementiert sind und sich daher immer wieder über oder unterdosierte Produkte mit unzureichender Qualität auf dem Markt befinden.[81,82] Ebenso sind zum Teil belastete Nahrungsergänzungsmittel auf dem Markt, und aus diesem Grund ist stets ein Augenmerk auf gute Qualität zu legen.[83] Andererseits können hochwertige Supplemente vor allem bei restriktiveren Ernährungweisen eine hilfreiche Ergänzung sein. Sie stellen einen gut erforschten,

einfachen und effektiven Weg dar, um Nährstofflücken zu schließen und die Lebensmittelauswahl flexibler zu gestalten. Besonders Multinährstoffpräparate, die auf die Bedürfnisse von vegan lebenden Menschen zugeschnitten sind, bieten die Möglichkeit, mit nur einem Produkt den Großteil der für diese Zielgruppe potenziell kritischen Nährstoffe auf einfache und preiswerte Art zu decken. Auf die Bedeutung von Multinährstoffpräparaten weist auch Ecodemy (Deutschlands größte Fachfernschule mit Schwerpunkt auf vegane Ernährung) hin. In den Ausbildungsskripten ihrer veganen Ernährungsberaterausbildung steht: »Eine Nahrungsergänzung mit einzelnen Mikronährstoffen oder selektiven Multivitamin-Multimineral-Präparaten (z. B. für Veganer) individuell angepasst, kann sich […] als sinnvoll und teils auch als notwendig erweisen.«[84] Auch das Department of Nutrition der Harvard T.H. Chan School of Public Health empfiehlt Multinährstoffpräparate als »Sicherheitspolice« vor

Anforderungen an (vegane) Nahrungsergänzungsmittel

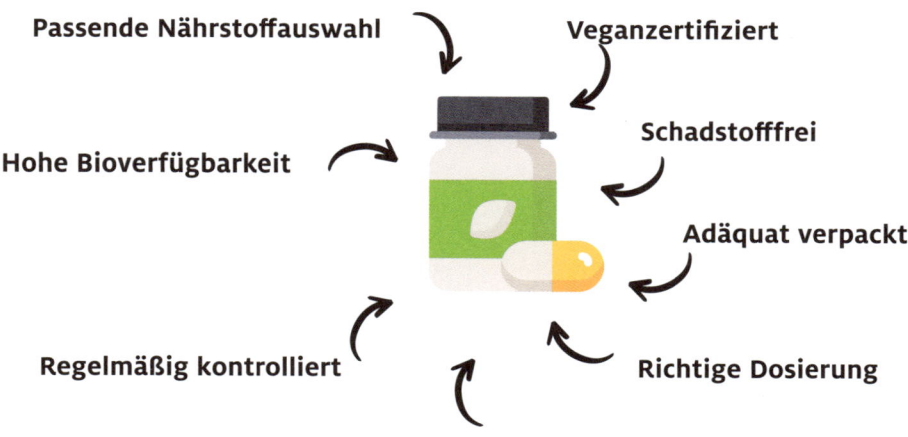

Passende Nährstoffauswahl

Veganzertifiziert

Hohe Bioverfügbarkeit

Schadstofffrei

Adäquat verpackt

Regelmäßig kontrolliert

Richtige Dosierung

Durch Studien gestützt

Abb. 34. Qualitätsmerkmale von Nahrungsergänzungsmitteln

allem im Rahmen von restriktiveren Ernährungsweisen – dazu zählt auch eine vegane Ernährung –, die trotz breit gefächerter Lebensmittelauswahl in vielen Fällen keine adäquate Bedarfsdeckung in allen Belangen erzielen.[85] Untersuchungen zeigen, dass Multi-Nährstoffpräparate mit zehn oder mehr Nährstoffen in physiologischen Dosierungen (dem Tagesbedarf entsprechend) ein überaus geringes Risikopotenzial aufweisen und ihre langfristigen potenziellen Vorteile ihre kaum bis gar nicht vorhandenen Nachteile bei Weitem übersteigen.[86] Das langfristige Ziel sollte dabei auch nicht die permanente Einnahme von Nahrungsergänzungsmitteln sein, sondern eine Optimierung der Lebensmittelproduktion. Somit sind Supplemente im Grunde primär eine Übergangslösung, um für die aktuell vorherrschende suboptimale und nicht nährstoffoptimierte Lebensmittelrpdouktion hierzulande zu kompensieren. Worauf es bei der Auswahl von Nahrungsergänzungsmitteln allgemein und von Multinährstoffpräparaten im Speziellen ankommt, illustriert Abbildung 34.

☑ Passende Nährstoffauswahl: Ein Multinährstoffpräparat für vegan lebende Menschen muss auf deren Nährstoffbedürfnisse abgestimmt sein. Positionspapiere der Fachgesellschaften zeigen anhand der verfügbaren Daten, an welchen Stellen es bei einer veganen Ernährung potenziell zu Engpässen kommen kann.[87] Welche Nährstoffe bei veganer Ernährung wie kritisch sind, zeigt Abbildung 35. Multinährstoffpräparate müssen sicherstellen, dass diese Nährstoffe ausgeglichen werden.

☑ Richtige Dosierung: Multinährstoffpräparate für vegan lebende Menschen müssen so dosiert sein, dass potenziell kritische Nährstoffe ausreichend abgedeckt werden, aber es gleichzeitig nicht zu einer Überversorgung (gekennzeichnet durch überschreiten der sogenannten Tolerable Upper Intake Level)[88,89,90] kommt. Zudem dürfen sich die einzelnen Nährstoffe nicht untereinander in ihrer Absorption einschränken.

☑ Hohe Bioverfügbarkeit: Mineralstoffe wie Eisen, Zink, Calcium usw. können in unterschiedlichen Bindungsformen vorliegen, deren prozentuale Absorptionsrate ebenso wie deren Verträglichkeit teils sehr unterschiedlich sein können. Es geht also bei einem Nahrungsergänzungsmittel nicht nur darum, wie hoch die jeweiligen Nährstoffe dosiert sind, sondern auch darum, wie gut bioverfügbar und verträglich die Formen jeweils sind.

☑ Adäquat verpackt: Dabei geht es sowohl um die »Verpackung« der Nährstoffe – also die Kapselhülle – als auch um die Verpackung selbst. Viele Kapselhüllen sind aus Gelatine, deshalb sollte sichergestellt sein, dass die Kapselhülle aus Zellulose besteht (sogenannte HPMC-Kapselhüllen). Die Verpackung selbst sollte frei von BPA und anderen Weichmachern und zum Schutz der Nährstoffe lichtundurchlässig sein.

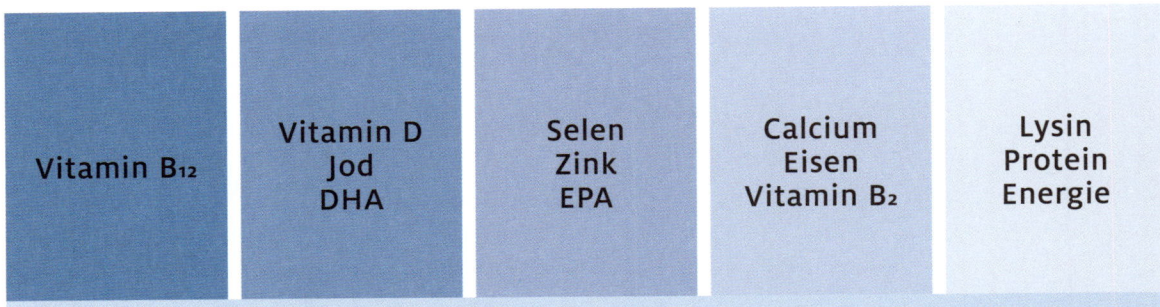

| Vitamin B12 | Vitamin D Jod DHA | Selen Zink EPA | Calcium Eisen Vitamin B2 | Lysin Protein Energie |

Abb. 35. Darstellung der potenziell kritischen Nährstoffe bei veganer Ernährung nach Schweregrad.

Aufgrund genetische Dispositionen können außerdem noch weitere Nährstoffe wie Vitamin A (Retinol) und Cholin (oft als Vitamin B4 benannt) bei einigen (vegan lebenden) Menschen potenziell kritisch sein.

☑ Schadstofffrei: Leider wiesen in der Vergangenheit Nahrungsergänzungsmittel in einigen Untersuchungen unerwünschte Belastungen mit Schwermetallen, Toxinen, Pestiziden, Dioxin und PCBs auf.[91] Somit ist es von Bedeutung, dass Supplementhersteller garantieren können, dass ihre Produkte keine gesundheitlich bedenklichen Belastungen aufweisen und dies durch Laboranalysen bestätigen können.

Abb. 36. Das V-Label & die Vegan Trademark
Unabhängige Siegel wie das Vegan Trademark oder das V-Label auf Produkten geben Konsument*innen die Sicherheit, dass die zertifizierten Produkte vegan sind.

☑ Regelmäßig kontrolliert: Firmen sollten regelmäßig aktualisierte Laboranalysen von unabhängigen Laboren bereitstellen können. Zum einen sollten diese zeigen, dass deren Produkte frei von Schadstoffen sind, und zum anderen, dass die deklarierten Nährstoffe entsprechend dem Etikett vorhanden sind. Gewisse Schwankungsbreiten sind hierbei kaum zu vermeiden, aber sie sollten gering ausfallen.

☑ Veganzertifiziert: Nährstoffe wie zum Beispiel Vitamin A, Vitamin D₃, Cholin und weitere – ebenso wie die Kapselhüllen der Supplemente – können tierischen Ursprungs sein. Aus diesem Grund ist es wichtig, dass Unternehmen durch ein unabhängiges Kontrollsiegel wie das V-Label oder das Vegan Trademark (siehe Abbildung 36) versichern können, dass deren Produkte zur Gänze frei von tierischen Inhaltsstoffen sind.

☑ Durch Studien gestützt: Wenn ein Nahrungsergänzungsmittel richtig zusammengestellt ist (Dosis, Nährstoffauswahl etc.), spricht im Grunde alles dafür, dass es seinen erwünschten Effekt erzielt. Gänzlich sicher kann man allerdings erst sein, wenn unabhängige Studien die Wirkung des jeweiligen Präparats tatsächlich belegen. Das ist aufgrund des hohen Preises von Studien leider eine Seltenheit. Derartige Studien zur Überprüfung der Wirksamkeit existieren beispielsweise für die B_{12}-Zahnpasta der Marke Santé,[92] und auch Watson Nutrition hat für deren veganen Multinährstoff eine (aktuell noch laufende) Studie initiiert.[93]

VEGANE ERNÄHRUNG
im Laufe des Lebenszyklus

Wie bereits an früherer Stelle beschrieben, benötigt der menschliche Organismus nicht zwingend tierische Lebensmittel, sondern nur gewisse Nährstoffe. Es gibt keinen überlebensnotwendigen Nährstoff, den man nicht auch ohne den Verzehr tierischer Produkte zuführen könnte. Wie komplex eine ausreichende Nährstoffbedarfsdeckung bei veganer Ernährung letztendlich ist, hängt von der jeweiligen Lebensphase ab. Keine Ernährungsfachgesellschaft weltweit zweifelt an einer ausreichenden Nährstoffbedarfsdeckung bei einer gut geplanten und supplementierten veganen Ernährung bei gesunden Erwachsenen. Doch zumindest bezüglich der kritischen Lebensphasen wie Schwangerschaft, Stillzeit und im (Klein-)Kindesalter sind die Ernährungsfachgesellschaften in den DACH-Staaten kritisch eingestellt und raten davon ab.[94,95,96] Andere internationale Fachgesellschaften sehen eine gut geplante vegane Kost hingegen in jeder Lebensphase als bedarfsgerecht an. Wie Abbildung 37 (siehe S. 70) illustriert, gehören dazu unter anderem die amerikanische Academy of Nutrition and Dietetics,[97] die Dietitians of Canada,[98] die Canadian Paediatric Society,[99] die portugiesische DireçãoGeral da Saúde,[100] die European Society for Paediatric Gastroenterology, Hepatology, and Nutrition mit Sitz in der Schweiz,[101] die British Nutrition Foundation,[102] das National Health and Medical Research Council of Australia,[103] die Italian Society of Human Nutrition,[104] das Ministry of Health of Israel,[105] das dänische Nordic Council of Ministers[106] und weitere. Besonders in den Phasen eines erhöhten Nährstoffbedarfs muss aber ganz besonders auf eine gute Nährstoffzufuhr geachtet werden, und eine vegane Kinderernährung sollte nur dann praktiziert werden, wenn die Eltern sich in Ernährungsfragen sehr gut informiert haben und die Bedarfsdeckung zweifelsfrei sicherstellen können. Ist dies der Fall, spricht anhand der Summe der wissenschaftlichen Datenlage nichts gegen eine vegane Ernährung in diesen Phasen.

Vegane Ernährung für Schwangere, Stillende und Kinder

Die bis dato umfangreichste systematische Übersichtsarbeit mit 22 inkludierten Studien aus Europa, den USA und Indien kommt zu dem Ergebnis, dass eine vegane Ernährung bei Beachtung der kritischen Nährstoffe als sicher für die Schwangerschaft angesehen werden kann.[107] Untersuchungen zeigen außerdem, dass bei einer gut zusammengestellten veganen Ernährung das Geburtsgewicht von Neugeborenen vegan lebender Mütter vergleichbar mit dem Gewicht von Neugeborenen ist, deren Mütter mischköstliche essen.[108] Auch hierzulande zeigen vegan lebende Personen des öffentlichen Lebens erfolgreich, dass eine gut durchgeführte vegane Schwangerschaft und Stillzeit funktionieren kann. Beispiele hierfür sind die Influencerin Anja Zeidler, die Veganköchinnen Stina Spiegelberg (Veganpassion) und Nicole Just (La Veganista), die veganen YouTuberinnen Mirella Obert (mirellativegal), Nadine Steuer (Kupferfuchs) und Mira (Yummypilgrim), die Bloggerin Anna Elisie (Blog: Vegan Mom), die Profi-Pokerspielerin Natalie Hoframos, die veganen Ernährungsberaterinnen Anna Isernhinke (Blog: Erbsenzähler), Johanna Dexheimer (Blog: Zarte Pflänzchen) und Carmen Hercegfi (Blog: Vegane Familien).

In Bezug auf die Entwicklung vegan lebender Kinder in den ersten Lebensjahren bestätigt die American Academy of Pediatrics, dass sich diese Kinder bei guter Kostzusammenstellung ebenso gut wie bedarfsdeckend ernährte mischköstlich lebende Kinder entwickeln.[109] In den ersten Lebensmonaten unterscheidet sich im Optimalfall die Nahrungsmittelzufuhr vegan lebender Kinder ohnehin nicht von jener der mischköstlich ernährten Kinder. Denn unabhängig von der späteren Ernährungsweise besteht ein wissenschaftlicher Konsens darüber, dass Muttermilch in den ersten sechs Lebensmonaten die beste Wahl ist.[110] Muttermilch versorgt den Säugling in den ersten sechs Lebensmonaten mit allen lebensnotwendigen Nährstoffen, mit Ausnahme von Vitamin D und

Academy of Nutrition and Dietetics, USA (2016)

»Es ist die Position der Academy of Nutrition and Dietetics, dass eine gut geplante vegetarische Ernährung, inklusive einer veganen Ernährung, gesund und bedarfsgerecht ist und womöglich gesundheitliche Vorteile in der Prävention und Therapie einiger Erkrankungen bieten könnte.«

National Health and Medical Research Council of Australia, Australien (2013)

»Gute geplante vegetarische, inklusive vegane, Ernährungsweisen sind gesund und bedarfsdeckende [...] für Individuen in jeder Phasen des Lebenszyklus.«

Dietitians of Canada, Kanada (2014)

»Eine gesunde vegane Ernährung kann den menschlichen Nährstoffbedarf in jeder Phase des Lebens [...] decken.«

Ministry of Health of Israel, Israel (2020)

»Eine vegetarische [inkl. veganer] Ernährung kann, sofern sie klug zusammengestellt ist, den Nährstoffbedarf [in jeder Lebensphase] vom Säugling bis ins hohe Alter hinweg decken.«

British Nutrition Foundation, Großbritannien (2005)

»Studien mit vegetarisch und vegan ernährten Kindern aus Großbritannien haben gezeigt, dass ihr Wachstum und ihre Entwicklung im Normbereich lagen.«

European Society for Paediatric Gastroenterology, Hepatology, and Nutrition, Schweiz (2017)

»Eine vegane Ernährung mit angemessener Supplementation kann ein normales Wachstum sowie eine normale Entwicklung unterstützen.«

Direcção-Geral da Saúde, Portugal (2015)

»Wenn sie richtig geplant sind, können vegetarische Kostformen, inklusive ovo-lacto-vegetarischer und veganer Ernährungsweisen, gesund und bedarfsdeckend in jeder Phase des Lebenszyklus [...] sein.«

Società Italiana Nutrizione Umana, Italien (2017)

»Die italienische Gesellschaft für Humanernährung stimmt veganer Ernährung während der Schwangerschaft, Stillzeit, dem Säuglings- und Kindesalter zu [...].«

Nordic Council of Ministers, Dänemark (2012)

»[...] vegane, lacto-vegetarische und ovo-lacto-vegetarische Ernährungsweisen können in der Lage sein, den Nährstoffbedarf von Kleinkindern, Kindern und Jugendlichen zu decken und ein normales Wachstum zu fördern sofern sie ausgewogen zusammengestellt sind [...].«

Canadian Paediatric Society, Kanada (2018)

»Gut geplante vegetarische und vegane Ernährungsweisen mit Fokus auf die Deckung kritischer Nährstoffe können eine gesunde Alternative in jeder Phase des fetalen Wachstums, des Säuglingsalters, der Kindheit und der Jugend sein.«

Abb. 37. Positionen internationaler Fachgesellschaften zu veganer Ernährung im Laufe des Lebenszyklus

Vitamin K, die unabhängig der Ernährungsform der Mutter supplementiert werden sollten.[111]
Der Nährstoffgehalt der Muttermilch ist allerdings maßgeblich von der Nährstoffversorgung der Mutter abhängig.[112] Da vegan lebende Frauen im Durchschnitt eine günstigere Fettsäurenzufuhr als Mischköstlerinnen haben, ist es wenig überraschend, dass auch deren Muttermilch in der Regel weniger gesättigte Fette und Transfette und dafür mehr ungesättigte Fettsäuren enthält.[113] Untersuchungen der Muttermilch von ausgewogen essenden (und supplementierenden) Veganerinnen ergaben im Durchschnitt eine vergleichbar hohe Konzentration an essenziellen Nährstoffen im Vergleich zur Muttermilch von Mischköstlerinnen.[114]

In all diesen Fragen steht und fällt der Erfolg der veganen Ernährung mit der genauen Kostzusammenstellung. Wie sich der Nährstoffbedarf während der Schwangerschaft, Stillzeit und im höheren Alter verändert, zeigt Abbildung 38. Wie aus der Abbildung zu entnehmen ist, steigt der Bedarf an Vitaminen, Mineralstoffen und gewissen Fettsäuren während der Schwangerschaft und Stillzeit im Vergleich zum leichten Mehrbedarf an Kalorien deutlich stärker an. Um diesen Mehrbedarf zu decken, muss eine vegane Kost in dieser Phase entsprechend gut zusammengestellt sein.

Veränderung des Nährstoffbedarfs von Frauen im Laufe des Lebenszyklus

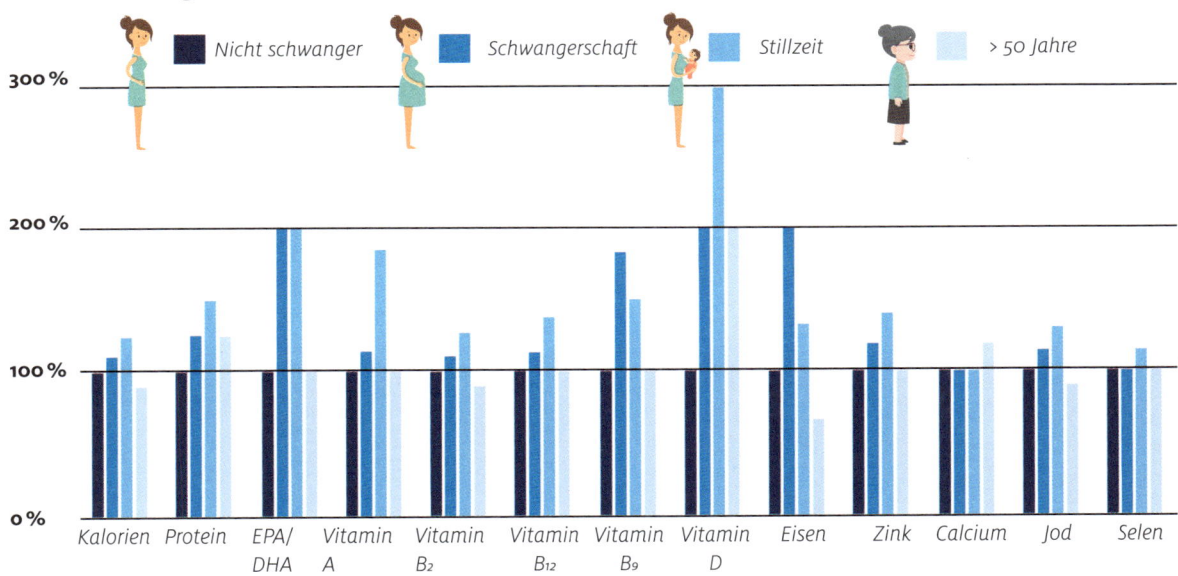

Abb. 38. Bedarf an kritischen Nährstoffen während der Schwangerschaft, Stillzeit und im höheren Alter[115,116]

Wenn vegan lebende Frauen nicht stillen können, gibt es vegane Alternativen zu Säuglingsanfangsnahrung auf Kuhmilchbasis. Es gibt diese sowohl auf Soja- als auch auf Reis- und Mandelbasis. Die erste Wahl sollte aber stets, wenn möglich, menschliche Muttermilch sein. Die Sicherheit von Säuglingsanfangsnahrung auf Basis von Soja unterstreicht eine umfangreiche Übersichtsarbeit, die alle publizierten Daten seit dem Jahr 1909 zusammenfasst. Die Schlussfolgerung der Wissenschaftler*innen lautet: »[...] moderne Säuglingsanfangsnahrung auf Sojabasis ist eine sichere Option für alle Säuglinge, die sie benötigen. Das Wachstum, die Knochengesundheit sowie die Stoffwechsel-, Fortpflanzungs-, Hormon-, Immun- und neurologischen Funktionen von Kindern, die mit Soja-Säuglingsanfangsnahrung gefüttert wurden, sind vergleichbar mit der Entwicklung von Kindern, die mit Kuhmilch-Säuglingsanfangsnahrung oder Muttermilch gefüttert wurden.«[117] Über die Auswahl, Zusammensetzung und Verwendung von veganer Säuglingsanfangsnahrung sowie eine etwaige Supplementierung sollte zwingend mit einer qualifizierten Ernährungsfachkraft mit einem Schwerpunkt auf vegane Ernährung gesprochen werden.

Wenn Parameter wie die Stilldauer adjustiert wurden, zeigten Untersuchungen an Kleinkindern aus Deutschland und Großbritannien, dass vegane Kinder auch eine normale Entwicklung und ein Wachstum im Referenzbereich aufweisen.[118,119,120] Auch in einer Studie mit 40 Kindern aus Finnland, die zum Zeitpunkt der Untersuchung durchschnittlich 3½ Jahre alt und seit ihrer Geburt vegan ernährt waren, zeigten diese im Vergleich zu den mischköstlich lebenden Kindern keine Unterschiede in Bezug auf Größe, Gewicht und Armumfang.[121] Dennoch ergaben sich im Versorgungsstatus der vegan lebenden Kinder niedrigere Werte an unter anderem Vitamin A, Vitamin D, langkettigen Omega-3-Fettsäuren und gewissen Aminosäuren. Daher betonen die Wissenschaftler*innen dieser finnischen Studie zu Recht, dass man bei einer veganen Ernährung von Kindern besondere Sorgfalt walten lassen muss.

Vegane Ernährung für Erwachsene und Senioren

Wie bereits 2003 das Positionspapier der Academy of Nutrition and Dietetics zeigte, können sich erwachsene Personen jeden Alters – also auch Senioren – bei guter Kostzusammenstellung vegan ernähren, und auch im Leistungssport ist eine vegane Ernährung ohne Leistungseinbußen möglich.[122] Im Jahr 2016 schlussfolgerten die Autor*innen einer vergleichenden Studie bezüglich der veganen Ernährung im Sport ebenfalls: »Die Untersuchung zeigt, dass vegetarisch-vegane Ernährungsweisen adäquat für die Kraft und Ausdauerleistung sein können und eventuell sogar Vorteile für den Ausdauersport mit sich bringen.«[123] Zahlreiche Athlet*innen im Ausdauer- und Kraftsport (von denen einige Weltrekorde halten) bestätigen diese Ergebnisse der Wissenschaft durch ihre eindrucksvollen Leistungen. Die britische Marathonläuferin Fiona Oakes ernährt sich seit ihrem sechsten Lebensjahr (geboren 1969) vegan und hat bereits vier Marathon-Guinness-Weltrekorde aufgestellt.[124] Auch

der Ultramarathonläufer Scott Jurek ernährt sich seit 1999 vegan. Er hat zahlreiche Streckenrekorde gebrochen und unter anderem zweimal in Folge den Badwater Ultramarathon und ganze siebenmal in Folge den Western States Endurance Run (160 km) gewonnen.[125] Selbst im Kraftsport gibt es vegan lebende Rekordhalter wie den Strongman Patrik Baboumian, der sich seit 2011 vegan ernährt und unter anderem 2013 den Weltrekord im Yoke-Walk über 10 Meter mit 550 Kilogramm Gewicht auf dem Rücken erzielte.[126] Seinen eigenen Rekord brach er 2015, indem er die 10 Meter nicht nur mit 5 Kilogramm mehr auf dem Rücken absolvierte, sondern dabei sogar noch 28 Sekunden schneller als zwei Jahre zuvor war.[127] Die beiden letztgenannten und viele weitere vegan lebende Leistungssportler*innen und deren Geschichten kann man im Film »The Game Changers« sehen.

Fiona Oakes lebt seit ihrem sechsten Lebensjahr vegan, ist Mitbegründerin der Vegan Runners und hat vier Marathon-Guinness-Weltrekorde aufgestellt.

Abb. 39. Marathon-Weltrekordhalterin Fiona Oaks

Neben einigen der zuvor genannte Athlet*innen, die sich teils schon seit Jahrzehnten vegan ernähren, zeigt eine ganze Reihe weiterer vegan lebender Menschen des öffentlichen Lebens, dass eine vegane Ernährung langfristig funktioniert. Der belgische vegane Aktivist und Autor Tobias Leenaert (The Vegan Strategist) lebt beispielsweise seit 1998 vegan, der österreichische Ernährungswissenschaftler Martin Schlatzer seit 1996 und der deutsche Vegankoch Björn Moschinski ebenso wie der amerikanische zweifache Natural-Bodybuilding-Champion Robert Cheeke seit 1995. Der amerikanische Autor, Unternehmer und Aktivist Paul Shapiro ernährt sich seit 1993 vegan und der deutsche Vegankoch Surdham Göb seit 1990. Die amerikanische Psychologin Dr. Melanie Joy lebt ebenso wie der österreichische Obmann des Vereins gegen Tierversuche (VGT) Dr. Dr. Martin Balluch seit 1989 vegan, und auch seine beiden Kinder werden seit ihrer Geburt vegan ernährt. Der amerikanische Musiker Moby lebt seit 1986 vegan, und Gene Baur, der Gründer von Farm Sanctuary, bereits seit 1985. Der amerikanische Ernährungsmediziner Dr. Michael Klaper, der vielen aus Dokumentationen wie »Gabel statt Skalpell« oder »What the Health« bekannt sein dürfte, lebt seit 1981 vegan und der Schauspieler Joaquin Phoenix (der u. a. Sprecher der beiden veganen Dokumentationen »Dominion« und »Earthlings« ist) sogar seit 1977. Auch über diesen Zeitraum hinaus lebten Menschen vegan und erfreuten sich bester Gesundheit. Besondere Bekanntheit erlangte beispielsweise der amerikanische Kardiologe Dr. Ellsworth Wareham. Er war nicht nur bis weit über sein 90. Lebensjahr hinaus beruflich aktiv, sondern aß auch die letzten 50 Jahre seines Lebens vegan, wurde über 100 Jahre alt und war bis zuletzt geistig klar und seinem Alter entsprechend in sehr guter Verfassung.[128] Wie man im höheren Alter eine bedarfsgerechte vegane Ernährung durchführen kann, zeigen unter anderem Virginia Messina, Carol J. Adams und Patti Breitman in ihrem Buch »Never Too Late to Go Vegan« (nur in Englisch verfügbar). Letztendlich lassen sich die wichtigsten Informationen für die vegane Senior*innen-Ernährung aber recht leicht zusammenfassen: Wie in Abbildung 38 gezeigt, unterscheiden sich die Nährstoffempfehlungen bis auf wenige Ausnahmen bei Frauen im höheren Alter nicht in großem Maße von denjenigen für jüngere Frauen, und

Abb. 40. Dr. Ellsworth Wareham
Der amerikanische Kardiologe Dr. Ellsworth Wareham wurde 104 Jahre alt und lebte in etwa die letzten 50 Jahre vegan.

bei Männern ist der Unterschied noch geringer. Einzig die Vitamin-D-Dosis sollte in diesem Alter nochmals deutlich erhöht werden, da die Eigensynthese im höheren Alter aufgrund einer verringerten Hautdicke abnimmt und zum Teil auch die Absorption schlechter sein kann.[129] Zum Erhalt der Knochengesundheit wird Frauen ab der Menopause außerdem eine höhere Calciumzufuhr empfohlen. Die Empfehlung für die Eisenzufuhr sinkt hingegen aufgrund des Endes der Regelblutung auf das Niveau der Zufuhrempfehlungen für Männer. Andere Unterschiede sind nur marginal, jedoch gilt zu beachten, dass ältere Menschen zumeist einen geringeren Kalorienverbrauch als jüngere aktive Menschen haben. Zum Teil lässt auch das Hungergefühl nach und die Nährstoffabsorption ist in einigen Fällen geringer. Dies bedeutet, dass sie eine nährstoffdichtere Ernährung bzw. umfangreichere Supplementierung benötigen, um auch mit etwas weniger Kalorien den Tagesbedarf an Mikronährstoffen decken zu können.

Vertiefende Informationen zur veganen Ernährung während der Schwangerschaft, Stillzeit und im Kindesalter können im Buch ***Von Anfang an vegan*** von Niko Rittenau und Dr. Anastasia Pyanova (erscheint im Frühjahr 2022) nachgelesen werden. Weitere Inhalte zur veganen Ernährung im Laufe des Lebenszyklus in Videoform stehen außerdem unter **www.nikorittenau.com/vegan-einsteiger** kostenfrei zur Verfügung.

NIKOS 10 TIPPS
für eine gesunde vegane Ernährung

Das Thema der gesunden (veganen) Ernährung kann oft komplex und verwirrend erscheinen. Darüber hinaus ist das theoretische Wissen um die richtige Ernährungsweise nur die halbe Miete. Um die wichtigsten wissenschaftlichen Erkenntnisse in Bezug auf eine vollwertige vegane Ernährung in den Alltag übertragen und anwenden zu können, wurden von Niko zehn Tipps kreiert, mit denen es gut gelingt, die Quintessenz einer gesunden veganen Ernährung in den Alltag zu integrieren.

Es gibt keine »(un)gesunden« Lebensmittel: Der Fokus sollte auf der Gesamternährung und nicht auf einzelnen Lebensmitteln liegen. Das verteufeln einzelner Lebensmittel ist aus gesundheitlicher Sicht nicht zielführend und kann ein psychologisch ungesundes Verhältnis zur Nahrungsaufnahme fördern. Ein Apfel pro Woche bei überwiegend ungesunder Ernährung wird ebenso wenig helfen, wie ein Stück Torte bei insgesamt gesunder Ernährung nicht schaden wird.

Lebensmittelauswahl statt Makronährstoffverhältnis: Das Geheimnis einer gesunden Ernährung liegt nicht im Verhältnis der drei Makronährstoffe Kohlenhydrate, Fette und Proteine zueinander (Stichworte: Low-Carb, Low-Fat etc.), sondern in der Lebensmittelauswahl. Es gibt sowohl gesundheitsfördernde als auch (in größerer Menge) gesundheitlich abträgliche Arten von Fetten und Kohlenhydraten. Keiner der Makronährstoffe ist per se schlecht, und so gilt es, besser zwischen den unterschiedlichen Arten zu differenzieren.

Ein Auge auf die Kalorien: Eine gesunde Ernährung soll dem Körper jene Menge an Nahrungsenergie bereitstellen, die er benötigt, ohne ihn dabei zu sehr unter- oder überzuversorgen. Dazu muss man die Menge an Kalorien nicht penibel berechnen, sondern sollte lediglich ein Gespür dafür entwickeln, wie viel Energie diverse Lebensmittel ungefähr liefern. Nicht primär die Menge an Lebensmitteln ist für Über- oder Untergewicht verantwortlich, sondern in erster Linie deren Energiegehalt.

Fett nicht verteufeln: Durch die Low-Fat-Bewegung entstand eine undifferenzierte Fettphobie. Es gibt aus gesundheitlicher Sicht allerdings bessere und schlechtere Fette. Gesundheitsfördernde fetthaltige Lebensmittel sind ein wichtiger Teil jeder Ernährung und v, weil sie für unseren Körper überlebensnotwendige Fettsäuren liefern und die Aufnahme fettlöslicher Nährstoffe verbessern. Der Fettgehalt der Nahrung alleine ist auch kein Indikator für das Entstehen von Erkrankungen und Übergewicht. »Fett macht fett« ist nicht schlichtweg korrekt.[130]

Die Mineralstoffabsorption optimieren: Mithilfe einfacher Tricks kann die durchschnittlich geringere Mineralstoffabsorption aus pflanzlichen Lebensmitteln deutlich erhöht und ebenbürtig mit jener aus tierischen Produkten gemacht werden. Im Wesentlichen betrifft das Eisen, Zink und Calcium, da andere Mineralstoffe entweder nicht kritisch sind oder ihre Bioverfügbarkeit trotz ihrer pflanzlichen Herkunft stets hoch ist. Letzteres ist beispielsweise bei Jod und Selen aus Pflanzen der Fall.

Den Regenbogen essen: Nicht in Form von Smarties oder Skittles, sondern in Form von buntem Obst, Gemüse und anderen bunten vollwertigen pflanzlichen Lebensmitteln. Damit stellt man eine möglichst hohe Zufuhr und Vielfalt an sekundären Pflanzenstoffen sicher, die durch ihre vielfältigen positiven Wirkungen (u. a. entzündungshemmend, antioxidativ, antikanzerogen, cholesterinsenkend)[131] zuträglich auf die menschliche Gesundheit wirken.

Klug salzen: Groß angelegte Studien zeigen unter anderem, dass mit einer Reduzierung der Salzzufuhr eine deutliche Senkung des Blutdrucks erreicht[132] und so das Risiko für Herz-Kreislauf-Erkrankungen gesenkt werden kann.[133] Fachgesellschaften raten daher, den Konsum von Salz (= Natriumchlorid) auf eine tägliche Maximalzufuhr von 5−6 Gramm bei gesunden Menschen und auf 3 Gramm Salz bei Personen mit Bluthochdruck zu beschränken.[134]

Trinken nicht vergessen: Gesundheit, Wohlbefinden und Leistungsfähigkeit sind in großem Maße von der Flüssigkeitszufuhr abhängig. Daher ist es wichtig, nicht erst zu trinken, wenn ein spürbares Durstgefühl auftritt, sondern es sich zur Gewohnheit zu machen, im Laufe des Tages und vor allem morgens direkt nach dem Aufstehen ausreichend Flüssigkeit zu sich zu nehmen. Als Zufuhrempfehlung für gesunde Erwachsene gelten etwa 35 Milliliter Flüssigkeit pro Kilogramm Körpergewicht pro Tag.[135]

Stunden anstatt Kalorien zählen: Eine Kalorie ist nicht einfach eine Kalorie, sondern sie wirkt sich in Abhängigkeit der Tageszeit unterschiedlich auf unseren Organismus aus. Studien zeigen Vorteile durch auf bestimmte Zeiten beschränktes Essen in Bezug auf Schlafqualität, Insulinsensitivität, Gewichtsregulierung und weitere Parameter.[136] Trotz all der Vorzüge muss darauf verwiesen werden, dass derartige Konzepte nicht für Personen mit Untergewicht oder Essstörungen geeignet sind.

Keine Angst vor Nahrungsergänzungsmitteln: Basis jeder gesunden Ernährung sind stets vollwertige Lebensmittel. Doch aufgrund suboptimaler Produktions- und Verarbeitungsmethoden sowie eines fehlenden Fokus auf die Nährstoffbedürfnisse vegan lebender Menschen unter Lebensmittelproduzent*innen gibt es (noch) diverse Nährstoffe, die bis zur Überbrückung dieser Unzulänglichkeiten über einen veganen Multinährstoff supplementiert werden sollten.

Bei dieser Darstellung handelt es sich um einen Auszug aus den zehn Tipps für gesunde vegane Ernährung. In voller Länge auf 32 Seiten können alle Details zu den Tipps in *Vegan-Klischee ade! Das Kochbuch* nachgelesen werden. Zu jedem der zehn Tipps wurde außerdem ein eigenes Video veröffentlicht. Alle Videos zu den Tipps können unter **www.nikorittenau.com/vegan-einsteiger** kostenfrei angesehen werden.

GRUNDLAGEN
des veganen Kochens

Bei den ersten Erfahrungen mit der veganen Küche stehen die meisten Menschen vor den gleichen Herausforderungen in Sachen hochwertige Kulinarik und leckeres Essen. Wenn man jedoch die Grundlagen des veganen Kochens und die Unterschiede zur konventionellen Küche verinnerlicht hat, wird man viele potenzielle Stolpersteine entspannt umgehen und direkt einfach und lecker vegan kochen können. Etwas

Geduld mitzubringen, ist natürlich sinnvoll. Man muss den Gedanken nur umdrehen und sich vorstellen, man hätte sein Leben lang vegan

gelebt und steigt nun auf Mischkost mit Fleisch, Fisch usw. um. Dann stünde man vor den gleichen Herausforderungen in Bezug auf die Zubereitung ungewohnter Lebensmittel. Diese Herausforderungen haben also mit der Art der Küche weniger zu tun als mit der Veränderung alter Gewohnheiten.

Wie bei jeder Veränderung ist es hilfreich, rasch Erfolge zu erzielen, um die Motivation aufrechtzuerhalten. Unter Beachtung weniger Grundsätze kann man viel Spaß damit haben, neue Lebensmittel, Zubereitungstechniken usw. zu entdecken. Viele Menschen berichten sogar davon, dass sie durch den Umstieg auf eine vegane Ernährung mehr neue Lebensmittel kennengelernt als altbekannte gestrichen und somit ihren kulinarischen Horizont erweitert haben. Die vegane Küche kann zum einen mit vielen neuen spannenden Gerichten aufwarten, aber auch altbekannte und geschätzte Geschmackserlebnisse in einer veganen Variante rekonstruieren. In den allermeisten Fällen kann man die eigenen Lieblingsgerichte auf vegane Art und Weise hervorragend zubereiten, wie wir es anhand der Gerichte im Kapitel »Emotionalen Klassiker« demonstrieren.

Produktqualität & ungewohnte Zutaten

Der Großteil der Lebensmittel in der veganen Küche sind Zutaten, die auch in einer abwechslungsreichen Mischkost eingesetzt werden und deren Qualität und Geschmack man daher zumeist bereits gut beurteilen kann. Wenn es allerdings um neuartige vegane Lebensmittel wie pflanzliche Fleisch-, Fisch-, Milch- und Käsealternativen geht, wird es bereits etwas herausfordernder. Steht man beispielsweise vor dem Regal für Milchalternativen, ist die Auswahl an Hafer-, Reis-, Mandel-, Erbsen-, Sojadrinks etc. mittlerweile riesengroß. Das gleiche gilt für andere vegane Grundnahrungsmittel wie Tofu, Pflanzenjoghurt und vegane Fleischalternativen. Nicht alle der verfügbaren Lebensmittel sind schmackhaft und hochwertig, und so gilt es, sich entweder selbst durchzuprobieren oder sich an unseren Produktempfehlungslisten (siehe www.nikorittenau.com/vegan-einsteiger) zu orientieren. Die schwankende Produktqualität hat – und das ist wichtig – nichts mit dem Thema Veganismus zu tun, sondern einfach nur mit der schwankenden Hingabe und dem Know-how der Hersteller*innen. Oft handelt es sich bei den veganen Alternativprodukten um handwerklich hergestellte Produkte, und da gibt es im veganen Bereich ebenso wie in der Mischkost gute und weniger gute Lebensmittel. Geschmacksvorlieben sind außerdem bis zu einem gewissen Grad subjektiv, und gewisse vegane Grundnahrungsmittel werden erst durch die richtige Zubereitung wirklich schmackhaft. Ein perfektes Beispiel ist Tofu. Hier gibt es große Qualitätsunterschiede, und viele Menschen in westlichen Ländern wissen gar nicht, wie man Tofu richtig zubereitet. Zum einen muss man verinnerlichen, dass klassischer weißer Tofu geschmacksneutral ist. Das ist auch gut so, da er sich dadurch vielfältig einsetzen lässt. Guten Tofu erkennt man daran, dass er pur gegessen nur mild und unaufdringlich schmeckt und keinen unangenehmen Nachgeschmack hat. Zum anderen muss man wissen, dass Tofu ein sehr proteinreiches, aber fettarmes Lebensmittel ist. Deshalb sollte man bei der Zubereitung von Tofu nicht mit der Menge an Fett geizen. Außerdem muss Tofu in den gängigen Zubereitungen stets bei starker Hitze scharf angebraten werden, damit er schön knusprig wird. Nachfolgend gibt es zur Verdeutlichung eines von Sebastians Alltime-Favorite-Grundrezepten für die Tofuzubereitung:

Knuspriger Umami-Tofu
200 g guter weißer Tofu (mittelfest und mild)

3 EL mildes Olivenöl

Marinade
4 EL Sojasauce

1 TL Paprikapulver

1 EL Ahornsirup

1 EL Zitronensaft

1 Knoblauchzehe, fein gerieben

Vor dem Braten die Zutaten für die Marinade mischen. Den Tofu in zwei Küchentücher wickeln und sanft pressen, sodass die Flüssigkeit austritt (der Tofu darf dabei nicht zerdrückt werden). Durch das Auspressen der Flüssigkeit wird der Tofu beim Braten schneller knusprig und saugt im Anschluss die Marinade besser auf. Den Tofu in 1,5–2 cm dicke, gleichmäßige Streifen oder Würfel schneiden. Eine beschichtete Pfanne stark erhitzen und das Öl zusammen mit dem Tofu in die Pfanne geben. Den Tofu 7–10 Minuten bei starker Hitze braten, bis er außen gleichmäßig braun und knusprig, aber innen noch weich ist.

Die Marinade in die Pfanne gießen und die Pfanne sofort vom Herd nehmen. Dabei den Tofu in der Marinade schwenken, sodass er gleichmäßig damit benetzt wird. Nun die Pfanne wieder für kurze Zeit erhitzen, bis der Tofu die Marinade komplett aufgesaugt hat, dabei die Pfanne weiterhin konstant bewegen. Den Tofu, sobald er die Marinade aufgenommen hat, nach Belieben servieren.

Abb. 42. Knuspriger Umami-Tofu

Die Bausteine der guten veganen Küche

Wie Abbildung 43 zeigt, kann man guten Geschmack im Wesentlichen auf drei Kernelemente herunterbrechen: die Balance der Geschmacksrichtungen, das Spiel mit Texturen & Konsistenzen und unterschiedliche Temperaturen auf dem Teller. Wer eine richtig gute Mahlzeit kochen möchte (egal ob vegan oder nicht), muss darauf achten, alle drei Elemente zu bedienen. Durch die Balance der verschiedenen Geschmacksrichtungen bzw. dadurch, dass in manchen Fällen bewusst der eine oder andere Geschmack etwas mehr in den Mittelpunkt gerückt wird, entsteht Spannung auf dem Teller. Sie sorgt dafür, dass man vom ersten bis zum letzten Löffel Freude am Essen hat. Wenn man beim Abschmecken eines Gerichts die einzelnen Geschmacksrichtungen ausbalanciert, wird sich das Gesamtbild schnell von »schmeckt okay« in »schmeckt unglaublich« verwandeln.

Auch das Thema Geruch ist von großer Bedeutung, denn einen Großteil von dem, was wir als Geschmack bezeichnen, nehmen wir in Wahrheit über unseren Geruchssinn wahr.[137] Verkostet man ein Gericht mit zugehaltener Nase, wird man merken, wie viel »Geschmack« es dadurch einbüßt.

Neben der Balance der einzelnen Geschmacksrichtungen ist vor allem der Einsatz unterschiedlicher Temperaturen eine gute Möglichkeit, ein Gericht interessanter zu gestalten. Verbindet man beispielsweise etwas Heißes als Teil eines Gerichts mit einer kühlen Komponente, erzeugt der dabei entstehende Kontrast mehr Wow-Effekte beim Essen, als wenn alle Bestandteile die gleiche Temperatur haben. Sei es eine gekühlte Gemüsekomponente als Teil eines warmen Gerichts, ein Salat als Teil einer Bowl oder eine kühle Eiscreme auf einem ofenwarmen Kuchen – diese Temperaturunterschiede können den Gesamteindruck eines Gerichts enorm aufwerten.

Der dritte Eckpfeiler, um (veganes) Essen schmackhaft zu machen, besteht aus Textur und Konsistenz. Ein gutes Beispiel, um die Bedeutung unterschiedlicher Texturen innerhalb eines Gerichts zu beleuchten, ist eine Cremesuppe. Selbst wenn diese rundum gut abgeschmeckt ist, wird sie aufgrund der sehr homogenen glatten Konsistenz recht schnell langweilig, da jeder Löffel gleich schmeckt und dasselbe Mundgefühl hervorruft. Durch zusätzliche Texturelemente bringt man mehr Abwechslung in das Gericht. So kann man beispielsweise eine Kürbissuppe mit ein paar Würfeln Umami-Tofu (siehe Seite 77) sowie einem knackigen Topping, beispielsweise aus frischen Äpfeln, Kürbiskernen und frischen Kräutern, und einem Klecks einer kalten Pflanzenjoghurt-Sauce auf ein ganz anderes Level heben.

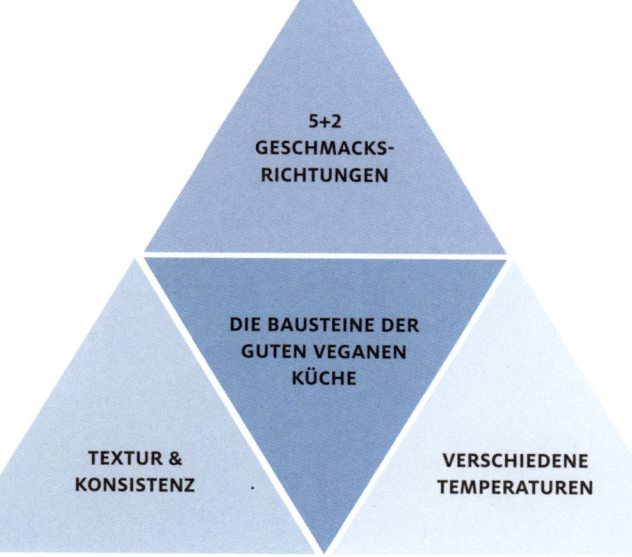

Abb. 43. Bausteine guter veganer Küche

Richtiges Würzen:
Die 5+2 Geschmacksrichtungen

umami

salzig

süß

fettig & scharf

sauer

bitter

Abb. 44. Die 5 + 2 Geschmacksrichtungen

Im Grunde sind es vor allem fünf Geschmackswahrnehmungen, die im Kontext des Abschmeckens von Bedeutung sind, aber auch zwei weitere sollten diesbezüglich nicht unerwähnt bleiben. Wie Abbildung 44 illustriert, sind das die fünf Grundgeschmacksrichtungen süß, sauer, salzig, bitter und umami sowie die beiden weiteren fettig und scharf. Neuere wissenschaftliche Veröffentlichungen sprechen bei Fett tatsächlich von einer sechsten Geschmacksrichtung, für die es eigene Rezeptoren in unserem Mundraum gibt.[138] Da dies jedoch noch nicht allgemein bekannt ist, wird sie hier als die erste der beiden »+2«-Geschmacksrichtungen angeführt. Fett ist als wichtiger Geschmacksträger essenzieller Bestandteil jeder Küche, und gewisse Fette spielen auch aus gesundheitlicher Sicht eine bedeutende Rolle. Möchte man vegane Gerichte zubereiten, die mit altbekannten fleisch- oder käsehaltigen Gerichten mithalten sollen, dann kommt man nicht umhin, eine gewisse Menge pflanzliche Fette in diese Gerichte zu integrieren. Hier ist es also essenziell, immer das Ziel im Auge zu behalten. Geht es um eine gesunde Alltagsküche im Sinne der Kaloriendichte im

Verhältnis zur Nährstoffdichte, sollte man darauf achten, das zusätzliche Fett reduziert einzusetzen. Geht es aber um Gerichte, die geschmacklich und emotional mit den gewohnten Klassikern der deutschen und österreichischen Küche mithalten oder nicht-vegane Familienmitglieder und Freunde begeistern sollen, dann muss man die Menge entsprechend erhöhen. Das Geschmacksempfinden von Schärfe ist hingegen lediglich ein Verbrennungssymptom auf der Zunge und somit keine Geschmackswahrnehmung im eigentlichen Sinn.[139] Dennoch kann Schärfe in der richtigen Dosierung Speisen das gewisse Etwas verleihen. Dabei gilt aber Vorsicht, denn zu viel Schärfe kann eine Mahlzeit schnell ungenießbar machen.

Beim Würzen gilt: Scheint beim ersten Eindruck vielleicht oft nur etwas Salz zu fehlen, ergänzen bei näherer Betrachtung eventuell etwas Säure oder Süße das Geschmacksprofil noch besser. Mit etwas Übung kann man seinen Gaumen gut darauf schulen, die Defizite von Gerichten in Bezug auf einzelne Geschmacksrichtungen zu erkennen. Dabei muss nicht jede einzelne Komponente auf dem Teller vollkommen harmonisch abgeschmeckt sein, um Spannung zu erzeugen. Im Gegenteil kann im Hervorstechen einer Geschmacksrichtung in einigen Fällen ein besonders spannender Effekt entstehen. Um ein besseres Verständnis für die fünf Hauptgeschmacksrichtungen zu bekommen, werden diese im Folgenden kurz beschrieben.

Bitter: Dieser Geschmack sollte im Essen niemals dominieren, sondern nur dezent in Erscheinung treten und damit das Geschmacksprofil der Speise abrunden. Bittere Geschmacksnoten kommen in Lebensmitteln wie Chicorée, Radicchio, Grapefruit, Kakao und einigen Kräutern wie Petersilie und Salbei sowie in vielen weiteren pflanzlichen Lebensmitteln vor.

Süß: Diese Geschmacksrichtung kommt am häufigsten in pikanten Speisen zu kurz. Sie wird in der klassischen Küche oft durch den dezenten Einsatz von Zucker oder Sirup in die Gerichte gebracht, kann aber auch durch alternative Süßungsmittel oder (Trocken-)Früchte Einzug in die Mahlzeiten halten.

Umami: Der Begriff »umami« wurde um 1910 in Japan geprägt und bedeutet so viel wie würzig, kräftig, deftig und fleischig.[140] Dieser reichhaltige Geschmack wird unter anderem durch die in Lebensmitteln enthaltene Glutaminsäure erzeugt. Sie kommt in vielen proteinhaltigen tierischen Produkten natürlich vor, aber ebenso in einer Reihe pflanzlicher Lebensmittel. Glutaminsäure darf nicht mit dem Geschmacksverstärker Natriumglutamat (engl. monosodium glutamate, MSG) verwechselt werden.[141] Auch Zubereitungsmethoden wie Backen, Grillen, Rösten, Räuchern und Braten, bei denen Röstaromen erzeugt werden, können eine Menge Umami in Gerichte bringen. Eine ausgeprägte Umami-Note ist einer der wichtigsten Faktoren, um die vertraute und geliebte Deftigkeit aus Gerichten mit Fleisch und Käse in vegane Speisen zu integrieren. Zu den umamihaltigsten Gewürzen zählen unter anderem:

Salzig: Salz fehlt in den wenigsten Gerichten, aber dennoch greifen die meisten Menschen beim Abschmecken als erstes zum Salzstreuer. Neben klassischem Salz (oder auch Räuchersalz, Schwefelsalz etc.) bringen gewisse Lebensmittel wie Misopaste oder Sojasauce eine salzige Note begleitet von einem würzigen Umami-Aroma in die Speisen.

Sojasauce: Bei Sojasaucen gibt es sehr große Qualitätsunterschiede, die sich zumeist im Preis widerspiegeln. Der höhere Preis ist es kulinarisch gesehen aber zumeist wert. Während Shoyu eine glutenhaltige Variante von Sojasauce ist, ist Tamari glutenfrei. Sojasauce ist aus zwei Gründen ein guter Salzersatz: Zum einen bringt sie neben der salzigen auch eine kräftige Umami-Note in jedes Gericht und zum anderen erhöht Sojasauce die Eisenaufnahme aus Vollkorngetreide, Hülsenfrüchten etc., weil in dieser durch die Fermentation Stoffe mit absorptionsfördernder Wirkung auf die Eisenaufnahme entstehen.[142,143]

Sauer: Säure ist eine Komponente, die ebenfalls oft in Gerichten fehlt. Dabei ist eine dezente saure Note ein ausgezeichneter Weg, um mehr Frische in eine Speise zu bringen. Sie lässt sich durch Zitrusfrüchte integrieren oder durch ein paar Tropfen eines hochwertigen Essigs. Aber auch andere Früchte, beispielsweise gewisse Apfelsorten mit angenehmer Säure, funktionieren diesbezüglich ausgezeichnet.

Misopaste: Misopaste wird zwar in diesem Buch bewusst nicht verwendet, weil es gute Sorten noch kaum in einem konventionellen Supermarkt gibt, aber dennoch wird Miso als Würzmittel vorgestellt. Miso ist eine Würzpaste aus Japan, die meist aus fermentierten Sojabohnen hergestellt wird und in unterschiedlichsten Sorten und Qualitäten erhältlich ist. Mittlerweile gibt es auch Sorten aus Lupine, Linse oder Erbse. Lang gereifte Sorten wie Hatcho-Miso sind dunkel, fest und geschmacksintensiv, wohingegen die kürzer gereiften Varianten (z. B. das hellere Shiro-Miso) dezenter im Aroma sind.

Hefeflocken: Hier handelt es sich um eine durch Hitze inaktivierte Hefe, die neben einer hohen Dichte an B-Vitaminen sehr hohe Werte an Glutaminsäure aufweist. Hefeflocken sind eine gesunde Würzzutat, allerdings sollten Personen mit Autoimmunkrankheiten wie Morbus Crohn auf jede Art von Hefe (Hefeflocken, Backhefe und Bierhefe) verzichten, weil diese die Krankheitssymptome verstärken kann.[144] Dieser umstand heißt aber mitnichten, dass auch Personen ohne derartige Erkrankungen Hefeflocken meiden sollten. Das Gegenteil ist der Fall und eine regelmäßige Zugabe von Hefeflocken zu diversen Speisen kann den Nährstoffgehalt der Speisen deutlich erhöhen. Es gibt viele Marken mit unterschiedlicher Qualität und sehr unterschiedlichem Geschmack. Gute Hefeflocken sollten pur verkostet angenehm würzig und nicht bitter schmecken.

Getrocknete Pilze: Durch den Trocknungsprozess entwickeln Pilze außerordentlich intensive Umami-Aromen. Vor allem getrocknete Shiitakepilze, braune Champignons aber auch Maitake- und Steinpilze sind besonders reich an Glutaminsäure. Man kann getrocknete Pilze im Mixer pulverisieren und einen gestrichenen Teelöffel davon jedem Gericht beigeben, dem man eine Extranote an Deftigkeit verleihen möchte. Wie an anderer Stelle bereits erwähnt sollten bevorzugt Zuchtpilze verwendet werden, da Wildpilze wie Steinpilze eine höhere radioaktive Belastung und eine höhere Konzentration an Schwermetallen aufweisen.[145] Die DGE empfiehlt, maximal 250 g Wildpilze[146] pro Woche zu verzehren – das entspricht beispielsweise etwa 30 g getrockneten Steinpilzen.[147]

Abb. 45. Umami-Lieferanten: Sojasauce, Miso, Hefeflocken und getrocknete Pilze

Vertiefende Informationen zu den wichtigsten Kochtechniken und viele weitere deftige Rezepte gibt es in Sebastians Kochbuch **Heftig Deftig Vegan.** Noch mehr Theorie- und Praxiswissen rund um die vegane Küche bekommt man in seiner Online-Kochschule namens Vegan Masterclass. Alle Informationen zu diesen und weiteren Themen können auf Sebastians Website unter **www.sebastian-copien.de** nachgelesen werden.

VEGANES
Bullshit-Bingo

Wie das Wort »veganes Bullshit-Bingo« schon vermuten lässt, geht die Bezeichnung auf das bekannte Spiel Bingo zurück, das in seiner ursprünglichen Form ein sehr einfaches Glücksspiel beschreibt. Beim Bingo erhält jede teilnehmende Person eine Karte mit zufälligen Zahlen. Die Bingo-Spielleiter*innen ziehen dann ihrerseits Zahlen aus einer Lostrommel und verkünden diese. Alle Teilnehmer*innen, die diese Zahl auf ihrer Karte stehen haben, markieren sie. Gewonnen hat jene Person, die zuerst alle Zahlen markiert hat. Die Bezeichnung Bullshit-Bingo (die es nicht nur im veganen Kontext gibt) ist dabei eine Art Persiflage, also eine Verspottung des Effekts, dass bestimmte Dinge in einem gewissen Kontext immer wieder erwähnt werden. So wie beim Bingo immer wieder dieselben Zahlen gezogen werden, kommen auch in Bezug auf die vegane Lebensweise immer wieder dieselben Gegenargumente, die schon unzählige Male widerlegt wurden. Im Gegensatz zum echten Bingo gibt es aber beim veganen Bullshit-Bingo nichts zu gewinnen, und es ist natürlich auch kein echtes Spiel. Es ist vielmehr die Bezeichnung für ein oft beobachtetes Phänomen, das vor allem für vegane Neueinsteiger*innen nervenaufreibend sein kann. So nervig es auch sein mag, bietet das vegane Bullshit-Bingo dennoch die Möglichkeit, durch klug formulierte Argumente zumindest einen ersten Denkanstoß für all jene zu geben, die selbst im Jahr 2021 immer noch denken, dass Veganer*innen nicht genug Protein bekommen, Sojaprodukte vegan lebender Menschen den Regenwald zerstören oder dass Veganismus ein Luxusproblem sei. Natürlich kann es sein, dass unser Gegenüber all die nachfolgend besprochenen Argumente als Vorwand benutzt, um sich nicht mit den ethischen Belangen des Veganismus auseinandersetzen zu müssen, anstatt aus tatsächlichem Unwissen oder der Bereitschaft für einen ergebnisoffenen Diskurs. Sollte sich das herausstellen, ist es am besten, wenn man sich die eigenen zeitlichen Ressourcen spart und diese lieber für Gespräche mit Personen verwendet, die tatsächlich offen für das Thema sind. Die amerikanische Psychologin Dr. Melanie Joy bezeichnet diese Personengruppe in ihren

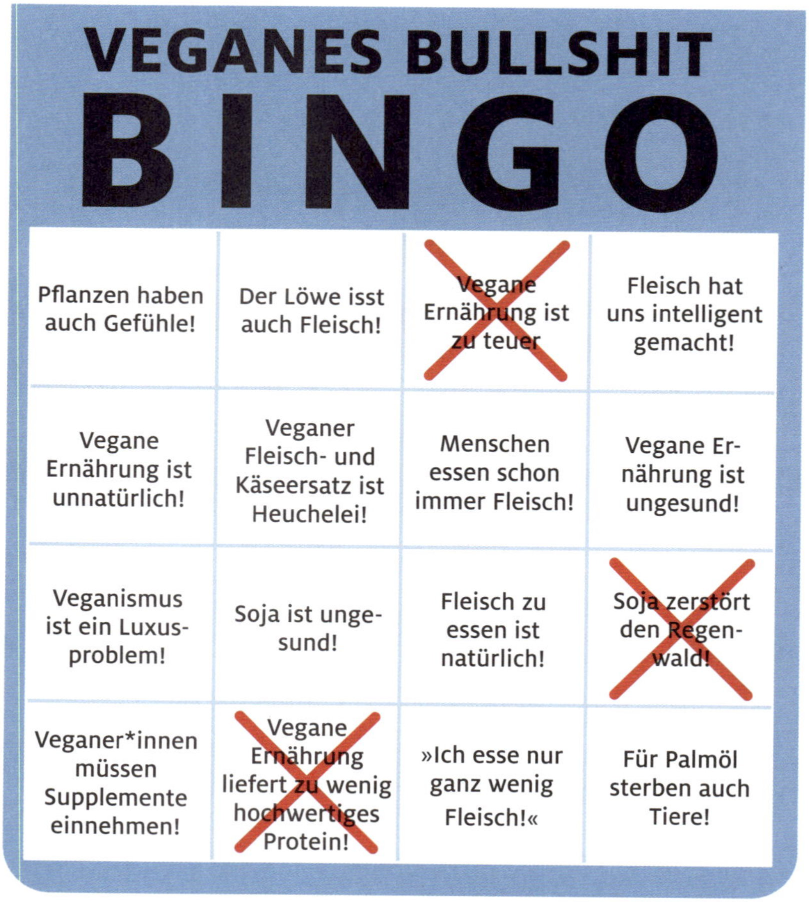

VEGANES BULLSHIT BINGO

Pflanzen haben auch Gefühle!	Der Löwe isst auch Fleisch!	~~Vegane Ernährung ist zu teuer~~	Fleisch hat uns intelligent gemacht!
Vegane Ernährung ist unnatürlich!	Veganer Fleisch- und Käseersatz ist Heuchelei!	Menschen essen schon immer Fleisch!	Vegane Ernährung ist ungesund!
Veganismus ist ein Luxusproblem!	Soja ist ungesund!	Fleisch zu essen ist natürlich!	~~Soja zerstört den Regenwald!~~
Veganer*innen müssen Supplemente einnehmen!	~~Vegane Ernährung liefert zu wenig hochwertiges Protein!~~	»Ich esse nur ganz wenig Fleisch!«	Für Palmöl sterben auch Tiere!

Abb. 46. Veganes »Bullshit-Bingo«

Publikationen im übertragenen Sinn als »Low hanging fruits« und plädiert dafür, die eigene Energie mehr auf leichter zu überzeugende Personen zu konzentrieren anstatt auf jene Personen, die zum aktuellen Zeitpunkt noch ganz und gar nicht bereit für eine rationale Konversation sind.[148] Anders gesagt: Anstatt mit einem vegan-feindlichen Familienmitglied Ewigkeiten darüber zu diskutieren, warum dessen Argumente nicht konsistent sind und einer kritischen Betrachtung nicht standhalten (was zumindest kurz- und mittelfristig wenig Aussicht auf Erfolg hat), wäre es viel sinnvoller, den Fokus auf die Menschen zu richten, die bereit für einen ernsthaften Diskurs und grundsätzlich offen dafür sind, ihre eigenen Ansichten an die vernünftigeren Argumente anzupassen. Da aus Unwissenheit aber auch grundsätzlich reflektierte Menschen unbewusst Teil des Bullshit-Bingos werden können, ist es wichtig zu wissen, wie man möglichst präzise und korrekt auf die immer wiederkehrenden Argumente antworten kann. Denn je besser die Antworten auf die BB-Argumente sind, desto schneller ist das Bingospiel vorbei. Nachfolgend werden beispielhaft 16 häufige Einwände kurz und knapp adressiert. In der Tiefe werden diese und viele weitere Argumente im Buch **Vegan ist Unsinn! Populäre Argumente gegen den Veganismus und wie man sie entkräftet** besprochen.

☒ Pflanzen haben auch Gefühle!
Pflanzen fehlt ein zentrales Nervensystem sowie ein Verarbeitungsorgan für die entsprechenden Reize, um Schmerzen empfinden zu können.[149,150] Selbst im unwahrscheinlichen Fall, dass Pflanzen Schmerzen empfinden könnten (wovon nicht auszugehen ist), würde eine vegane Ernährung dennoch weniger »Pflanzenleid« verursachen, da zur Produktion von tierischen Kalorien ein Vielfaches an pflanzlichen Kalorien an Tiere verfüttert werden muss.[151] Abseits des reinen Einsatzes von Futtermitteln muss zusätzlich auch noch die Landrodung im Dienste der »Nutztierhaltung« einberechnet werden, die ebenfalls auf Kosten von zahlreichen Pflanzen geht. Die weltweite Haltung von Tieren zu Nahrungszwecken beansprucht etwa ein Drittel der gesamten weltweiten Landfläche[152] und es gingen über 90 % der Abholzung des Amazonas-Regenwalds seit 1970 auf das Konto

der Intensivtierhaltung.[153] Egal wie man es dreht und wendet: Ein Argument gegen den Veganismus kann daraus nicht geformt werden.

☒ Der Löwe isst auch Fleisch!
Löwen haben kein Verständnis für Moral und sind darüber hinaus obligate Karnivoren mit anderen ernährungsphysiologischen Bedürfnissen als der Mensch. Sie haben damit eine deutlich eingeschränktere Lebensmittelauswahl als der Mensch als kochender Omnivore. Aber auch obligate Karnivoren können fleischfrei gesund ernährt werden, wenn ein Fokus auf ihre Nährstoffbedarfsdeckung gelegt wird und so mancher Löwe lehnt den Verzehr von Fleisch sogar vehement ab, wie das an früherer Stelle erwähnte Beispiel der Löwin Little Tyke zeigt (siehe S. 13). Löwen führen außerdem eine ganze Reihe an Handlungen aus, die wir bei Menschen verurteilen (Inzucht, Mord etc.) und die wir niemals damit rechtfertigen würden, dass der Löwe es auch tut. Somit kann der Konsum von Fleisch nicht mit dem Beispiel des Löwen gerechtfertigt werden.

Löwen betreiben Inzucht, töten oft die Nachkommen und machen viele weitere unethische Dinge, die wir als Menschen ablehnen. Wie kann »Der Löwe isst auch Fleisch!« dann eine moralische Rechtfertigung für den Fleischkonsum darstellen?

Abb. 47. Löwen als obligate Karnivoren

⊠ Vegane Ernährung ist zu teuer!

Viele vegane Grundnahrungsmittel wie Getreide, Hülsenfrüchte, Gemüse etc. sind allesamt günstige Lebensmittel. Auch Tofu, Pflanzenmilch und weitere vegane Basics gibt es mittlerweile selbst im Discounter. Teurere vegane Fleisch- und Käsealternativen müssen aus ernährungsphysiologischer Sicht nicht Bestandteil des veganen Speiseplans sein und auch diese werden mit steigender Nachfrage nach veganen Produkten zukünftig günstiger werden. Rechnet man tierischen Lebensmitteln zudem ihre – im Vergleich zu pflanzlichen Lebensmitteln zumeist deutlich höheren – sogenannten »versteckten Kosten« (also jene Kosten für u. a. verursachte Umweltschäden) zu, dann ist selbst »Billigfleisch« alles andere als günstig.[154] Darüber hinaus lässt sich unethisches Verhalten nicht damit rechtfertigen, dass die ethische Alternative ein wenig teurer ist – vor allem solange sie dennoch bezahlbar ist. Wären wir an der Stelle der Tiere, würden wir es auch nicht akzeptieren, dass eine Spezies uns mit der Begründung ausbeutet, dass eine faire Alternative ein wenig teurer wäre.

⊠ Fleisch hat uns intelligent gemacht!

Die genaue Gewichtung der Gründe für die Entwicklung des Menschen sind bis heute nicht restlos geklärt, doch es ist davon auszugehen, dass das Kochen unserer Lebensmittel (pflanzliche wie tierische) einen wesentlich größeren Einfluss auf unsere Evolution hatte als der Verzehr von Fleisch.[155] Da das menschliche Gehirn Kohlenhydrate als bevorzugte Energiequelle nutzt, scheinen gekochte stärkehaltige Wurzeln und Getreide ein bedeutenderer Treiber des Gehirnwachstums gewesen zu sein.[156] Was immer letztendlich dafür verantwortlich war – es ist heutzutage nicht mehr von Belang. Mittlerweile verfügen wir über eine Lebensmittelauswahl, mit der wir uns vegan bedarfsdeckend ernähren können. Durch den Verzicht auf Fleisch werden wir uns auch nicht geistig zurückentwickeln.

⊠ Vegane Ernährung ist unnatürlich!

Ja, eine vegane Ernährung ist unnatürlich. Ebenso wie fast alles in unserer heutigen Welt. Aus dem Grad der vermeintlichen Natürlichkeit einer Sache kann noch keine ethische oder gesundheitliche Bewertung abgeleitet werden. Wir profitieren heutzutage von zahlreichen guten unnatürlichen Dingen wie Häusern, Strom, Kleidung, Bildung, Medizin und vielem mehr, und es gibt keinen Grund dafür, dass unsere Ernährung möglichst natürlich sein sollte. Andererseits sind viele natürliche Dinge für uns schlecht. Aflatoxine von Schimmelpilzen, Giftpilze und Weiteres sind zwar natürlich, aber äußerst schädlich. Die Frage ist also nicht, ob eine Ernährung natürlich oder unnatürlich ist, sondern ob sie gesund oder ungesund ist und ob sie ethisch und ökologisch vertretbar ist.

⊠ Veganer Fleisch- und Käseersatz ist Heuchelei!

Die meisten vegan lebenden Menschen haben nicht aufgehört, tierische Produkte zu konsumieren, weil sie deren Geschmack nicht mochten. Sie haben damit aufgehört, weil sie die Art der Produktion vor allem ethisch, aber auch ökologisch als nicht vertretbar empfanden. Wenn es also eine ethische und ökologische Alternative für Fleisch und Käse gibt, die ähnliche Geschmackserlebnisse ohne die negativen Begleiterscheinungen bereithält, dann ist deren Konsum keine Heuchelei, sondern lediglich Ausdruck einer rationalen Konsumentscheidung.

⊠ Menschen essen schon immer Fleisch!

Derartige Traditionsfehlschlüsse tragen in sich wenig argumentatives Gewicht. Menschen haben im Laufe der Geschichte viele grausame Dinge »schon immer« getan, die wir heute ablehnen – Sklaverei, Kriege etc. Auch heute noch existieren viele auf Unterdrückung basierende Systeme deren Bestehen auf eine lange Tradition zurückblickt. Die Dauer des Bestehens legitimiert sie aber nicht. Unsere Gesellschaft entwickelt sich nicht nur technisch, sondern auch moralisch weiter. Da wir nicht mehr für unser Überleben auf die Tierausbeutung angewiesen sind, gibt es keine ethische Rechtfertigung für ihr Fortbestehen.

⊠ Vegane Ernährung ist ungesund!

Jede Art der Ernährung, die den Nährstoffbedarf des menschlichen Organismus nicht deckt, ist auf Dauer ungesund. Es gibt jedoch keinen überlebensnotwendigen Nährstoff, den man nur durch den Verzehr tierischer Produkte zuführen kann, und somit haben tierische Lebensmittel kein Monopol auf irgendwelche essenziellen Nährstoffe. Zahlreiche Studien sowie die Positionspapiere diverser Ernährungsfachgesellschaften zeigen, dass eine vegane Ernährung bei guter Kostzusammenstellung in jeder Lebensphase den Nährstoffbedarf des Menschen decken kann und im Vergleich zur derzeit üblichen westlichen Mischkost auch mit gesundheitlichen Vorteilen einhergehen kann.[157,158,159,160,161]

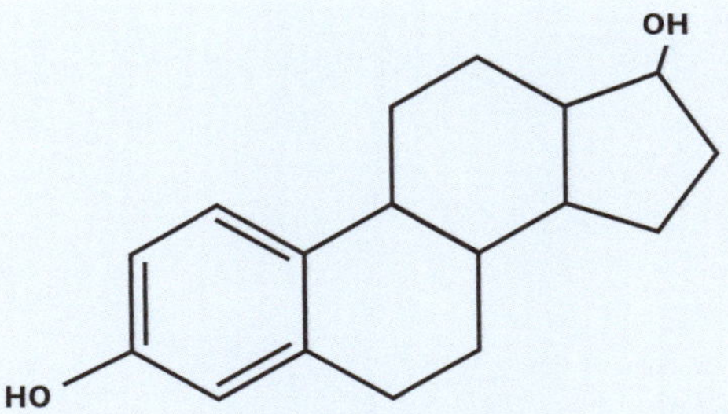

Östrogen
(Estradiol)

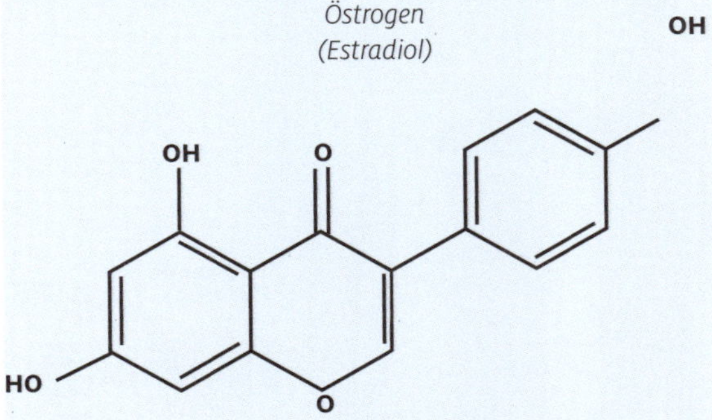

Phytoöstrogen
(Genistein)

Abb. 48. Die chemische Struktur von Estradiol & Genistein

Phytoöstrogene in Soja ähneln zwar in ihrer chemischen Struktur weiblichen Sexualhormonen, aber sie wirken 100 bis 10.000 mal schwächer und sind damit in den gängigen Dosen in Sojaprodukten nicht nur ungefährlich, sondern sogar potenziell gesundheitsfördernd.

⊠ Veganismus ist ein Luxusproblem!

Als Luxusproblem wird ein Sachverhalt bezeichnet, der im Vergleich zu anderen Problemen eine untergeordnete Rolle spielt. Die negativen Auswirkungen der weltweiten Tierhaltung in Bezug auf Tier, Mensch und Umwelt sind allerdings alles andere als von untergeordneter Bedeutung. Die Tierhaltung ist der weltweit größte Flächen- und Wasserverbraucher, verursacht global betrachtet mehr Treibhausgasemissionen als der weltweite Transportsektor und erhöht das Risiko für die Entstehung von Antibiotikaresistenzen und Zoonosen beträchtlich.[162,163,164,165] Zudem begünstigt die westliche Mischkost in großem Maße die Abholzung der Regenwälder und die Überfischung der Meere. Sie fügt Dutzenden Milliarden von empfindungsfähigen Lebewesen Schmerz und Leid zu und nimmt ihnen nach einem kurzen, qualvollen Dasein das Leben.[166,167] Somit ist eine vegane Ernährung alles andere als ein Luxusproblem. Im wortwörtlichen Sinn ist vielmehr der maßlose Verzehr tierischer Produkte das eigentliche Luxusproblem, denn es ist ein Problem, das durch den überbordenden Luxus der westlichen Welt entsteht.

⊠ Soja ist ungesund!

Wie zahlreiche Studien und Positionspapiere von Ernährungs- und Gesundheitsfachgesellschaften zeigen, ist der regelmäßige Konsum von Sojaprodukten und deren östrogenähnlichen sekundären Pflanzenstoffen im Rahmen einer ausgewogenen Ernährung sowohl für Frauen als auch Männer unschädlich und potenziell gesundheitlich vorteilhaft.[168,169,170,171] Berichte über negative Effekte von Soja stammen primär aus Tierversuchen und Zellkulturstudien und können nicht einfach auf den Menschen übertragen werden.[172] Sojaprodukte sind großartige vegane Proteinlieferanten, aber eine gesunde und proteinreiche vegane Ernährung kann auch ohne Soja bestens funktionieren. Somit kann diese Aussage auf prinzipieller Ebene auch kein Argument gegen eine vegane Ernährung sein.

⊠ Fleisch essen ist natürlich!

Es ist ein Fehlschluss, dass die vermeintliche Natürlichkeit einer Sache diese automatisch gut macht. Darüber hinaus ist es ohnehin gewagt, im Rahmen der heutigen Produktion tierischer Lebensmittel noch von Natürlichkeit zu sprechen. Tiere werden unter unnatürlichen Bedingungen gezeugt, gehalten, gemästet und getötet. Sämtliche heutige »Nutztiere« entspringen der selektiven Zucht und unterscheiden sich beträchtlich von ihren einstigen natürlich vorkommenden Vorfahren. Das Kernargument gegen den Konsum tierischer Produkte ist aber ohnehin nicht deren fehlende Natürlichkeit, sondern deren ethisch unvertretbare Produktionsmethoden und die ökologischen Auswirkungen der weltweiten Tierhaltung.

⊠ Soja zerstört den Regenwald!

Wie Abbildung 49 zeigt, landen etwa 80 Prozent der weltweiten Sojaernte nicht direkt auf den Tellern der Menschen, sondern in den Trögen der »Nutztiere«.[173] Nur 2 Prozent der weltweiten Sojaernte konsumiert der Menschen direkt in Form von Sojaprodukten wie Tofu, Sojaburgern, Sojamilch etc.[174] Die verbleibenden 18 Prozent werden in Form von Sojaöl verwertet.[175] Neben dem direkten Konsum als Pflanzenöl wird es vor allem als Zusatzstoff in Convenienceprodukten und in Non-Food-Industrien wie der Kosmetik- und Autoindustrie verarbeitet. Es ist also korrekt, dass Sojaanbau den Regenwald zerstört, aber das ist ein Argument für den Veganismus und nicht dagegen. Sojabohnen für vegane Lebensmittel stammen hierzulande ausschließlich aus Nicht-Regenwaldgebieten (zu großen Teilen auch aus Europa). Vor allem die Fleischproduktion als größter Sojaverbraucher ist für die Regenwaldabholzung mitverantwortlich und der Verzehr von Soja (anstelle von tierischen Produkten) würde im Umkehrschluss sogar gut für den Regenwald sein.

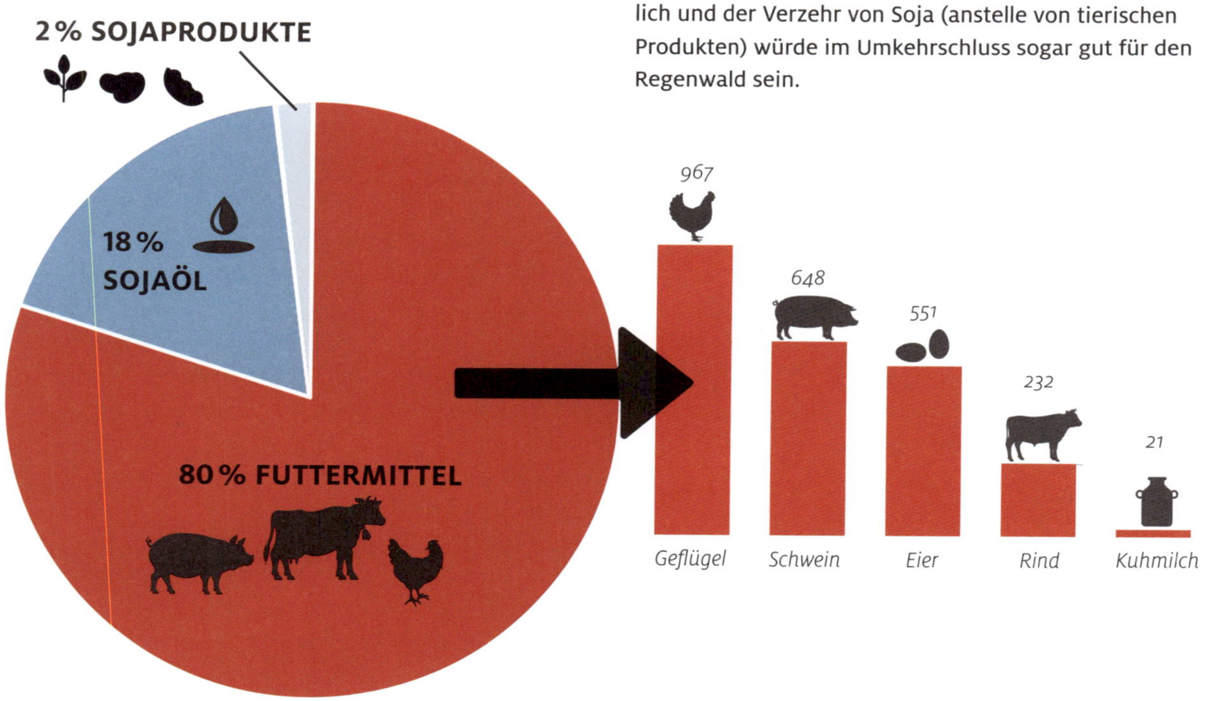

2% SOJAPRODUKTE

18% SOJAÖL

80% FUTTERMITTEL

967 — Geflügel
648 — Schwein
551 — Eier
232 — Rind
21 — Kuhmilch

Abb. 49. Verarbeitungwege der weltweiten Sojaernte (links) & benötigte Menge an Soja für die Produktion von einem Kilo ausgewählter tierischer Lebensmittel (rechts)

⊠ Veganer*innen müssen Supplemente einnehmen!

Wäre die Lebensmittelproduktion in den DACH-Staaten besser auf die Nährstoffbedürfnisse vegan lebender Menschen ausgerichtet, müsste eine vegane Ernährung keine Supplemente enthalten. Die suboptimalen Anbau-, Produktions- und Verarbeitungsmethoden erschweren die Bedarfsdeckung vegan lebender Menschen allerdings momentan noch, und so sind Nahrungsergänzungsmittel ein gut erforschter, sicherer und wirkungsvoller Weg, um den Bedarf an kritischen Nährstoffen zu decken. Der Einsatz von Nahrungsergänzungsmitteln zur Behebung potenzieller Nährstoffengpässe kann in sich aber kein Argument gegen die ethische Position des Veganismus sein.

⊠ Vegane Ernährung liefert zu wenig hochwertiges Protein!

Die biologische Wertigkeit einzelner pflanzlicher Proteine ist zwar im Durchschnitt geringer als die Wertigkeit einzelner tierischer Proteine, aber diese verliert im Alltag im Rahmen einer insgesamt ausgewogenen Kost an Bedeutung, da sich unterschiedliche Proteine im Laufe des Tages gegenseitig ergänzen können.[176] Schon in den 1940er-Jahren zeigten Studien, dass eine auf Getreide basierende, rein pflanzliche Ernährung den Proteinbedarf des Menschen bei ausreichender Kalorienzufuhr decken kann.[177] In den 1990er-Jahren wiesen Wissenschaftler*innen außerdem darauf hin, dass anhand der gängigen Tierversuche mit Ratten zur Beurteilung der Proteinqualität die Rolle der pflanzlichen Proteine in der Ernährung des Menschen potenziell unterschätzt wird.[178] 2009 schlussfolgerte die International Federation of Sports Medicine in ihrem Positionspapier zum Thema der fleischlosen Ernährung von Sportler*innen ebenso, dass pflanzliche und tierische Proteinquellen im selben Maße für die Ernährung von Sporttreibenden geeignet sind.[179]

⊠ »Ich esse nur ganz wenig Fleisch!«

Selbstverständlich ist es besser, wenig Leid und Ausbeutung zu verursachen als viel. Aber wenn wir die Möglichkeit haben ohne wesentliche Einschränkung unserer Lebensqualität Leid und Ausbeutung so sehr zu reduzieren, wie es im Rahmen der veganen Ernährung möglich ist, sollte uns unser moralischer Kompass in diese Richtung lenken. Darüber hinaus zeigen Untersuchungen, dass die meisten Menschen ihren eigenen Konsum von Fleisch und anderen Tierprodukten in aller Regel massiv unterschätzen und dass sie dabei zudem andere Tierprodukte, die ebenfalls ethisch problematisch sind, ausblenden.[180] Der Fleischverzehr in Deutschland lag im Jahr 2020 pro Kopf bei durchschnittlich über 57 Kilogramm. So kann nicht davon gesprochen werden, dass die meisten Menschen nur »ganz wenig Fleisch« essen.[181] Wenn Personen entgegnen, dass sie nur ganz wenig Fleisch essen, geben sie damit außerdem ein Stück weit zu, dass es eben doch ein Problem mit dem Fleischkonsum gibt. Denn wäre es ethisch und ökologisch unbedenklich, würde unser Gegenüber in Gesprächen nicht darauf verweisen, dass er oder sie nur ganz wenig davon isst.

⊠ Für Palmöl sterben auch Tiere!

Die Tatsache, dass mitunter auch für die Produktion gewisser pflanzlicher Lebensmittel Tiere sterben, stellt in sich keine Rechtfertigung für die intentionale Aufzucht von Tieren zum Zwecke ihrer Tötung in der Fleischproduktion dar. Darüber hinaus muss vegane Ernährung kein Palmöl enthalten, um bedarfsgerecht zu sein. So kann dies kein Argument gegen den Veganismus sein. Der überwiegende Teil des in der Lebensmittelproduktion verwendeten Palmöls befindet sich zudem in nicht-veganen Produkten.

Über 50 populäre Argumente gegen den Veganismus werden in den 30 Kapiteln samt der Einleitung im Buch **Vegan ist Unsinn!** von Niko Rittenau, Patrick Schönfeld (Der Artgenosse) und Ed Winters (Earthling Ed) besprochen. Weitere Inhalte zu vielen häufigen Bullshit-Bingo-Argumenten gegen den veganen Lebensstil in Videoform stehen außerdem unter **www.nikorittenau.com/vegan-einsteiger** kostenfrei zur Verfügung.

NIKOS EMPFEHLUNG:
Top 3 vegane YouTuber (deutschsprachig)

Der Artgenosse
www.youtube.com/DerArtgenosse

Patrick Schönfeld behandelt auf seinem YouTube-Kanal unter dem Pseudonym **Der Artgenosse** die häufigsten Vorurteile und Mythen in Bezug auf den Veganismus. Angefangen bei »Vegan ist unnatürlich« und »Der Löwe isst auch Fleisch« bis hin zu »Fleisch hat uns intelligent gemacht« und »Pflanzen haben auch Gefühle« werden zahlreiche Scheinargumente gegen den Veganismus von ihm rational und unaufgeregt in Videoform behandelt. Patricks beliebtestes YouTube-Video trägt den Titel **Hey Veganer, Soja ist ungesund!** und behandelt die falschen gesundheitlichen Vorurteile gegenüber Sojaprodukten. Darüber hinaus veröffentlicht er regelmäßig vegane Comics, in denen er viele weitere Klischees in Bezug auf die vegane Ernährung unterhaltsam aufbereitet. Er ist außerdem einer der Co-Autoren des Buchs **Vegan ist Unsinn!**

Philipp Steuer
www.youtube.com/PhilippSteuer

Philipp Steuer betreibt Deutschlands größten YouTube-Kanal mit einem Schwerpunkt auf Veganismus und präsentiert dort wöchentlich neben schnellen und einfachen pflanzlichen Rezepten in Videoform auch Produkttests, Food-Hauls und Weiteres. Philipps beliebtestes YouTube-Video trägt den Titel **Die 5 BESTEN Tofu Hacks – Nur SO schmeckt Tofu mega gut** und behandelt – wie der Titel nahelegt – Zubereitungshinweise für richtig schmackhaften Tofu. Zusammen mit seiner Frau Nadine Steuer, die unter dem Pseudonym **Kupferfuchs** ebenfalls einen YouTube-Kanal betreibt, hat er außerdem drei vegane Koch- und Backbücher veröffentlicht. Weiteren veganen Food-Content und mehr zum Thema der veganen Lebensweise gibt es auf Philipps Instagram-Account.

Vegan ist ungesund
www.youtube.com/veganistungesund

Der YouTube-Kanal **Vegan ist ungesund** von Gordon Prox und Aljosha Muttardi behandelt das Thema Veganismus undogmatisch, leicht zugänglich und mit sehr viel Humor. Zu Beginn thematisierten die beiden primär Ernährungsthemen, aber sie erweiterten ihr Themenspektrum auf Social Media fortlaufend. So veröffentlichen sie auch Rezeptvideos, vegane Produkttests und Reaktionsvideos. Ihr beliebtestes Video trägt den Titel **Dieses Video wird dein Leben für immer verändern** und zeigt die Reaktion von 20 Menschen, die erstmals die Dokumentation **Dominion** mit ihnen ansehen. Vor allem Aljosha thematisiert auch Themen wie Rassismus und Homophobie auf ihrem Instagram-Account und bezieht als Arzt Stellung zu medizinischen Themen.

NIKOS EMPFEHLUNG:
Top 3 vegane YouTuber*innen (englischsprachig)

Earthling Ed
www.youtube.com/EarthlingEd

Ed Winters veröffentlicht unter seinem Pseudonym **Earthling Ed** primär YouTube-Videos zum Thema Tierethik und veganen Aktivismus, aber widmet sich darüber hinaus auch ökologischen und (welt-)gesundheitlichen Aspekten der menschlichen Ernährung. Eds beliebtestes YouTube-Video mit über 3,5 Millionen Aufrufen trägt den Titel »You will never look at your Life in the same way again | Eye-opening speech« und ist ein Mitschnitt einer seiner Vorträge. Dieser kann in einem Atemzug mit anderen einflussreichen, bewegenden Vorträgen der Tierrechtsbewegung wie »The most important speech you will ever hear« des Aktivisten Gary Yourofsky oder »This speech is your wake up call« von James Aspey genannt werden. Auch sehenswert: sein Tedx-Vortrag »Every argument against veganism«.

Mic the Vegan
www.youtube.com/micthevegan

Michael, der unter dem Pseudonym **Mic the Vegan** einen YouTube-Kanal betreibt, bespricht diverse vegane Ernährungsthemen wissenschaftlich fundiert und dennoch unterhaltsam. Aufschlussreich sind auch seine Reaktionsvideos wie jene zu bekannten Social-Media-Ex-Veganer*innen, die aufzeigen, welches Fehlverhalten in ihrer Kostzusammenstellung zum Scheitern ihrer veganen Ernährung führte. In seinem beliebtesten YouTube-Video »How Your Body Transforms On A Vegan Diet« bespricht er Studien zum Thema kurz-, mittel- und langfristige körperliche Veränderungen durch eine vollwertige vegane Ernährung in Bezug auf das Mikrobiom, Blutzucker- und Blutfettwerte und damit einhergehend das Risiko für kardiovaskuläre, kanzerogene und Stoffwechselerkrankungen.

Unnatural Vegan
www.youtube.com/unnaturalvegan

Swayze Foster vertritt auf ihrem Kanal **Unnatural Vegan** oft auch unpopuläre Sichtweisen auf diverse vegane Themen und scheut nicht davor zurück, Kritik an der veganen Bewegung zu üben, wenn dies angebracht ist. Auch wenn sie an manchen Punkten ungerechtfertigt kritisch ist, liefert sie mit ihren Videos einen wichtigen Beitrag im Diskurs um eine möglichst rationale und evidenzbasierte Kommunikationsstruktur in der veganen Bewegung. In ihrem beliebtesten Video **That Vegan Couple needs to stop (Re: Baby Dies from Vegan Diet! Parents Jailed)** bespricht sie die abstruse Reaktion des veganen YouTube-Kanals **That Vegan Couple** auf den Tod eines falsch ernährten veganen Babys.

DIE REZEPTE

FÜR DEN EINSTIEG IN DIE VEGANE ERNÄHRUNG

BASICS

Basics erleichtern das Leben und bereichern unzählige Gerichte. Sie ermöglichen die schnelle und unkomplizierte Zubereitung vieler Speisen – und schmecken selbst gemacht meist besser als das conveniente Pendant. Am besten bereitet man gleich mehr davon zu, so hat man sie im Kühlschrank oder tiefgekühlt immer parat.

Gemüsebrühepaste –
nie mehr ohne gute Brühe

ZUTATEN

1 Zwiebel, geschält (50 g)

50 g Lauch, gewaschen und geputzt

200 g Knollensellerie, geschält

100 g Karotten, geschält

3 Knoblauchzehen

20 g Petersilie

2 EL getrockneter Liebstöckel

1 EL frisch gemahlener Pfeffer

4 Wacholderbeeren

5 g getrocknete Shiitake-pilze (oder 1 geh. EL Würzhefeflocken)

4 Lorbeerblätter

60 g Meersalz (oder Steinsalz)

5 EL Olivenöl

4 EL Sojasauce guter Qualität

• Die Zwiebel würfeln, den Lauch in Ringe schneiden, Sellerie und Karotten würfeln. Den Knoblauch abziehen, die Petersilie fein hacken.

• Diese Zutaten mit Liebstöckel, Pfeffer, Wacholder, Pilzen sowie Lorbeer im Mixer zu einer sämigen, leicht krümeligen Paste zerkleinern. Wird die Paste fein püriert, schäumt sie zu stark auf. Salz, Öl und Sojasauce unterrühren.

• Die Paste in ein Glas mit Schraubdeckel füllen und im Kühlschrank aufbewahren, sie hält sich ein paar Wochen. Das Salz konserviert das rohe Gemüse und schützt vor »bösen« Bakterien. Alternativ die Paste in Eiswürfelförmchen tiefkühlen und bei Bedarf verwenden.

SEBASTIANS TIPPS

Für die Zubereitung der Paste mit dem Stabmixer maximal zwei Handvoll der Zutaten in einen großen Messbecher geben, mit kaltem Wasser bedecken und mit dem Stabmixer fein krümelig zerkleinern. Die Mischung in ein Sieb abgießen, das Wasser auffangen. Mit diesem Wasser die nächsten zwei Handvoll Zutaten bedecken und zerkleinern. So fortfahren, bis alles fein krümelig ist. Die Mischung mit Salz, Öl und Sojasauce verrühren. Das übrig gebliebene Wasser ist eine leckere Suppenbasis, da viel Geschmack ins Wasser übergeht.

ANWENDUNG

Diese sehr salzige Paste wird nur als Würzmittel eingesetzt. Für eine deftige Brühe 2 EL Paste in einem Topf braun anrösten, mit 1 l Wasser auffüllen und 15 Minuten köcheln lassen.

Alternativ etwa 1 TL Würzpaste gemeinsam mit den anderen Zutaten, beispielsweise Zwiebeln, anschwitzen. Da sie ein natürlicher Geschmacksverstärker ist, verleiht sie fast jedem Gericht in diesem Buch ordentlich Kraft und Umami-Aroma. Perfekt für jede Art von Pasta oder Schmorgerichten.

Rauchige
Bauernleberwurst

ZUTATEN

1 kleine rote Zwiebel, geschält

2 Knoblauchzehen, geschält

100 g braune Champignons, geputzt

75 g Kokosöl (geschmacksneutral; oder vegane Butter)

250 g Kidneybohnen, plus 100 ml Kidneybohnenwasser

200 g Räuchertofu

1 TL getrockneter Thymian

1 TL getrockneter Majoran

4 EL Portwein (nach Belieben)

1–2 EL Sojasauce

1 TL Apfelessig

1 EL Würzhefeflocken (siehe Seite 119 Tipp)

Salz

frisch gemahlener Pfeffer

• Zwiebel und Knoblauch fein würfeln. Die Champignons in Scheiben schneiden. Das Fett in einer beschichteten Pfanne bei mittlerer Hitze zerlassen und die zerkleinerten Zutaten zusammen mit den Kidneybohnen darin kräftig anbraten.

• Den Pfanneninhalt mit den restlichen Zutaten in einen Mixbecher geben und mit dem Stabmixer grob pürieren. Die Masse mit Salz und Pfeffer abschmecken und im Kühlschrank durchziehen lassen.

SEBASTIANS TIPPS

Für eine fettreduzierte Variante einfach die Fettmenge verringern. Wer anstrebt, möglichst nahe an das tierische Original heranzukommen, benötigt allerdings eine ähnliche Fettmenge wie das tierische Pendant.

ABWANDLUNG

Für **Teewurst** 1 rote Zwiebel und 2 Knoblauchzehen schälen und fein würfeln. Beides mit 300 g Kidneybohnen aus dem Glas in 75 g geschmacksneutralem Kokosöl (oder veganer Butter) kräftig anbraten. Die Mischung mit ½ gestrichenen TL Muskatblüte, 1 TL Rum, 1 fein zerstoßenen Wacholderbeere, 100 ml Kidneybohnenwasser, 50 g Räuchertofu, 1 TL Paprikapulver edelsüß, 1 TL Apfelessig, 1 EL guten Würzhefeflocken sowie 2 TL Salz in einen Mixbecher geben und mit dem Stabmixer fein pürieren. Mit Salz und Pfeffer abschmecken.

SEBASTIANS TIPPS

Es ist wichtig, dass der Joghurt weder Zusätze noch Bindemittel enthält, denn nur dann fließt die Flüssigkeit in ausreichendem Maß ab. Dadurch, dass die Masse etwa 50 Prozent ihres Gewichts verliert, wird die Textur cremiger und fetter. Der Fettgehalt ist extrem wichtig, damit die Zubereitung frischkäsig schmeckt.

Natürlich kann man auch veganen Frischkäse kaufen. Da viele Sorten aber nicht unserem Geschmack entsprechen, haben wir dieses simple Rezept mit ins Buch aufgenommen.

Wenn man nur Sojajoghurt verwendet, kommt man dem original Frischkäsegeschmack näher, aber der niedrigere Fettgehalt macht sich bemerkbar, daher gebe ich Sojasahne dazu.

Auch mit Kokosjoghurt kann man den Frischkäse zubereiten. Er hat deutlich mehr Fett und kommt vom Mundgefühl näher an das Original heran, weist aber einen leichten Kokosgeschmack auf.

SEBASTIANS TIPPS

Alternativ lässt sich Pesto auch mit dem Stabmixer zubereiten. Beim Zerstoßen im Mörser entwickelt sich allerdings ein deutlich intensiveres Aroma.

Das Umami-Aroma aus dem Parmesan im Original wird hier durch die käsigen Hefeflocken ersetzt.

All Time

Pesto

ZUTATEN

1 Knoblauchzehe, geschält

40 g Pinienkerne

2 Töpfe Basilikum (oder 2 Bund)

30 g Würzhefeflocken (siehe Seite 119 Tipp)

100 ml natives Olivenöl extra

Saft und abgeriebene Schale von 1 Bio-Zitrone

Salz

frisch gemahlener Pfeffer

• Den Knoblauch in Scheiben schneiden und zusammen mit den Pinienkernen in einer Pfanne bei mittlerer Hitze leicht braun rösten.

• Die Basilikumblätter in feine Streifen schneiden. Die vorbereiteten Zutaten mit Hefeflocken, Öl, 2 TL Zitronensaft und 1 TL Zitronenschale im Mörser zu einer leicht flüssigen Paste zerstoßen und mit Salz und Pfeffer abschmecken.

ABWANDLUNG

Für **Pesto rosso** das Basilikum durch 80 g in Olivenöl eingelegte Tomaten ersetzen. Gerne gebe ich zusätzlich 1 EL Kapern (in Lake) dazu, die ich zuvor fein hacke.

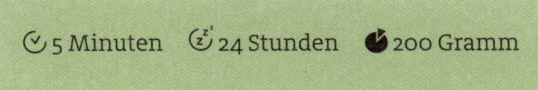

⏱ 5 Minuten   💤 24 Stunden   🥧 200 Gramm

Cremiger

Frischkäse

ZUTATEN

100 g Sojasahne (z. B. Soja Cuisine von Provamel; siehe Seite 35 Produkttipps)

1 gestr. TL Salz

1 Becher Sojajoghurt Natur (400 g; ohne Zusätze und Bindemittel)

• Die Sahne und ½ TL Salz vorsichtig mit dem Joghurt mischen. Ein Sieb mit zwei Lagen Küchenpapier auslegen, in eine größere Schüssel hängen und die Masse hineingeben. Zwei weitere Lagen Küchenpapier auf die Masse geben und diese mit einem kleinen Teller sanft beschweren.

• Die Masse im Kühlschrank über Nacht abtropfen lassen. Am nächsten Tag den Frischkäse in ein verschließbares Gefäß füllen, mit dem restlichen Salz (½ TL) würzen und verwenden.

ABWANDLUNG

Für **Quark** den Joghurt ohne die Sahne wie beschrieben abtropfen lassen und am Ende noch mal etwas ausdrücken. Wir finden die Quarkalternative hinsichtlich Konsistenz und Geschmack besser als die meisten gekauften Varianten.

Ofenkäse

ZUTATEN

Käse

50 g Karotte, geschält

2 Knoblauchzehen, geschält

1 gestr. EL Flohsamenschalen

50 g Kokosöl (geschmacksneutral; oder vegane Butter)

50 g weißes Cashewmus (ungeröstet)

20 g Speisestärke

5 gestr. EL Würzhefeflocken (siehe Seite 119 Tipp)

1 TL Apfelessig

2 TL Ahornsirup

250 g Sojajoghurt Natur (z. B. von Sojade)

2 gestr. TL Salz

frisch gemahlener Pfeffer

Topping

1 TL Rosmarinnadeln

Salz

1 TL Ahornsirup (nach Belieben)

Olivenöl (nach Belieben)

2 Knoblauchzehen, geschält

1 EL Semmelbrösel

• Den Ofen auf 180 °C vorheizen. Die Karotte fein würfeln. Karotte und Knoblauch in 500 ml Wasser kochen, bis die Karotte weich ist. Die Flohsamenschalen mit 5 EL Wasser mischen. Das Karotten-Kochwasser abgießen. Das Kokosöl unter die Karotten mischen, damit es schmilzt.

• Alle Zutaten für den Käse mit dem Stabmixer zu einer glatten Masse pürieren und sehr würzig mit Salz, Pfeffer und Hefeflocken abschmecken.

• Eine kleine ofenfeste Form (Ø 10 cm) mit Backpapier auskleiden. Die Käsemasse eingießen, den Rosmarin hineinstecken, alles mit Salz bestreuen und nach Belieben mit Sirup und etwas Olivenöl beträufeln. Den Käse 15 Minuten im Ofen backen.

• Den Knoblauch in Scheiben schneiden und in den gebackenen Käse stecken, die Semmelbrösel darüberstreuen. Den Grill dazuschalten und den Käse weitere 5 Minuten backen, bis sich eine schöne braune Farbe bildet. Den Käse aus dem Ofen nehmen, 5 Minuten ruhen lassen und mit Baguette zum Dippen servieren.

SEBASTIANS TIPPS

Der Käse kann zwar nicht mit einem original Kuhmilchkäse verwechselt werden, löst aber definitiv ähnliche Emotionen aus.

Für einen Brotzeitkäse den Käse auskühlen und zugedeckt im Kühlschrank ruhen lassen.

ABWANDLUNG

Verwendet man **Tapiokastärke** anstelle der Maisstärke, zieht der Ofenkäse schöne Fäden. Da Tapioka nicht immer vorrätig ist, habe ich das Basisrezept mit Maisstärke gemacht.

Kräuterfrischkäse

»Bresso Style«

ZUTATEN

8 g Schnittlauch (etwa
  20 Halme)

1 kleine Knoblauchzehe,
  geschält

200 g Frischkäse (siehe
  Seite 99)

1 TL getrockneter Oregano

½ TL getrockneter Thymian

1 TL Würzhefeflocken
  (siehe Seite 119 Tipp)

Saft und abgeriebene
  Schale von 1 Bio-Zitrone

Zucker (oder Ahornsirup)

Salz

frisch gemahlener Pfeffer

• Den Schnittlauch in sehr feine Röllchen schneiden, den Knoblauch fein reiben.

• Beides mit Frischkäse, Oregano, Thymian, Hefeflocken, 1 TL Zitronensaft und je 1 Prise Zucker und Zitronenschale mischen, mit Salz und 1 großzügigen Prise Pfeffer abschmecken und bei Zimmertemperatur 2–3 Stunden zugedeckt ziehen lassen.

SEBASTIANS TIPPS

Der Kräuterfrischkäse hält sich ein paar Tage im Kühlschrank. Er schmeckt aufs Brot, zu gekochten Kartoffeln oder als Basiscreme für einen Döner oder Dürüm.

Ich bereite gerne etwas mehr zu und friere den Käse in Eiswürfelförmchen ein. Einfach drei Würfel zu gebratenem Gemüse geben oder als Basis für eine Salatsauce verwenden.

Anstelle des Frischkäses Creme Vega oder saure Sahne von Soyana verwenden.

ABWANDLUNGEN

Aus dem Kräuterfrischkäse wird ein **Kräuterquark**, indem man 3 EL Sojajoghurt und noch 1 TL Zitronensaft dazugibt, alles mit dem Schneebesen luftig aufschlägt und nach Belieben würzt.

Anstatt Thymian und Oregano kann man wunderbar **Kräuter der Provence** verwenden.

Nuss-
Parmesan

ZUTATEN

100 g Cashewkerne (oder Macadamianüsse)

2 Knoblauchzehen, geschält

4 EL Würzhefeflocken (siehe Seite 119 Tipp)

1 EL Apfelessig

1–2 TL Salz

• Die Cashewkerne im Mixer fein krümelig zerkleinern. Den Knoblauch fein reiben.

• Cashews, Knoblauch und Hefeflocken in einer Pfanne 3 Minuten bei mittlerer Hitze sanft rösten. Den Essig gleichmäßig darüber verteilen, sofort gut untermischen und alles noch 1 Minute ganz sanft rösten. Das Salz untermischen und den Nuss-Parmesan in der Pfanne auskühlen und trocknen lassen. Er kann sofort verwendet oder luftdicht verschlossen im Kühlschrank aufbewahrt werden. So hält er sich einige Wochen.

SEBASTIANS TIPPS

Parmesan ist im Original sehr salzig, hat viel Glutaminsäure und Fett. Um den gleichen Effekt zu erreichen, muss man also auch die Alternative gut salzen. Die Glutaminsäure wird durch die Hefeflocken, das Fett durch die Nüsse integriert.

Apfelessig ist ebenfalls sehr wichtig, um die saure Note des Parmesans abzudecken.

Macadamianüsse und Cashewkerne schmecken mild und neutral, doch man kann den Nuss-Parmesan mit jeder Nuss oder auch mit Pinienkernen zubereiten.

ABWANDLUNG

Ich verwende statt der Nüsse gerne die gleiche Menge **Semmelbrösel**, die ich zusammen mit 1 fein geschnittenen Knoblauchzehe in 5 EL Olivenöl goldgelb anbrate und dann wie oben beschrieben mit Essig, Salz und Hefe würze. Achtung, Suchtgefahr!

Easy

Mozzarella

Seite 106

Eingelegter
Feto
Seite 107

Nuss-
Parmesan
Seite 103

Easy
Mozzarella

ZUTATEN

3 gestr. TL Flohsamenschalen (erhältlich im Bioladen und gut sortierten Supermarkt)

50 g weißes Mandelmus (ungeröstet; oder weißes Cashewmus)

2 TL Ahornsirup

3 gestr. EL Würzhefeflocken (8 g; siehe Seite 119 Tipp)

25 g Maisstärke

1 TL Salz

40 g Kokosöl (geschmacksneutral; bei Zimmertemperatur)

250 g Sojajoghurt Natur (ohne Zusätze)

• Die Flohsamenschalen mit 8 EL Wasser mischen und 5 Minuten ziehen lassen. Inzwischen die restlichen Zutaten mit dem Stabmixer zu einer leicht klumpigen Masse verarbeiten, die Klümpchen sind das Kokosfett. Die Flohsamenschalen dazugeben und alles in 1 Minute glatt pürieren.

• Die Masse in eine kleine beschichtete Pfanne geben und bei mittlerer Hitze unter ständigem Rühren mit einem Silikonspatel oder Schneebesen sanft köcheln lassen. Nach 2–3 Minuten schmilzt das Kokosfett, dann wird die Masse auf einmal etwas weicher, bis nach etwa 2 Minuten die Stärke abbindet. Nun entsteht eine klebrige Masse, die man sogar wie einen Pfannkuchen schwenken oder hochwerfen kann. Diese mehrfach falten, damit eine schöne Struktur entsteht.

• Sobald alles zusammenhält, wird probiert. Die Stärke darf nicht mehlig herausschmecken, falls doch weiter köcheln, bis das nicht mehr der Fall ist. Die Mozzarella-Alternative in eine kleine mit Wasser benetzte Schüssel geben und am besten über Nacht im Kühlschrank fest werden lassen. Für die sofortige Verwendung 10 Minuten auskühlen lassen und dann auf die Pizza klecksen oder über die Lasagne geben.

SEBASTIANS TIPPS

Diese Alternative zu Mozzarella aus Kuh- oder Büffelmilch wird niemand mit dem Original verwechseln. Konsistenz und Struktur lösen allerdings ähnliche geschmackliche Emotionen aus, die das Ganze zum kulinarischen Vergnügen machen.

Der Mozzarella wird beim Backen weich, verläuft aber nicht.

Die Flohsamenschalen sind hier wohl die exotischste Zutat. Ich gebe sie auch gerne in meinen Smoothie, sie unterstützen die Verdauung.

Eingelegter
Feto

ZUTATEN

200 g Feto (leicht saurer, fermentierter Tofu; von Taifun)

Marinade

2 Knoblauchzehen, geschält

6 grüne Oliven, entsteint

5 EL Zitronensaft

1 EL Ahornsirup

1 TL abgeriebene Schale von 1 Bio-Zitrone

1½ TL Oregano

1 TL Rosmarinnadeln

1 TL Salz

10 EL Olivenöl

4 EL Würzhefeflocken (siehe Seite 119 Tipp)

• Den Feto in 1 cm große Würfel schneiden und in ein Schraubglas füllen.

• Den Knoblauch fein reiben. Die Oliven in Scheiben schneiden. Alle Zutaten für die Marinade gut mischen und zu dem Feto geben. Das Glas verschließen und sanft durchschütteln.

• Den Feto mindestens 1 Tag im Kühlschrank durchziehen lassen, richtig lecker wird er ab 3 Tagen. Er hält sich im Kühlschrank wunderbar 2–3 Wochen.

SEBASTIANS TIPPS

Der eingelegte Feto ist mittlerweile ein absolutes Muss in meinem Kühlschrank – er ist lecker aufs Brot, auf den Burger, als Einlage in Gemüsesuppen oder püriert als Creme.

Feto passt für diese Zubereitung hervorragend. Man kann stattdessen auch guten weißen Tofu verwenden, dann am besten 1 EL frisches Sauerkraut – also noch aktiv und lebendig – klein hacken und dazugeben. So fermentiert der Tofu leicht, entwickelt mehr Säure sowie Käsigkeit.

ABWANDLUNG

In Richtung **Harzer Käse** entwickelt sich der Feto, wenn man ihn in 1 TL Kümmelsamen, 2 EL Apfelessig, 1 EL Ahornsirup, 2 fein geriebene Knoblauchzehen, 1 TL Salz, 10 EL neutrales Rapsöl, 4 EL gute Würzhefeflocken sowie ½ TL Tomatenmark für die Farbe einlegt.

Pizzateig

Seite 110

Blitz-
»Gnocchi«
Seite 111

Pizzateig

ZUTATEN

10 g frische Hefe

375 g Weizenmehl Type 550

Salz

40 g natives Olivenöl extra

• 200 ml lauwarmes Wasser abmessen. In etwas von dem Wasser die Hefe auflösen. Das Mehl mit 1 großzügigen Prise Salz in einer großen Schüssel mischen, eine Mulde hineindrücken. Öl, Wasser und Hefewasser in die Mulde geben und mit dem Kochlöffel vermischen, bis alles gut zusammenklebt.

• Die Handflächen mit Öl benetzen und den Teig in der Schüssel 3 Minuten mit viel Kraft kneten. Dabei von oben ordentlich Druck ausüben und die Hand nach vorne wegdrücken, sodass der Teig etwas gezogen wird. Den Teig falten und wieder drücken. Wenn der Teig glatt ist, diesen in die Hand nehmen und mit viel Kraft in die Schüssel werfen, es darf richtig laut knallen. Nur keine Zurückhaltung, das macht Spaß. Den Teig etwa zehnmal schmeißen, das ist essenziell, damit das Gluten Strukturen bildet, die für die Konsistenz zuständig sind. Den Teig weitere 5 Minuten fest kneten, dann zurück in die Schüssel legen, luftdicht abdecken und an einem warmen Ort 2 Stunden gehen lassen. Er kann danach direkt zu Pizza weiterverarbeitet werden (siehe Seite 234).

• Alternativ den 2 Stunden gegangenen Teig über Nacht in den Kühlschrank stellen und 1 Stunde vor der Weiterverarbeitung herausnehmen. Die längere Ruhezeit ist ein Gamechanger: sofortige Verwendung nach dem Gehen = lecker. Verwendung nach der Nachtruhe = super. 2 Tage Ruhezeit im Kühlschrank = der Wahnsinn.

SEBASTIANS TIPPS

Für die Zubereitung in der Küchenmaschine mit drei Schaltstufen: den Teig 2 Minuten auf Stufe 1 kneten, dann auf Stufe 2 weitere 5 Minuten kneten. Am Ende mit der Hand 2 Minuten kneten.

Natürlich kann man den Teig auch mit Vollkornmehl zubereiten. Dafür die Wassermenge auf 220 ml erhöhen und den Teig definitiv über Nacht im Kühlschrank gehen lassen.

ABWANDLUNG

Für ein **Brot** den gegangenen Teig von beiden Seiten noch zweimal falten, die Enden dabei fest versiegeln. Ein Backblech mit Backpapier auskleiden, das Brot darauflegen, zudecken und 1 Stunde gehen lassen. Den Ofen auf 250 °C vorheizen, dabei eine kleine Schale mit heißem Wasser auf den Ofenboden stellen. Durch die Feuchtigkeit im Ofen geht das Brot besser auf. Das Brot auf der Oberseite mit einem scharfen Messer einschneiden und sofort in den Ofen schieben, 5 Minuten backen. Die Hitze auf 200 °C reduzieren und das Brot noch 20 Minuten backen. Den Laib aus dem Ofen nehmen, auskühlen lassen und genießen.

Blitz-

»Gnocchi«

ZUTATEN

Salz

500 g Kloßteig halb & halb (aus dem Kühlregal)

150 g Weizenmehl Type 550 (oder Dinkelmehl Type 630), plus Mehl zum Verarbeiten

• 4 l Wasser in einem Topf erhitzen, gut salzen.

• Inzwischen Kloßteig, Mehl und 1½ TL Salz mit etwa 80 ml lauwarmem Wasser in eine große Schüssel geben, gut durchmischen und kurz und sanft kneten. Nicht zu lange kneten, sonst wird der Teig durch die Kartoffeln klebrig. Je nach verwendetem Kloßteig benötigt man etwas mehr Mehl oder Flüssigkeit. Der Teig sollte zusammenhalten, leicht fluffig und leicht klebrig sein.

• Etwas Mehl auf die Arbeitsfläche geben, den Teig zu einer 2 cm dicken Rolle formen und in 2 cm lange Stücke schneiden. In die Stücke nach Belieben mit einer Gabel ein Rillenmuster drücken. Die Gnocchi ins kochende Wasser geben und bei schwacher Hitze gar ziehen lassen. Wenn sie nach etwa 2 Minuten oben schwimmen, sind sie fertig.

SEBASTIANS TIPPS

Die Gnocchi werden besonders lecker, wenn man sie nach dem Garen in etwas Olivenöl knusprig braun brät.

Natürlich kann man die kleinen Leckerbissen nicht offiziell Gnocchi nennen, sie kommen aber an das viel aufwendigere Original sehr nah ran.

ABWANDLUNG

Für **bunte Gnocchi** anstelle von Wasser Rote-Bete-Saft oder Karottensaft verwenden.

Grandioser
Pastateig

ZUTATEN

200 g Hartweizengrieß, plus Grieß zum Verarbeiten

1 EL Olivenöl

Salz

• Grieß und Öl mit 90 ml lauwarmem Wasser und 1 großzügigen Prise Salz in eine Schüssel geben, mit einer Gabel vermischen und dann mit der Hand 10 Minuten kneten. Es soll ein fester, homogener Teig entstehen.

• Den Teig in Frischhaltefolie einschlagen und 1 Stunde bei Zimmertemperatur ruhen lassen. Alternativ den Teig über Nacht im Kühlschrank ruhen lassen und 30 Minuten vor dem Weiterverarbeiten aus dem Kühlschrank nehmen, damit er Zimmertemperatur annimmt.

• Den Teig mithilfe von Gries und der Nudelmaschine oder dem Nudelholz zu Pasta ausrollen, es lassen sich damit alle Arten von Pasta formen. In einem Topf reichlich kräftig gesalzenes Wasser aufkochen und die Pasta darin etwa 30 Sekunden sprudelnd kochen. In ein Sieb abgießen und mit einer Sauce nach Wahl mischen.

SEBASTIANS TIPPS

Für Tagliatelle den Teig auf der mit Mehl bestreuten Arbeitsfläche 2 mm dünn mit dem Nudelholz ausrollen. Dabei immer wieder wenden. Den ausgerollten dünnen Fladen ordentlich mit Mehl bestäuben, aufrollen und mit einem scharfen Messer in 1 cm breite Stücke schneiden. Diese sofort auseinanderrollen, lockern und wie beschrieben kochen.

ABWANDLUNGEN

Für **Spinat-** oder **Rote-Bete-Pasta** die Hälfte des Wassers durch Rote-Bete- oder Spinatsaft ersetzen.

Luftiger
Biskuitteig
Seite 116

Mürbeteig

Seite 117

Luftiger
Biskuitteig

ZUTATEN

30 g Karotte, geschält

120 g Rohrrohrpuderzucker

110 g Speisestärke

120 g Weizenmehl Type 405

1 großzügige Prise Salz, am besten Kala Namak (Schwarzsalz)

16 g Backpulver (kein Wein- stein-Backpulver)

350 ml Sojadrink Natur

Mark von 1 Vanilleschote

85 g Sonnenblumenöl (ge- schmacksneutral), plus Öl für die Form

Saft und abgeriebene Schale von 1 Bio-Zitrone

• Die Karotte fein würfeln und in 500 ml Wasser sehr weich kochen; abgießen.

• Zucker, Stärke, Mehl, Salz und Backpulver in einer großen Schüssel mischen.

• Den Ofen auf 190 °C Ober-/Unterhitze vorheizen. Karottenwürfel, Sojadrink, Vanillemark, Öl, je 1 EL Zitronenschale und -saft mit dem Stabmixer schaumig und glatt pürieren, zur Mehlmischung gießen und zügig unterrühren.

• Backpapier über den Boden einer Springform (Ø 26 cm) legen und den Boden mitsamt Papier einspannen. Die Seiten der Springform mit Öl einpinseln, die Form auf ein Backblech stellen. Zwei Küchenhandtü- cher aus Baumwolle oder einer anderen Naturfaser in Wasser tauchen und um die Springform legen, sodass der Rand bedeckt ist.

• Den Teig in die Form gießen und im Ofen auf der mittleren Schiene 30–35 Minuten backen. Dann zur Probe ein Holzstäbchen hineinste- chen. Klebt beim Herausziehen kein Teig am Stäbchen, den Boden aus dem Ofen nehmen und auf einem Gitter auskühlen lassen. Andernfalls noch etwas länger backen.

• Den abgekühlten Boden vorsichtig aus der Form nehmen, mit Folie luftdicht zudecken und über Nacht im Kühlschrank ruhen lassen. So lässt er sich am nächsten Tag wunderbar durchschneiden.

SEBASTIANS TIPPS

Den Puderzucker kann man mit einem guten Mixer leicht selber machen.

Damit der Biskuit dem Original mit Ei und Co. in Sachen Luftigkeit ebenbürtig ist, habe ich mich für helles Auszugsmehl entschieden. Denn nur so in der Kombination mit Stärke erreicht man dieses Ziel. Verwendet man »dunklere« Mehltypen, wird der Boden dementsprechend schwerer.

Die nassen Tücher müssen aus einer Naturfaser sein. Sie verhindern, dass der Teig sofort durch die Hitze an den Seiten festklebt und sich nach oben wölbt. So geht er schön gleichmäßig auf.

ABWANDLUNG

Für einen **Schoko-Biskuit** einfach 3 EL Kakaopulver zur Trockenmischung geben.

Mürbeteig

ZUTATEN

300 g Weizenmehl Type 405

100 g Rohrohrpuderzucker

200 g kalte Margarine (Alsan; oder geschmacksneutrales Kokosöl)

1 Prise Salz

1 EL abgeriebene Schale von 1 Bio-Zitrone

- Mehl und Zucker in eine Schüssel sieben. Die Margarine in Würfel schneiden, in die Schüssel geben und mit einer Teigkarte oder ähnlichem hacken und dabei sanft mit den restlichen Zutaten vermengen. Dies dauert zwar lange, ist aber essenziell für das Gelingen des Teigs. Ist am Ende eine feine, krümelige Masse entstanden, diese ganz kurz mit den Händen zu einem homogenen Teig kneten, falls nötig 1–2 EL kaltes Wasser einarbeiten (bestenfalls funktioniert es jedoch ohne).

- Den Teig in Frischhaltefolie wickeln und mindestens 3 Stunden, besser über Nacht, im Kühlschrank ruhen lassen.

- Den Ofen auf 180 °C Umluft stellen. Den kalten Mürbeteig dünn ausrollen und acht Tarteletteförmchen (Ø 7 cm) damit auskleiden. Hierzu am besten erst den Boden ausschneiden – die Förmchen als Schablone verwenden – und diesen in die Form legen. Dann einen Streifen passend zur Förmchenhöhe schneiden und sanft an den Formrand drücken. Die Tartelettes im Ofen in 20–25 Minuten goldbraun backen, herausnehmen und abkühlen lassen.

SEBASTIANS TIPPS

Das Fett ist hier essenziell, mit Alsan und Kokosöl klappt es super. Für andere Margarinesorten kann ich nicht »die Hand ins Feuer legen«.

Am besten Mürbeteig nicht mit den Händen und immer so kurz wie möglich bzw. nur so lange wie nötig und nicht zu stark kneten, sonst wird er klebrig und beim Backen hart.

Den Teig kann man gut einfrieren.

Um sicherzustellen, dass der Teig keine Blasen wirft, kann man ihn blindbacken. Dafür vor dem Backen Backpapier in die mit Teig ausgekleideten Formen legen und mit trockenen Hülsenfrüchten oder Reis bedecken. Nach dem Blindbacken Reis oder Hülsenfrüchte in einem verschlossenen Glas aufbewahren, sie können immer wieder verwendet werden.

ABWANDLUNGEN

3 EL Kakaopulver zum Mehl sieben und so einen **Schoko-Mürbeteig** herstellen.

Für **Butterkekse** den Teig 1 cm dick ausrollen, runde Kekse ausstechen und 15 Minuten bei 190 °C backen.

Blitz-
Mayonnaise

ZUTATEN

100 g Sojasahne (z. B. Soja Cuisine von Provamel oder Natumi CreSoy; siehe Seite 35 Produkt-tipps)

3–4 TL Zitronensaft

2 TL Dijonsenf

½ TL Salz, am besten Kala Namak (Schwarzsalz; siehe Seite 39 Produkt-tipps)

1 EL Würzhefeflocken (siehe Tipp)

150 g Sonnenblumenöl (geschmacksneutral; oder Rapsöl)

• Alle Zutaten in einen Mixbecher geben und mit dem Stabmixer zu einer glatten Mayonnaise verarbeiten. Die Zutaten emulgieren auf-grund der Sojasahne als Basis sofort.

• Alternativ die Zutaten im Mixer verarbeiten, bis sie emulgieren oder alles mit dem Schneebesen emulgieren. Die Mayonnaise mit Salz und Zitronensaft abschmecken und verwenden.

SEBASTIANS TIPPS

Die Qualität der Würzhefeflocken ist wichtig. Sie müssen schön gelb und käsig sein, dürfen kaum nach Hefe und keinesfalls bitter schmecken.

Die Mayonnaise hält sich im Kühlschrank in einem ver-schlossenen Glas etwa 1 Woche, man kann sie aber auch einfrieren.

Durch die schwefelige Note des Kala Namak schmeckt die Mayonnaise authentisch nach Eiern.

ABWANDLUNGEN

Für eine **Cocktailsauce** 100 g Blitz-Mayonnaise mit 50 g Sojajoghurt, 50 g Ketchup, 1 fein geriebenen Knoblauchzehe, je 1 Prise Salz und Pfeffer und 2 EL Orangensaft nach Belieben mischen.

Für den besten **Fleischsalat** 50 g Essiggurke fein würfeln und 100 g Räuchertofu (von Taifun) in feine Streifen schneiden. Beides mit 150 g Blitz-Mayonnaise verrühren und mit Salz, Pfeffer und Essiggurkensud abschmecken. Der Salat ist vom tierischen Original nicht zu unterscheiden.

Sauce
rémoulade
Seite 122

Pink-Power-
Zwiebelpickles
Seite 123

Sauce
rémoulade

ZUTATEN

1 große Essiggurke

1 EL Kapern (in Lake)

150 g Blitz-Mayonnaise
   (siehe Seite 119)

1 EL Essiggurkensud

2 EL fein geschnittene
   Schnittlauchröllchen

1 TL Dijonsenf

1 EL fein gehackte Zwiebelpickles (siehe Seite 123;
   nach Belieben)

Salz

frisch gemahlener Pfeffer

• Die Gurke sehr fein würfeln, die Kapern fein hacken. Beides mit den anderen Zutaten locker vermischen und mit Salz und Pfeffer abschmecken.

• Die Sauce 30 Minuten im Kühlschrank ziehen lassen und erneut abschmecken.

SEBASTIANS TIPPS

Die Sauce rémoulade passt gut zu panierten Champignons oder Blumenkohlröschen. Für die Panade 100 g Kichererbsenmehl, 180 ml Gemüsebrühe (siehe Seite 94) und 2 EL Olivenöl mit dem Stabmixer vermengen und 20 Minuten ruhen lassen, dann noch mal mixen, sie muss leicht dickflüssig sein. 1 kleinen Blumenkohl in etwa 4 cm große Röschen teilen. Den Blumenkohl oder die gleiche Menge Champignons erst durch die Panade ziehen und dann in Semmelbröseln wälzen. Das Gemüse frittieren oder im Ofen bei 180 °C Umluft auf einem mit Backpapier ausgelegten Backblech 20 Minuten backen.

ABWANDLUNG

Für eine **mediterrane Remoulade** ein paar fein geschnittene in Öl eingelegte Tomaten und Oliven anstatt der Essiggurke verwenden. Noch 1 Prise Oregano dazu und schon sind Sandwich, Burger und Co. mediterran.

Pink-Power-
Zwiebelpickles

ZUTATEN

2 große rote Zwiebeln, geschält, Wurzeln und Blüten großzügig abgeschnitten

1 EL Salz

Essigsud

200 ml milde Gemüsebrühe (oder Wasser)

200 ml Apfelessig

30 g Zucker

1 TL Salz

frisch gemahlener Pfeffer

2 EL Senfkörner (nach Belieben)

2 Kardamomkapseln (nach Belieben)

1 Lorbeerblatt (nach Belieben)

3 Wacholderbeeren (nach Belieben)

- Die Zwiebeln längs halbieren, längs in etwa 3 mm dicke Streifen (nicht in Halbringe) schneiden, mit dem Salz in einen tiefen Teller geben und leicht kneten. Einen identischen Teller auf die Zwiebeln stellen und beschweren. Die Zwiebeln 10 Minuten ziehen lassen, bis deutlich Wasser austritt.

- Für den Sud Brühe oder Wasser, Essig, Zucker, Salz, 1 Prise Pfeffer und die Gewürze nach Belieben in einen Topf geben und aufkochen. Die Zwiebelstreifen in ein Sieb geben, mit Wasser abbrausen und dann zu dem Sud geben; aufkochen.

- Den Topf vom Herd nehmen, die Zwiebeln kurz ziehen lassen und noch kochend heiß mitsamt Sud in ein sauberes Glas füllen; auskühlen lassen.

- Die Pickles kühl stellen und idealerweise noch 1 Woche ziehen lassen. Sie sind ein absolutes Muss im Kühlschrank, halten sich dort wochenlang und können bei Bedarf verwendet werden.

SEBASTIANS TIPPS

Die Zwiebeln bereichern Sandwich & Burger und sind auch perfekt auf dem Salat, da sie mit ihrer Süße, Säure und Textur drei Faktoren beisteuern, mit denen jedes Gericht interessanter wird.

Ahornsirup, Kokosblütensirup oder Datteln sind eine gute Alternative für den Zucker.

ABWANDLUNGEN

Auch in feine Streifen geschnittenen **Fenchel** oder **rote Paprikaschoten** kann man auf diese Art prima zu Pickles verarbeiten.

Samtsauce
à la Béchamel

ZUTATEN

100 g vegane Butter (siehe Seite 35 Produkttipps)

50 g Weizenmehl Type 405

1 l Sojadrink Natur (ohne Zuckerzusatz)

4 EL Würzhefeflocken (Naturata oder Erntesegen; siehe Seite 119 Tipp)

Muskatnuss, frisch gerieben

frisch gemahlener weißer Pfeffer

½ TL Salz

• Die Butter in einem Topf bei schwacher Hitze erwärmen. Das Mehl langsam hinzufügen, dabei ständig mit dem Schneebesen rühren, damit keine Klumpen entstehen. Den Sojadrink erwärmen und mit der Schöpfkelle zur Mehlschwitze geben, die Sauce nach jeder Zugabe mit dem Schneebesen glatt rühren. Falls die Béchamel zu schnell andickt, den Topf vom Herd nehmen und den Sojadrink kellenweise einrühren.

• Die fertige Béchamel sanft aufkochen lassen, dabei ständig rühren, damit sie nicht anbrennt. Sie muss etwa 10 Minuten köcheln, bis man das Mehl nicht mehr schmeckt. Die Sauce mit Hefeflocken, je 1 großzügigen Prise Muskat und Pfeffer sowie Salz abschmecken.

SEBASTIANS TIPPS

Die Sauce kann man portionsweise einfrieren.

Samtsauce ist eine perfekte Basis für Saucen, beispielsweise eine Champignonrahm- oder eine käsige Sauce.

Für eine glutenfreie Variante kann man Reismehl anstelle von Weizenmehl verwenden, der Sojadrink lässt sich durch eine gute neutrale vegane Barista-Milch ersetzen.

ABWANDLUNGEN

Für eine **Paprika-Kräuter-Sahnesauce** 1 grüne Paprikaschote säubern und 1 kleine Zwiebel schälen. Beides sehr fein würfeln und in etwas Öl glasig anschwitzen, 100 ml trockenen Weißwein angießen und auf die Hälfte einkochen lassen. 200 ml Gemüsebrühe, 200 g der Samtsauce und 100 g Sojasahne dazugeben und sanft einkochen, bis die Sauce eine schöne Konsistenz hat. 1 Handvoll fein geschnittene Petersilie oder Kerbel dazugeben, mit Salz und Pfeffer abschmecken.

Für eine **Trüffel-Velouté** 1 kleine Zwiebel und 2 Knoblauchzehen schälen, sehr fein würfeln und in etwas Öl glasig anschwitzen. 50 ml trockenen Weißwein angießen und auf die Hälfte einkochen lassen. 200 ml Gemüsebrühe und 200 g der Samtsauce dazugeben und sanft einkochen, bis die Velouté eine schöne Konsistenz hat. 1 kleine Perigord-Trüffel fein würfeln und zusammen mit 3 EL gutem natürlichem Trüffelöl (durch Vakuum aromatisiert) abschmecken – zusammen mit frischer Pasta ein Traum.

Schnelle

Bratensauce

ZUTATEN

2 große Zwiebeln, geschält (300 g)

¼ Sellerie, geputzt (140 g)

1 Karotte (120 g)

60 g Lauch, nur der grüne Teil

1 kleine mehligkochende Kartoffel

40 g Tellerlinsen

30 g Kokosöl (geschmacks-neutral)

3 Stängel Petersilie

3 Lorbeerblätter

1 Zweig Rosmarin

3 Pfefferkörner

500 ml trockener kräftiger Rotwein (mind. 13,5 Vol.-% Alkohol)

2 EL Tomatenmark

2 EL Würzhefeflocken (siehe Seite 119 Tipp)

1 EL Mehl

1 l milde Gemüsebrühe

1 EL geriebene Zartbitter-schokolade

2 EL Sojasauce

• Die Zwiebeln grob würfeln. Sellerie und Karotte ebenfalls grob würfeln. Den Lauch sorgfältig waschen und in Streifen schneiden. Die Kartoffel fein würfeln. Einen 5 l fassenden Topf stark erhitzen. Die zerkleinerten Zutaten mit Linsen, Öl, Kräutern und Pfeffer hineingeben und bei starker Hitze 5 Minuten anbraten. Zwischendurch den Bratensatz mit einem Pfannenwender aus Holz lösen, am Topfboden MUSS eine schöne dunkelbraune Farbe gleichmäßig zu sehen sein.

• Mit 150 ml Wein ablösen, mit dem Pfannenwender den Bratensatz vom Topfboden lösen, den Wein verkochen lassen und warten, bis sich neue Röstaromen am Topfboden gebildet haben, und diese lösen. Wenn sich der Bratensatz nicht mehr abschaben lässt, erneut 150 ml Wein angießen und mit dem Pfannenwender die Röstaromen vom Topfboden lösen, den Wein verkochen lassen.

• Tomatenmark, Hefeflocken und Mehl dazugeben. Achtung, jetzt geht es schneller mit den Röstaromen. Wieder schaben, bis es nicht mehr geht, und dann mit dem restlichen Wein (200 ml) ablösen. Den Bratensatz vom Topfboden lösen, die Brühe angießen und die Schokolade dazugeben. Die Sauce aufkochen und zugedeckt bei mittlerer Hitze 30 Minuten köcheln lassen, dann durch ein feines Sieb passieren. Die Sauce noch mal aufkochen und mit der Sojasauce abschmecken.

ABWANDLUNGEN

Für eine **Port-Jus** 200 ml guten Portwein in einen kleinen Topf geben und auf etwa ein Drittel einkochen. 200 g der Bratensauce und 50 g vegane Butter dazugeben und köcheln lassen, bis die Sauce schön andickt. Mit einem kleinen Schuss Portwein abschmecken.

Für **Sauce Robert** 1 kleine Zwiebel schälen, fein würfeln und in 50 g veganer Butter anschwitzen. 100 ml trockenen Weißwein angießen und um die Hälfte einkochen lassen. 200 g der Bratensauce dazugeben und einkochen lassen, bis sie andickt. Vom Herd nehmen und mit 1 TL Senf abschmecken.

Für eine **Wildsauce** 1 Zwiebel schälen, fein würfeln und mit 3 Gewürznelken, 1 Sternanis sowie 2 Wacholderbeeren in 50 g veganer Butter anschwitzen. 100 ml Johannisbeersaft angießen und um die Hälfte einkochen lassen. 200 g Bratensauce dazugeben und sanft einkochen, bis sie andickt und glänzt. Die Gewürze entfernen, die Sauce abschmecken.

SEBASTIANS TIPPS

Selbst wenn man ihn gut einkochen lässt, bleibt ein Rest Alkohol in der Sauce. Wer das nicht möchte, kann den Wein gegen 400 ml milde Gemüsebrühe und 100 ml Aroniasaft austauschen. Das schmeckt zwar etwas anders, aber auch sehr lecker.

Das ausgedrückte Gemüse (die Lorbeerblätter entfernen) röste ich mit etwas Olivenöl beträufelt auf einem Backblech 15 Minuten bei 200 °C im Ofen und genieße es als Beilage zu knusprigen Tofuscheiben und etwas Samtsauce.

Chili-
ohne-Carne-Sauce

ZUTATEN

½ kleine rote Paprikaschote, geputzt (etwa 50 g)

1 große rote Zwiebel,
geschält

3 Knoblauchzehen,
geschält

1½ TL Kreuzkümmelsamen

3 EL Olivenöl

120 g Kidneybohnen (aus
der Dose oder dem Glas)

1–2 TL Paprikapulver rosenscharf

240 g Tomatenstücke (aus
der Dose oder dem Glas)

30 g Zartbitterschokolade

2 TL gerebelter Oregano

2 EL Sojasauce

Salz

frisch gemahlener Pfeffer

Gemüsebrühe (nach
Belieben)

• Die Paprika grob würfeln, Zwiebel und Knoblauch würfeln.

• Einen Topf stark erhitzen, Paprika, Knoblauch, Zwiebel und Kreuzkümmel mit dem Öl hineingeben und 4 Minuten scharf anbraten, bis
sich deutlich braune Röststellen zeigen. Kidneybohnen und Paprikapulver dazugeben und kurz braten, dann Tomaten und Schokolade hinzufügen, sanft aufkochen. Die restlichen Zutaten in den Topf geben und
alles mit dem Stabmixer zu einer sämigen Sauce pürieren. Je nach Bohnen und Konsistenz etwas Gemüsebrühe hinzufügen. Die Sauce 15 Minuten köcheln lassen und abschmecken.

SEBASTIANS TIPPS

Chili ohne Carne als Sauce? Eventuell etwas ungewöhn-
lich, aber genial. Von der Sauce am besten immer die
doppelte Menge machen und dann portionsweise einfrieren. Mit ihr als Basis kann man im Handumdrehen
ein leckeres Chili kochen. Sie schmeckt aber auch kalt
als Dip, als Sauce auf Burger oder Sandwich anstelle von
Ketchup oder heiß zu Reis, knusprigem Tofu oder ge-
dämpftem Brokkoli als schnelles Essen.

Wer es gerne schärfer mag, gibt einfach noch frische
Chilischote dazu.

ABWANDLUNG

Für ein **Blitz-Chili** mit tiefgekühlter – und aufgetauter – Sauce einfach 1 Zwiebel schälen
und fein würfeln, 1 kleine grüne Paprikaschote putzen und würfeln und mit 2 EL Olivenöl
und 100 g veganem Hack in einer Pfanne bei starker Hitze braun anbraten; mit der Sauce
ablöschen. 100 g Kidneybohnen und nach Belieben Mais dazugeben und 15 Minuten
köcheln lassen, mit Sojasauce, Chiliflocken, Kreuzkümmel und Oregano abschmecken.

Grüne

Kokos-Curry-Sauce

ZUTATEN

3 g Ingwer

1 Zwiebel, geschält (80 g)

2 Knoblauchzehen, geschält

15 g Koriandergrün (oder Basilikum)

2 EL Olivenöl (oder Kokos-öl)

1 EL gelbe oder grüne Thai-Currypaste

100 ml würzige Gemüse-brühe

100 ml Kokosmilch

30 g junger Spinat

120 g weiße Bohnen (aus der Dose oder dem Glas)

1 EL Erdnussmus

Saft und abgeriebene Schale von 1 Bio-Zitrone

1 EL Sojasauce

Salz

frisch gemahlener Pfeffer

1 EL Ahornsirup

• Den Ingwer fein reiben. Die Zwiebel würfeln, den Knoblauch reiben oder durchpressen. Den Koriander fein hacken.

• Das Öl in einem Topf erhitzen, Ingwer und Zwiebel darin leicht braun anbraten. Currypaste und Knoblauch hinzugeben und 20 Sekunden braten, mit Brühe und Kokosmilch ablöschen. Spinat, Bohnen, Erdnussmus, 1 TL Zitronenschale und Sojasauce dazugeben und 5 Minuten köcheln lassen, den Koriander hinzufügen. Die Sauce mit dem Stabmixer glatt pürieren, noch einige Minuten köcheln lassen, damit sie andickt, und mit Salz, Pfeffer, Ahornsirup und 1–2 EL Zitronensaft abschmecken.

SEBASTIANS TIPPS

Statt mit Currypaste mit gutem Currypulver würzen, davon benötigt man jedoch weniger.

Die Sauce kann in Eiswürfelformen eingefroren werden. Zwei Würfel davon, zum Beispiel in einer Gemüsepfanne, bringen schnell viel Geschmack. Übrigens: Sobald die Sauce gefroren ist, kann man sie natürlich in einen anderen Behälter umfüllen.

Anstelle von Erdnussmus kann man wunderbar weißes Mandel- oder Cashewmus oder Tahin verwenden.

ABWANDLUNGEN

Ich gebe gerne vor dem Pürieren 100 g reife **Mango** oder **Banane** in die Sauce. Dadurch bekommt sie eine schöne fruchtige Note. In dem Fall kann man den Ahornsirup weglassen.

Käsiges
Sößchen
Seite 137

Salatsauce
Seite 136

Kräuter-
Joghurt-Sauce
Seite 135

Grüne
Salsa
Seite 134

Tomaten-Joghurt-Dressing
Seite 136

Balsamico-Erdbeer-Dressing
Seite 136

Grüne
Salsa

ZUTATEN

2 große Schalotten, geschält

1 kleine grüne Jalapeño-Chilischote, entkernt

1 Bund glatte Petersilie

1 Bund Koriandergrün (oder Basilikum)

1 kleine Knoblauchzehe, geschält

8 EL mildes, hochwertiges Olivenöl

1 TL gerebelter Oregano

1 Prise Zimt

4 EL Limettensaft

1 EL Ahornsirup

Salz

frisch gemahlener Pfeffer

• Schalotten und Chilischote halbieren. Petersilie und Koriandergrün mitsamt den Stielen sehr fein hacken. Den Knoblauch fein reiben.

• Eine Pfanne stark erhitzen, Schalotten und Jalapeño ohne Zugabe von Öl hineingeben und 2 Minuten stark anrösten, dabei regelmäßig wenden. Es müssen deutlich dunkelbraune Röststellen zu sehen sein.

• Beides zusammen mit allen anderen Zutaten in einen Mixbecher geben und mit dem Stabmixer zu einer leicht stückigen Masse zerkleinern. Mit Limettensaft, Salz und Pfeffer abschmecken.

SEBASTIANS TIPPS

Das Anrösten von Chili und Schalotte ist essenziell für den Geschmack.

Ich liebe die Sauce als Dip zum Grillen, als Sauce für Burger und Sandwich, als Topping auf Reis und gegrilltem Gemüse oder als Geschmacksturbo in Salatsauce und Co.

Mit zusätzlich 1 EL Mandelmus wird die Salsa cremiger – anders und ebenso lecker.

½ grünen Apfel reiben und dazugeben, funktioniert auch hervorragend.

Kräuter-Joghurt-Sauce
mit geröstetem Knoblauch

ZUTATEN

1 Knoblauchknolle

2 EL Olivenöl

3 Stängel Petersilie

3 Stängel Koriandergrün
(oder Dill)

100 g Sojajoghurt Natur

50 g weiße Bohnen (aus
der Dose oder dem Glas)

Saft und abgeriebene
Schale von 1 Bio-Zitrone

2 EL weißes Cashewmus
(oder Mandelmus)

Salz

frisch gemahlener Pfeffer

• Den Ofen auf 150 °C Umluft stellen. Die Knoblauchknolle waagrecht halbieren. Das Öl in eine kleine ofenfeste Pfanne geben und den Knoblauch mit der Schnittfläche nach unten hineinlegen. Für 20 Minuten in den Ofen stellen.

• Inzwischen Petersilie und Koriander hacken und mit Joghurt, Bohnen, 2 EL Zitronensaft, 1 TL Zitronenschale und Cashewmus in einen Mixbecher geben.

• Den Knoblauch aus dem Ofen nehmen und etwas auskühlen lassen, dann die weichen Zehen aus der Schale in den Mixbecher drücken. Auch das Öl aus der Pfanne hinzufügen. Alle Zutaten mit dem Stabmixer glatt pürieren, mit Salz, Pfeffer und Zitronensaft abschmecken.

SEBASTIANS TIPPS

Die Sauce kann man in Eiswürfelförmchen einfrieren.

Für einen eher festen Kräuterjoghurt alle Zutaten bis auf Joghurt und Cashewmus mit dem Stabmixer glatt pürieren. Joghurt und Mus vorsichtig unterziehen.

Die Sauce funktioniert grandios als Salatsauce, einfach etwas mehr Zitronensaft dazugeben.

Anstelle von Nussmus kann man vegane saure Sahne oder vegane Crème fraîche verwenden (siehe Seite 35 Produkttipps).

Den Sojajoghurt kann man durch guten Cashew-/ oder Kokosjoghurt ersetzen.

Salatsauce

ZUTATEN

Senfdressing

75 g Olivenöl

60 ml Apfelessig

1½ EL Senf

½ TL Salz

2 EL Ahornsirup (oder 1 TL
 Zucker oder 2 weiche
 Deglet-Datteln)

40 ml milde Gemüsebrühe

10 Basilikumblätter

• Alle Zutaten in einem Mixer oder mit dem Stabmixer glatt pürieren und nach Belieben mit Säure, Süße und Salz abschmecken.

SEBASTIANS TIPPS

Am besten immer die doppelte Menge zubereiten. Die Sauce hält sich wunderbar ein paar Tage im Kühlschrank, und so hat man schnell einen leckeren Salat fertig.

ABWANDLUNGEN

Für ein **Balsamico-Erdbeer-Dressing** den Apfelessig durch dunklen Balsamicoessig ersetzen und vor dem Pürieren zusätzlich 50 g frische oder tiefgekühlte Erdbeeren zugeben. Diese Variante passt ausgezeichnet zu Rucola oder grünem Spargel oder auch zum selbst gemachten easy Mozzarella (siehe Seite 106).

Für ein **Tomaten-Joghurt-Dressing** 100 g Sojajoghurt Natur dazugeben und das Basilikum durch 5 getrocknete, in Öl eingelegte Tomaten ersetzen. Schmeckt frisch-tomatig.

Käsiges
Sößchen

ZUTATEN

1 Karotte, geschält (80 g)

2 kleine Kartoffeln, geschält (100 g)

100 g Cashewbruch

½ Zwiebel, geschält (50 g)

1 Knoblauchzehe, geschält

2 EL Olivenöl

4 EL Würzhefeflocken (siehe Seite 119 Tipp)

1 TL mittelscharfer Senf

1 TL Salz

45 g frisches Sauerkraut

• Karotte und Kartoffeln fein würfeln.

• 1 l Wasser aufkochen, Gemüse und Cashews hineingeben und 15 Minuten sanft kochen. Gemüse und Cashews in ein Sieb abgießen, das Wasser dabei auffangen.

• Währenddessen die Zwiebel fein würfeln. Knoblauch und Zwiebel in einer kleinen Pfanne mit 1 TL Olivenöl in 5 Minuten sanft anrösten.

• Die Zwiebel und Knoblauch zusammen mit 400 ml des Kochwassers, Cashewbruch und Gemüse sowie den restlichen Zutaten in einem Mixbecher zu einer glatten Sauce pürieren, würzig abschmecken.

SEBASTIANS TIPPS

Die Sauce lässt sich hervorragend in Eiswürfelförmchen einfrieren. So hat man immer eine perfekte Basis für schnelle Mac 'n' Cheese. Oder man dämpft etwas Brokkoli, gibt zwei käsige Eiswürfel dazu, lässt sie auftauen, mischt alles, und fertig ist eine grandiose Beilage.

Das Sauerkraut ist essenziell, denn Säure und Milchsäurebakterien (die sind vegan bei Sauerkraut) verleihen der Sauce eine hervorragende käsige Note. Gibt man das Sauerkraut erst nach dem Pürieren zu der auf Zimmertemperatur abgekühlten Sauce, reift die Sauce die nächsten 2–3 Tage im Kühlschrank weiter, und der käsige Geschmack nimmt zu. Das Wunder der Fermentation.

ABWANDLUNG

Für eine Sauce im **Smoky Kimchi Style** nehme ich anstelle von Sauerkraut gerne frisches Kimchi. Das gibt ordentlich Wumms und Umami-Aroma und schmeckt hervorragend. Dann noch 1 großzügige Prise geräuchertes Paprikapulver dazu, ein Traum.

FRÜHSTÜCK, SNACKS & SANDWICHES

Damit jeder Tag gut startet, bedarf es bester süßer oder deftiger Frühstücksvariationen. Für alle, die wenig Zeit haben, bieten wir hier auch unzählige leckere Kleinigkeiten & Snacks to go.

Schoko-Protein-
Smoothie
Seite 143

To go:

BananOat-Frühstücksbars

mit Bananenshake

Seite 142

To go:

BananOat-Frühstücksbars

mit Bananenshake

ZUTATEN

Frühstücksbars

2 große, reife Bananen (etwa 250 g Fruchtfleisch)

8 Deglet-Datteln, entsteint

4 EL Kürbiskerne

100 g Haferflocken (Feinblatt)

2 EL Chiasamen (oder gelbe Leinsamen)

Bananenshake

750 ml Sojadrink (oder eine Pflanzenmilch nach Wahl)

1 Banane (etwa 120 g Fruchtfleisch)

1 TL gemahlener Zimt

2 EL Mandelmus

• Den Ofen auf 180 °C Ober-/Unterhitze vorheizen. Die Bananen mit einer Gabel zerdrücken. Die Datteln fein würfeln, die Kürbiskerne grob hacken. Alle Zutaten für die Bars mischen und 10 Minuten ziehen lassen.

• Die Masse quadratisch etwa 2 cm dick auf eine Backmatte oder Backpapier streichen und 25 Minuten im Ofen backen. Aus dem Ofen nehmen, auskühlen lassen und in Riegel schneiden.

• Während die Bars abkühlen, alle Zutaten für den Shake in einem Mixer oder mit dem Stabmixer glatt pürieren.

SEBASTIANS TIPPS

Die Kombi ist grandios: Shake in den To-go-Becher füllen, Riegel in die Box legen, und schon ist man perfekt versorgt. Optimal ist es, wenn man die Bars am Vortag zubereitet.

ABWANDLUNGEN

Die Bananen im Riegel lassen sich wunderbar durch weich gekochte **Süßkartoffel** ersetzen. Im Shake schmecken auch **Mango**, **Nektarine** oder **Heidelbeeren** super.

Schoko-Protein-
Smoothie

ZUTATEN

240 g weiße Bohnen (aus der Dose oder dem Glas)

10 weiche Datteln, entsteint

2 große Bananen (oder 1 reife Birne, vom Kerngehäuse befreit und geschält)

800 ml Sojadrink mit extra Calcium (oder eine andere Milchalternative)

4 EL Haferflocken (Feinblatt)

3 EL Kakaopulver

6 EL Haselnussmus (oder Cashew- oder Mandelmus)

½ TL gemahlener Zimt

1 EL Zitronensaft

1 Prise Salz

• Die Bohnen mit heißem Wasser gut abspülen. Die Datteln fein würfeln, die Bananen schälen.

• Alle Zutaten in einen Mixbecher geben und mit dem Stabmixer zu einem glatten Shake pürieren.

SEBASTIANS TIPPS

Mit einem leistungsstarken Mixer wird der Shake noch glatter und cremiger.

Die Kombi Banane, Schoko und Haselnuss ist einfach genial, kann aber natürlich abgewandelt werden.

ABWANDLUNG

Anstelle von Kakao kann man wunderbar 100 g tiefgekühlte **Heidelbeeren** verwenden.

Joghurtbowl
mit Beerensahne und Früchten

ZUTATEN

100 g Beerenmix (TK)

2 Deglet-Datteln, entsteint

60 g Sojasahne (siehe Seite 35 Produkt-tipps)

2 Bananen

1 Apfel

400 g Sojajoghurt Natur (ungesüßt)

1 EL weißes Mandelmus (oder weißes Cashew-mus)

2–4 EL geröstete Nüsse nach Wahl

• Die Beeren etwas antauen lassen, die Datteln fein würfeln. Die Beeren mit Sojasahne und Datteln mischen und etwas zerdrücken. Die Bananen leicht schräg in dünne Scheiben, den Apfel in feine Stifte schneiden.

• Joghurt und Mandelmus verrühren und in zwei Schalen geben. Die Beerensahne darauf verteilen und leicht einrühren für einen attraktiven »Swirl«. Das Obst darauf anrichten und mit den Nüssen bestreut servieren.

SEBASTIANS TIPPS

Die ersten Versuche mit Sojajoghurt können enttäuschend sein, wenn man die falsche Marke (siehe Seite 35 Produkttipps) erwischt und den Geschmack von Kuhmilchjoghurt erwartet. Für mich ist das Mandelmus hier ein Gamechanger, denn es macht den Joghurt viel gehaltvoller, cremiger und süßer, sodass er fast griechischem Joghurt ähnelt. Die Kombi mit der Beerensahne rundet das Ganze wunderbar ab.

ABWANDLUNGEN

Sowohl Obst als auch Joghurtsorte können nach Belieben ausgetauscht werden. **Heidelbeersahne** ist genial. Wildheidelbeeren sind im Gegensatz zu Kulturheidelbeeren deutlich kleiner und aromatischer und enthalten ein Vielfaches an gesunden Antioxidantien.

Kokos- oder **Cashewjoghurt** schmecken auch wunderbar.

Pfannkuchenröllchen
mit Joghurt und Früchten

ZUTATEN

Pfannkuchen

150 g Weizenmehl Type 405

2 EL Speisestärke

7,5 g Rohrohrzucker (oder Ahornsirup)

1 Prise Salz

240 ml Sojadrink

1–2 EL Bratöl (geschmacksneutral)

Topping

2 süßsaure Äpfel

2 Bananen

240 g Sojajoghurt Natur

1 Prise gemahlener Zimt

• Die trockenen Zutaten für die Pfannkuchen in eine Schüssel sieben und mithilfe eines Schneebesens mit dem Sojadrink glatt verrühren. Den Teig in einen Messbecher füllen und 10 Minuten ruhen lassen.

• Inzwischen für das Topping die Äpfel vom Kerngehäuse befreien und in feine Streifen schneiden, etwas davon zum Dekorieren beiseitelegen. Eine Banane leicht schräg in Scheiben schneiden. Die andere Banane mit einer Gabel zerdrücken und mit Äpfeln, Joghurt und Zimt mischen.

• Eine kleine beschichtete Pfanne mit 1 TL Öl bei mittlerer Hitze erwärmen. Etwa ein Viertel des Teiges vorsichtig hineingießen und die Pfanne schwenken, bis er den Pfannenboden bedeckt. Braten, bis die Unterseite leicht braun ist, wenden und die andere Seite braten. So vier Pfannkuchen braten und aufeinanderstapeln.

• Auf jedem Pfannkuchen Banane und etwas Banane-Apfel-Joghurt verteilen. Die Pfannkuchen aufrollen, diagonal in Stücke schneiden, attraktiv anrichten und mit dem restlichen Joghurt und Apfel garnieren.

ABWANDLUNGEN

Für **Schoko-Pfannkuchen** auf die gewendeten Pfannkuchen in der Pfanne Zartbitter-Schokotropfen geben.

Für **deftige Pfannkuchen** den Rohrohrzucker weglassen und 2 EL sehr fein gewürfelten Räuchertofu auf den gerade in der Pfanne verteilten Teig streuen. Die Pfannkuchen von beiden Seiten knusprig braten und mit etwas Pilzrahmsauce (siehe Seite 226) servieren.

Das Topping variieren und beispielsweise mit **Kokos- oder Cashewjoghurt** zubereiten.

SEBASTIANS TIPPS

Die Stärke verleiht dem Teig eine eiähnliche Beschaffenheit. Für etwas gelbere Pfannkuchen koche ich 30 g Karottenwürfel sehr weich und püriere diese mit dem Sojadrink, bevor der Teig final gemischt wird. Man kann auch Kurkuma verwenden, aber wegen des gelbgrünen Stichs erinnert die Farbe nicht an Eierpfannkuchen.

Wer fluffigere Pfannkuchen bevorzugt, kann ½ TL Backpulver unters Mehl mischen.

Für vollwertigeren Genuss kann das Mehl durch Vollkornmehl ausgetauscht werden. Hier muss etwas mehr Flüssigkeit zugegeben werden, und der Teig wird nicht ganz so locker.

Fluffige
Buchweizen-Pancakes
mit sahnigen Birnen

ZUTATEN

Pancakes
200 g Buchweizenmehl

10 g Zucker

2 TL Backpulver

1 Prise Salz

300 ml Sojadrink

Bratöl zum Braten

Topping
2 reife Birnen (etwa 200 g)

1 Spritzer Zitronensaft

80 g Pflanzensahne (siehe
Seite 35 Produkttipps)

2 EL Mandelblättchen,
geröstet

Ahornsirup (nach Belieben)

• Für die Pancakes die trockenen Zutaten in einer Schüssel gut vermischen und den Sojadrink mit einem Schneebesen unterrühren.

• Eine beschichtete Pfanne bei mittlerer Hitze erwärmen. 1 TL Bratöl mithilfe eines Pinsels darin verstreichen und eine Schöpfkelle Teig hineingeben. Den Pancake von jeder Seite in etwa 2 Minuten leicht knusprig braten, herausnehmen und auf einen Teller legen. Auf diese Weise sämtliche Pancakes braten, auf dem Teller stapeln und zudecken.

• Die Birnen vom Kerngehäuse befreien, fein würfeln und mit Zitronensaft und Sahne verrühren. Die Pancakes mit Birnentopping und Mandelblättchen garnieren und nach Belieben mit Sirup servieren.

SEBASTIANS TIPPS

Für fluffige Pancakes den Teig direkt nach dem Anrühren braten, da die Wirkung des Backpulvers nachlässt.

Sojadrink ist fürs Backen und luftige Teige optimal. Andere Pflanzendrinks gehen auch, aber Luftigkeit wird eingebüßt.

ABWANDLUNG

Wer den nussigen Buchweizengeschmack zu intensiv findet, kann die Hälfte des Mehls durch **Weizen-** oder **Dinkelmehl** (Type 405 bzw. 630) ersetzen. Je nach Mehlqualität muss eventuell die Flüssigkeitsmenge angepasst werden. Der Teig soll dickflüssig und luftig sein.

Zitroniges Porridge
mit cremigem Blaubeer-Topping

ZUTATEN

Porridge

6 Deglet-Datteln, entsteint

100 g Haferflocken (Fein-blatt)

500 ml Haferdrink

¼ TL gemahlener Zimt

1 Prise Salz

1 EL abgeriebene Schale von 1 Bio-Zitrone

100 g Hafer- oder Soja-sahne (siehe Seite 35 Produkttipps; oder 1 EL weißes Mandelmus, mit 5 EL Wasser verrührt)

Topping

4 Deglet-Datteln, entsteint

200 g Wildheidelbeeren (TK)

150 g Hafer- oder Soja-sahne (siehe Seite 35 Produkttipps)

2 EL grob gehackte, gerös-tete Nüsse nach Wahl

• Für das Porridge die Datteln würfeln. Alle Zutaten bis auf die Sahne in einen Topf geben, unter ständigem Rühren aufkochen und dann 2 Minuten kochen lassen. Den Herd ausschalten und das Porridge 5–8 Minuten bei gelegentlichem Rühren quellen lassen. Zum Schluss die Sahne luftig einrühren.

• Während das Porridge quellt, für das Topping die Datteln würfeln und mit Heidelbeeren und Sahne verrühren.

• Das Porridge in zwei Schalen füllen und mit den sahnigen Heidel-beeren toppen. Diese für eine attraktive Marmorierung eventuell etwas unterziehen und mit den Nüssen garnieren.

SEBASTIANS TIPPS

Anstelle einfacher Hafersahne kann man für das Por-ridge auch vegane Schlagsahne verwenden. Diese aufschlagen und kurz vor dem Servieren unter das Porridge heben. So wird es unglaublich luftig.

ABWANDLUNGEN

Gerne reibe ich 1 **Apfel** sehr fein und koche diesen anstelle der Datteln im Porridge mit.

Himbeeren und **Erdbeeren** machen sich als Topping anstelle der Wildheidelbeeren auch sehr gut.

Chorizo-Style-
Superstulle

ZUTATEN

400 g saftiger Räuchertofu (z. B. von Taifun; oder Seitan)

2 kleine gelbe Paprikaschoten, geputzt (150 g)

2 Spritzer Zitronensaft

1 TL Salz

frisch gemahlener Pfeffer

2 EL fein gehackte Petersilie

4 große, dicke Scheiben Bauernbrot

80 g vegane Crème fraîche (oder vegane saure Sahne; siehe Seite 35 Produkttipps)

frische Kräuter (nach Belieben; z. B. Petersilie oder Kresse)

Marinade

1 Knoblauchzehe, geschält

1 TL getrockneter Majoran

4 EL Olivenöl

2 gestr. TL Salz

1 Prise frisch geriebene Muskatnuss

2 TL Paprikapulver edelsüß

½ TL Paprikapulver rosenscharf (nach Belieben)

1 TL Apfelessig

• Den Tofu halbieren, auf die Schnittfläche stellen, mit einem sehr scharfen Messer in hauchdünne Scheiben schneiden und in eine kleine Schüssel geben.

• Für die Marinade den Knoblauch fein reiben oder durchpressen und mit sämtlichen anderen Zutaten mischen. Den Tofu mit der Marinade vermengen und mindestens 15 Minuten, besser jedoch über Nacht im Kühlschrank ziehen lassen. Eine beschichtete Pfanne erhitzen und den marinierten Tofu darin von jeder Seite 2–3 Minuten leicht kross braten; herausnehmen und kalt stellen. So bekommt er eine festere Textur.

• Die Paprika in feine Streifen schneiden und mit Zitronensaft, Salz, 1 großzügigen Prise Pfeffer und Petersilie vermengen; mit der Hand kräftig durchkneten.

• Das Brot im Toaster oder in einer Pfanne rösten, mit veganer Crème fraîche bestreichen und Tofu sowie Paprika darauf anrichten. Nach Belieben mit Kräutern garnieren und genießen.

ABWANDLUNG

Für **Beetroot & Sellerie Chorizo Style** ganze Rote-Bete- und Sellerieknollen mit Öl einreiben und im Ofen bei 180 °C 45 Minuten (Rote Bete) bis 2 Stunden (Sellerie) backen. Die Knollen auskühlen lassen, hauchdünn aufschneiden und wie im Rezept beschrieben weiter verfahren. Aufwendig? Definitiv! Besonders und lecker? Definitiv!

Rührtofu

aka Rührei auf knusprigem Brot

Seite 157

Eiersalat-Brote

Seite 156

Eiersalat-
Brote

ZUTATEN

Eiersalat

1 große Karotte, geschält (120 g)

80 g Spirelli-Nudeln

240 g Kichererbsen (aus der Dose oder dem Glas)

½ Stange Sellerie (80 g)

100 g Blitz-Mayonnaise (siehe Seite 119)

150 g Sojajoghurt Natur (ungesüßt)

1 EL mittelscharfer Senf

2 EL feine Schnittlauchröllchen

1 TL Kala Namak (Schwarzsalz; siehe Seite 39 Produkttipp)

2 große, dicke Scheiben Bauernbrot

1 EL fein geschnittene Petersilie

2 Radieschen

• Die Karotte der Länge nach in 1 cm dicke Streifen schneiden und zusammen mit den Nudeln in gesalzenem Wasser kochen. Die leicht überkochten Nudeln aus dem Wasser nehmen und kalt abschrecken. Die Karotte, falls nötig, länger kochen, bis sie sehr weich ist. Die Nudeln mit dem Messer in 5 mm große Stücke hacken.

• Karotte und Kichererbsen in eine Schüssel geben und mit der Gabel oder dem Kartoffelstampfer grob zerdrücken. Den Sellerie fein schneiden, zusammen mit den restlichen Zutaten bis auf Brot, Petersilie und Radieschen in die Schüssel geben und locker unterrühren; abschmecken. Den Salat mindestens 1–2 Stunden, idealerweise über Nacht, im Kühlschrank durchziehen lassen. Am nächsten Tag noch mal final mit Kala Namak und Senf abschmecken.

• Den Salat auf frischem Bauernbrot anrichten und mit Petersilie und Radieschenvierteln garnieren – ein wahrer Genuss!

SEBASTIANS TIPPS

Die gekochten Nudeln und die Kichererbsen sorgen für eine perfekte eiartige Konsistenz, die Karotte steuert die Farbe bei und das Kala Namak den Eiergeschmack.

Da der Eiergeschmack des Kala Namak mit der Zeit verfliegt, ist es wichtig, den Salat nach dem Ruhen noch mal abzuschmecken.

Für noch mehr eiartige Konsistenz zerdrücke ich 1 Avocado mit der Gabel und hebe sie unter den Salat. So ist das Ganze nicht mehr auseinanderzuhalten in Sachen Konsistenz und Geschmack.

Rührtofu
aka Rührei auf knusprigem Brot

ZUTATEN

Gelbes Tofu-Ei«

75 g Karotte, geschält

100 g weicher weißer Tofu

100 g vegane Sojasahne (siehe Seite 35 Produkttipps)

1 EL Würzhefeflocken (siehe Seite 119 Tipp)

1 gestr. TL Kala Namak

Salz

frisch gemahlener Pfeffer

Rührpfanne

1 Zwiebel, geschält

100 g weicher weißer Tofu

100 g geräucherter Tofu

4 Champignons

4 Kirschtomaten

4 Stängel Petersilie

3 EL mildes Olivenöl (oder vegane Butter)

Salz

frisch gemahlener Pfeffer

2 große, dicke Scheiben Bauernbrot

vegane Butter (nach Belieben)

• Für das Tofu-»Ei« die Karotte grob würfeln und in 500 ml Wasser in 15 Minuten sehr weich kochen; abgießen. Den Tofu zerbröseln. Karotte und Tofu mit den restlichen Zutaten für das Tofu-»Ei« in einen Mixbecher geben und mit dem Stabmixer glatt pürieren. Die gelbe Creme mit Salz, Pfeffer und Kala Namak abschmecken.

• Während die Karotte kocht, die Zwiebel fein würfeln. Den weißen Tofu grob, den geräucherten Tofu fein zerkrümeln. Die Champignons in 5 mm dicke Scheiben schneiden, die Tomaten halbieren, die Petersilie fein hacken.

• Eine große beschichtete Pfanne erhitzen. Beide Tofusorten und die Zwiebel hineingeben, mit dem Öl beträufeln und in 3 Minuten leicht braun anbraten. Die Champignons dazugeben; 1 Minute anbraten. Das Tofu-»Ei« hinzufügen und sanft einkochen lassen, bis es an feuchtes Rührei erinnert. Etwas Petersilie und die Tomaten locker unterziehen und mit Salz, Pfeffer und Kala Namak nach Belieben abschmecken.

• Die Brote toasten, nach Belieben mit etwas veganer Butter bestreichen, jeweils eine ordentliche Portion Rührtofu daraufsetzen und mit der restlichen Petersilie garnieren.

SEBASTIANS TIPPS

Es ist faszinierend, wie nahe der Rührtofu an das tierische Original herankommt. Die Rolle des Fetts darf dabei nicht unterschätzt werden, für die Farbe sorgt die Karotte, der Tofu liefert die Textur.

Anstelle des weißen Tofus kann man auch Seidentofu pürieren.

ABWANDLUNGEN

Ich brate gerne 1 Handvoll **Zucchiniwürfel** mit an und mische am Schluss 1 Scheibe würzigen **veganen Schmelzkäse** unter (z. B. Simply V würzig).

Für eine Variante mit **Speckbröseln** eine kleine beschichtete Pfanne erhitzen und 100 g zerkrümelten Räuchertofu in 2 EL Bratöl bei mittlerer Hitze in 10 Minuten knusprig braten. Den Tofu mit je 1 großzügigen Prise scharfem und süßem Paprikapulver, Salz und frisch gemahlenem Pfeffer würzen und weitere 30 Sekunden braten. Die Speckbrösel für den extra Umami-Crunch über den Rührtofu streuen.

Graved Karotten
mit Meerrettich und Vollkorntoast

ZUTATEN

1 sehr große Karotte (etwa 300 g)

Salz

3 EL geriebener Meerrettich (frisch oder aus dem Glas)

150 g vegane Crème fraîche (oder vegane saure Sahne; siehe Seite 35 Produkttipps)

4 Scheiben Vollkorntoast (oder 2 Bagels)

4 EL Kresse

Marinade

1 Knoblauchzehe, geschält

1 TL abgeriebene Schale von 1 Bio-Zitrone

2 Wacholderbeeren

1 TL geräuchertes Salz

1 EL Ahornsirup

1 EL Würzhefeflocken (siehe Seite 119 Tipp)

1 TL getrockneter Dill

3 EL Omega-3-Algenöl vegan (z. B. von Norsan; oder 3 EL Olivenöl)

1 großzügige Prise frisch gemahlener Pfeffer

4 EL Gemüsebrühe, flüssig

1 EL Apfelessig

• Die Karotte schälen, dann mit einem Sparschäler, der etwas dicker schält, in dicke Streifen schneiden. Die Streifen leicht salzen und vorsichtig durchkneten, sodass Wasser austritt und sie weicher werden; zugedeckt 20–30 Minuten ziehen lassen.

• Inzwischen alle Zutaten für die Marinade in einen Mixbecher geben und mit dem Stabmixer glatt pürieren.

• In einem Topf Wasser aufkochen, die Karotte hineingeben und 4 Minuten köcheln; aus dem Wasser heben. Karotte und Marinade in einer Schüssel gut vermischen, auskühlen lassen und dann zugedeckt mindestens 2 Stunden, besser über Nacht, im Kühlschrank ziehen lassen, so schmecken sie umso besser! Vor dem Servieren noch mal abschmecken.

• Meerrettich und vegane Crème fraîche mischen und mit etwas Salz abschmecken.

• Die Brote toasten und mit Meerrettichcreme bestreichen. Die Karotten darauf anrichten und mit Kresse garnieren.

SEBASTIANS TIPPS

Das Algenöl passt hervorragend, es sorgt für den passenden Meeresgeschmack. Man kann stattdessen auch wunderbar Noriflocken oder gemahlene Wakame verwenden.

Die Marinade mit einer fertigen Gewürzmischung für graved Lachs (z. B. von Herbaria) zubereiten.

ABWANDLUNG

Gerne bereite ich **graved Paprika** zu, deren Textur kommt noch näher an graved Lachs heran. Dazu 1–2 rote Paprikaschoten im vorgeheizten Ofen bei 250 °C Umluft komplett schwarz backen. Aus dem Ofen nehmen, mit feuchten Küchentüchern zudecken und 10 Minuten stehen lassen; die Haut vorsichtig abziehen, die Samen entfernen. Die Schoten in lachsartige Filets schneiden, marinieren, ziehen lassen und genießen.

Capresebowl deluxe
mit Brotchips

ZUTATEN

Brotchips
60 g helles Brot, in Scheiben geschnitten

2 EL Olivenöl

2 TL Würzhefeflocken (siehe Seite 119 Tipp)

Salz

Bowl
1 Bund Basilikum

40 g Rucola

160 g veganer Mozzarella (easy-Mozzarella, siehe Seite 106 oder gekauft, siehe Seite 35 Produkttipps)

150 g Kirschtomaten

1 reife Birne (etwa 100 g; Williams Christ), vom Kerngehäuse befreit

3 EL dunkler Balsamicoessig

3 EL Olivenöl

Salz (nach Belieben)

Pfeffer (nach Belieben)

2 EL Mandelblättchen, geröstet

• Für die Brotchips die Brote in 4 cm große Rauten schneiden. Das Öl in einer beschichteten Pfanne erhitzen und die Brotstücke darin von allen Seiten knusprig braten. In eine Schüssel geben, mit Hefeflocken sowie 1 großzügigen Prise Salz würzen und gut durchmischen.

• Basilikum und Rucola grob hacken, locker mischen und auf zwei Schalen verteilen. Den Mozzarella würfeln. Die Tomaten je nach Größe vierteln oder halbieren, die Birne in Spalten schneiden.

• Brotchips, Birne und Mozzarella an den Schalenrändern arrangieren, mittig in der Schale die Tomaten. Jede Portion mit Essig und Öl beträufeln, nach Belieben mit Salz und Pfeffer würzen und mit Mandelblättchen garnieren.

SEBASTIANS TIPPS

Das Rezept ist gleichermaßen simpel und lecker. Die Kombination von Birne, Kräutern und veganem Mozzarella ist hervorragend. Hier treffen wieder alle Geschmacksrichtungen zusammen, genauso wie alle wichtigen Texturen.

ABWANDLUNGEN

Der vegane Mozzarella lässt sich wunderbar mit **eingelegtem Feto** (siehe Seite 107) tauschen. Oder man brät in 2 cm große Würfel geschnittenen **Räuchertofu** zusammen mit dem Brot an und gibt ihn in die Bowl.

Zucchinihummus
mit Gemüsesticks und Pita

ZUTATEN

Hummus

1½ Zucchini (220 g)

480 g weiße Bohnen (aus der Dose oder dem Glas)

1 Knoblauchzehe, geschält

2 EL Olivenöl

2 EL fein gehackte Petersilie

2 EL Tahin

Salz

frisch gemahlener Pfeffer

Dressing

½ kleine Knoblauchzehe, geschält (nach Belieben)

4 EL flüssiges, gutes Tahin (siehe Tipp)

6 EL Gemüsebrühe (oder Wasser)

2 EL Zitronensaft

1 Prise gemahlener Kreuzkümmel (oder geräuchertes Paprikapulver)

1 Prise Salz

Außerdem

1 rote Paprikaschote

2 Stangen Sellerie

2 EL fein gehackte Petersilie

2 Vollkornpita

• Für den Hummus die Zucchini würfeln, die Bohnen in ein Sieb geben und abbrausen, den Knoblauch würfeln. Das Öl in einer beschichteten Pfanne erhitzen und die vorbereiteten Zutaten darin kräftig anbraten. Sobald sie Farbe bekommen, die Petersilie dazugeben und kurz anbraten. Pfanneninhalt und Tahin in einen Mixbecher geben, zu einer homogenen Creme pürieren und mit etwas Salz und Pfeffer abschmecken.

• Für das Dressing nach Belieben den Knoblauch fein reiben oder durchpressen und mit allen anderen Zutaten in einer kleinen Schüssel mit dem Schneebesen glatt rühren, abschmecken.

• Die Paprika von Samen und weißen Scheidewänden befreien und in Streifen schneiden. Den Sellerie in 4 cm lange Sticks schneiden.

• Den Hummus in einer flachen Schale anrichten, mit der Petersilie bestreuen und mit dem Dressing beträufeln. Die Pitabrote toasten und mit den Gemüsesticks zum Hummus servieren.

SEBASTIANS TIPPS

Mit frisch gekochten Bohnen wird der Hummus natürlich noch leckerer, aber für einen schnellen Snack zwischendurch sind die aus der Dose wunderbar, gerade da die Konsistenz durch die Zucchini schön luftig wird.

Das Tahin muss nussig, kaum bitter, sehr hell und flüssig sein, seine Qualität ist hier entscheidend. Im orientalischen Spezialitätenladen wird es in Flaschen verkauft. In Bio-Qualität empfehle ich die Marke Königsteinmühle.

ABWANDLUNGEN

Für **pink Hummus** kann man die Zucchini 1:1 durch gegarte Rote Bete ersetzen – wundervolle Farbe und großartiger Geschmack.

Anstelle der weißen Bohnen kann man andere helle Hülsenfrüchte, beispielsweise **Kichererbsen** oder weich gekochte **rote Linsen,** verwenden.

Nudelsalat
Asia Style

ZUTATEN

180 g Reisnudeln (Tagliatelle)

1 TL Olivenöl

180 g vegane Alternative zu Hähnchen (z. B. Like Chicken von Like Meat)

90 g Zuckerschoten, geputzt

1 EL Tamari (glutenfreie Sojasauce)

1 kleine gelbe Paprikaschote, geputzt (75 g)

½ Bund Koriandergrün (nach Belieben)

1½ EL Sesam, geröstet

2 Limettenviertel (nach Belieben)

Dressing

3 cm Ingwer (7,5 g)

1 mittelscharfe Chilischote

100 g vegane Mayonnaise (siehe Seite 119)

Saft und abgeriebene Schale von 1–2 Bio-Limetten

- Die Nudeln mit kochendem Wasser überbrühen und nach Packungsangabe etwa 5 Minuten ziehen lassen. Die weichen Nudeln in ein Sieb abgießen und mit kaltem Wasser abschrecken.

- Inzwischen das Öl in einer beschichteten Pfanne erhitzen. Vegane Geflügelschnetzel und Zuckerschoten darin 5 Minuten kräftig anbraten, bis ordentlich Röstaromen entstanden sind. Mit der Sojasauce ablöschen und schwenken, bis durch die Resthitze der Pfanne die meiste Flüssigkeit verdampft ist; beiseitestellen.

- Für das Dressing den Ingwer reiben, die Chilischote fein würfeln. Beides mit Mayonnaise, 2–3 EL Limettensaft und 1 TL Limettenschale mischen. Die Paprika in Streifen schneiden. Nach Belieben das Koriandergrün hacken, etwas zum Garnieren beiseitestellen.

- Nudeln, Paprika, 1 EL Sesam sowie Koriandergrün nach Belieben mit dem Dressing in einer Schüssel vermengen und abschmecken. Den Salat auf kleinen Tellern »nestartig« anrichten, die Pfannenmischung darauf platzieren und mit dem restlichen Sesam (½ EL) bestreuen. Mit Koriandergrün und je einem Limettenviertel nach Belieben garnieren.

SEBASTIANS TIPPS

Ein toller vollmundiger und frischer Nudelsalat, der satt und glücklich macht. Die Qualität der Mayo ist hier ganz entscheidend.

Für eine etwas leichtere Variante kann man anstatt Mayo milden Sojajoghurt verwenden.

ABWANDLUNGEN

Weißer Tofu, Tempeh oder gekochte **Riesenbohnen** eignen sich als Ersatz für Like Chicken. Die Alternativen benötigen mehr Würze, deshalb die dreifache Menge Sojasauce (3 EL), mit 1 TL Ahornsirup vermischt, verwenden.

Den Salat mit gekochten **Hartweizen-Tagliatelle** anstelle der Reisnudeln zubereiten.

Für einen **Kartoffelsalat Asia Style** anstelle der Reisnudeln festkochende Kartoffeln weich kochen, in 1 cm dicke Scheiben schneiden und etwas stärker würzen, auch mit mehr Säure.

Mediterraner
Borlottibohnen-Salat

ZUTATEN

Salat

250 g Borlottibohnen (aus der Dose oder dem Glas; oder Hülsenfrüchte nach Wahl)

120 g Kirschtomaten

1 reife Birne (Williams Christ; 120 g), vom Kerngehäuse befreit

2 Bio-Zitronen

1 EL Ahornsirup

6 EL Olivenöl

2 EL Kürbiskerne, geröstet

1 EL Würzhefeflocken (siehe Seite 119 Tipp)

1 gestr. TL Salz

frisch gemahlener Pfeffer

10 g Rucola

10 Basilikumblätter

Außerdem

2 dicke Scheiben Vollkornbrot

• Die Bohnen in ein Sieb geben und abbrausen, abtropfen lassen. Die Tomaten halbieren, die Birne würfeln. Die Schale von 1 Zitrone abreiben, den Saft von beiden Zitronen auspressen.

• Alle Zutaten bis auf Rucola und Basilikum in eine Schüssel geben, gut vermengen, kurz ziehen lassen und dann gegebenenfalls mit Salz, Pfeffer oder Zitronensaft abschmecken. Das Basilikum grob zerzupfen, den Rucola grob hacken und beides unter den Salat mengen.

• Die Brote toasten oder in einer Grillpfanne rösten und zu dem Salat genießen.

SEBASTIANS TIPPS

Frisch gekochte Bohnen heben die Qualität, aber für einen schnellen gesunden Snack tun es die aus der Dose ebenfalls. Hier gibt es große Qualitätsunterschiede. Die Bohnen müssen ganz, nicht verkocht sein und leicht nussig schmecken. Ich mag die von Rapunzel.

Salate aus Hülsenfrüchten schmecken gut durchgezogen immer besser. Am besten ein bisschen mehr zubereiten, am nächsten Tag noch mal abschmecken und genießen.

ABWANDLUNGEN

Anstelle der Borlottibohnen passen **Linsen** oder **Kichererbsen** wunderbar. Auch Räuchertofustreifen sind ein Ersatz.

Anstatt der Birne funktionieren auch **Apfel**, **Pfirsich** oder **Erdbeeren** in dem Salat.

Glücksrolle
mit Pfirsich-Chili-Sauce

ZUTATEN

200 g Tempeh Natur (siehe Seite 27 Produkttipps)

2 EL Bratöl

2 EL Tamari (glutenfreie Sojasauce)

160 g Salatgurke

4 Reispapierblätter (erhältlich im Asialaden sowie im gut sortieren Bio- oder Supermarkt)

Dip

1 Bio-Zitrone

½ Bund Koriandergrün (15 g)

1 großer, reifer Pfirsich (200 g ohne Stein; oder ein Stück reife Mango)

1 große Prise Chiliflocken

100 g Sojajoghurt Natur (ungesüßt)

Süßungsmittel zum Abschmecken (nach Belieben)

• Den Tempeh in 2 cm dicken Streifen schneiden. Eine Pfanne stark erhitzen, den Tempeh hineingeben, mit dem Öl beträufeln und rundherum knusprig goldbraun braten. Die Pfanne vom Herd nehmen und mit der Sojasauce ablöschen, dabei gut schwenken, bis die Flüssigkeit durch die Resthitze beinahe komplett verdampft ist. Den Tempeh aus der Pfanne nehmen und beiseitestellen.

• Für den Dip von der Zitrone eine 45 g schwere Scheibe (etwa 2 cm dick) abschneiden und würfeln. Den Saft aus der restlichen Zitrone auspressen, es sollten 1–2 EL sein. Das Koriandergrün grob hacken, den Pfirsich würfeln. Alle Zutaten für den Dip, inklusive Zitronensaft pürieren und gegebenenfalls mit Zitronensaft und nach Belieben einem Süßungsmittel abschmecken.

• Die Gurke in feine Stifte schneiden. Ein Reispapierblatt für ein paar Sekunden in lauwarmes Wasser geben, dann auf ein feuchtes Kunststoffbrett legen. Tempeh und Gurke eng beieinander nahe der unteren Kante darauf platzieren und von unten beginnend mit Spannung aufrollen. Im oberen Drittel angekommen die Seiten einschlagen, um die Rolle zu verschließen. Auf diese Art alle Blätter füllen und aufrollen.

SEBASTIANS TIPPS

Zum Aufrollen des Reispapiers kein Holzbrett oder andere saugende Unterlagen verwenden.

ABWANDLUNGEN

Das sind maximal reduzierte Sommerrollen als schneller Snack. Wer Zeit hat, kann gerne weiteres Gemüse wie **Karotten**, **Paprika**, halbreife **Mango** oder **Sprossen** hinzugeben.

Auch gekochte **Reis-** bzw. **Glasnudeln**, marinierter **Tofu**, Fertigprodukte wie **Like Chicken Chunks**, Kräuter wie Minze, Dill, Thai-Basilikum etc. passen hier prima.

Gerösteter **Sesam** oder **Mandelblättchen** runden die Rollen ab, der Kreativität sind kaum Grenzen gesetzt.

Für einen ganz schnellen Dip 2 geh. EL Erdnussmus mit je 1 EL Sojasauce und Zitronensaft mischen.

Dürüm-Kebap

ZUTATEN

Salat

6 Minzeblätter

½ rote Paprikaschote, geputzt

½ kleine rote Zwiebel, geschält

150 g Rotkohl

1 EL Zitronensaft

1 Prise Salz

Sauce

1 sehr kleine Knoblauchzehe, geschält

1 Becher vegane Crème fraîche (150 g; oder vegane saure Sahne)

1 EL Kresse

1 Prise Salz

Außerdem

2 große Dürüm-Fladen

1 Packung veganes Hähnchen (180 g)

1 EL Olivenöl

1 EL Gyrosgewürz

• Die Minze zerzupfen. Paprika, Zwiebel und Rotkohl hauchdünn in eine Schüssel hobeln und mit den restlichen Salatzutaten durchkneten.

• Den Knoblauch fein reiben, mit den anderen Saucenzutaten mischen.

• Eine Pfanne stark erhitzen und die Dürüm-Fladen auf jeder Seite 1 Minute anrösten; aus der Pfanne nehmen. Das vegane Hähnchen mit dem Öl in die Pfanne geben, kross anbraten. Das Gyrosgewürz hinzufügen, noch 20 Sekunden braten und aus der Pfanne nehmen.

• Die Fladen nebeneinander auf die Arbeitsfläche legen und jeweils die Hälfte der Sauce darauf verstreichen, einen 3 cm breiten Rand frei lassen. Den Salat darauf verteilen und mit veganem Hähnchen toppen. Die Fladen von unten straff bis zur Mitte aufrollen, die Seiten links und rechts einklappen und fertig aufrollen. Direkt genießen.

SEBASTIANS TIPPS

Mit Übung ist der Dürüm in genau 10 Minuten auf dem Teller, Reste von der Salatfüllung können als Salat dazu serviert werden.

Dürüm-Fladen gibt es mittlerweile in jedem gut sortierten Supermarkt. Sie unterscheiden sich hinsichtlich Textur und Größe vom Wrap.

Aus Pizzateig (siehe Seite 110) selber Brotfladen machen: Den Teig wie beschrieben kneten, nur 10 Minuten ruhen lassen, mit dem Nudelholz zu hauchdünnen runden Fladen ausrollen und in der größten verfügbaren Pfanne von jeder Seite 90 Sekunden bei sehr hoher Hitze ohne Fett rösten. Die Fladen nach Belieben mit veganer Knoblauchbutter bestreichen, stapeln und mit einem feuchten Tuch zudecken, damit sie geschmeidig werden.

Auch die Döner-Gewürzmischung lässt sich selber machen: je 1 TL Paprikapulver edelsüß und rosenscharf, Knoblauchpulver, Salz und Oregano, mit ½ TL gemahlenem Kreuzkümmel und 1 guten Prise Pfeffer mischen.

ABWANDLUNGEN

Tempeh- oder Räuchertofustreifen anstelle des veganen Hähnchens knusprig anbraten und dann würzen.

Die Füllung schmeckt auch in frischem **Baguette**, **Fladenbrot** oder **Burger Buns**.

Philly-Cheeseshroom-
Sandwich

ZUTATEN

½ grüne Paprikaschote, geputzt (100 g)

½ TL Salz

ein paar Spritzer Zitronensaft

2 EL fein gehackte Petersilie

2 frische Baguettebrötchen (oder kleine Baguettes)

300 g große braune Champignons, geputzt

1 Zwiebel, geschält (120 g)

2 kleine Knoblauchzehen, geschält

2 EL Olivenöl

2 Scheiben würziger veganer Schmelzkäse (z. B. Simply V »würzig«)

• Die Paprika in Streifen schneiden, mit Salz, Zitronensaft und Petersilie in eine Schüssel geben und etwas kneten.

• Die Baguettebrötchen halbieren und die Unterseite auf dem Toaster mit Brötchenaufsatz oder in einer heißen Pfanne etwas anrösten.

• Die Champignons in 1 cm dicke Scheiben schneiden. Die Zwiebel in Ringe schneiden. Den Knoblauch reiben oder durchpressen. Das Öl in einer Pfanne stark erhitzen, Champignons und Zwiebel darin 2 Minuten kräftig anbraten, bis sie Farbe bekommen. Den Knoblauch hinzufügen, die Hitze reduzieren und etwa 1 Minute braten. Die Pfanne vom Herd nehmen, den Schmelzkäse hineinzupfen und gut untermengen.

• Sobald der Käse anfängt zu schmelzen, die Champignonmischung auf den Brötchen verteilen, mit Paprika bedecken, die obere Brötchenhälfte auflegen und genießen.

SEBASTIANS TIPPS

Das Sandwich ist schnell gemacht, supersaftig und superlecker. Die Kombination aus würziger Käsigkeit, gerösteten Pilzen und Zwiebeln, frischer Paprika und knusprigem Brot funktioniert hervorragend.

Das Kneten der Paprika verändert die Textur und bringt die Aromen wunderbar zusammen.

ABWANDLUNGEN

Wer keine Lust auf gekauften Käseersatz hat, kann ein **käsiges Sößchen** (siehe Seite 137) zugeben: die tiefgekühlten Saucenwürfel einfach zu den Pilzen in die Pfanne schmeißen.

Die Pilze gegen **vegane Fleischalternativen** (siehe Seite 27 Produkttipps) tauschen.

Anstelle von Paprika schmecken **Gurken-** oder **Rote-Bete-Streifen** sowie Fenchel, hauchdünn gehobelt.

»Wurst«-Salat

ZUTATEN

1 kleine rote Zwiebel, geschält

Salz

200 g saftiger Räuchertofu (z. B. von Taifun; oder vegane Lyoner)

frisch gemahlener Pfeffer

2 dicke Scheibe frisches Roggenbrot

Dressing

2 Essiggurken

1 kleiner süßsaurer Apfel, vom Kerngehäuse befreit

5 EL Apfelessig

5 EL Gemüsebrühe, flüssig

3 EL Olivenöl

1½ TL mittelscharfer Senf

3 EL fein gehackte Petersilie

• Die Zwiebel in hauchdünne Ringe hobeln, in einer kleinen Schüssel mit 1 großzügigen Prise Salz mischen und ziehen lassen.

• Für das Dressing die Gurken fein würfeln, den Apfel reiben. Beides mit den weiteren Zutaten mischen. Den Tofu in 3 cm lange und 5 mm dicke Stücke schneiden, zum Dressing geben und mindestens 10 Minuten ziehen lassen.

• Die Zwiebel in ein Sieb geben und unter kaltem Wasser abbrausen. Den Tofusalat mit Salz, Pfeffer und Essiggurkensud abschmecken, auf zwei Teller verteilen und mit Zwiebelringen garnieren. Das Brot toasten und dazu servieren.

SEBASTIANS TIPPS

Ein Klassiker aus der Fleischküche ins Vegane übersetzt. Das würzige Aroma vom Räuchertofu passt hier wunderbar. Wichtig ist, dass der Tofu schön saftig ist.

Durch das Salzen verlieren die Zwiebeln ihre Intensität. Es bleiben die Knackigkeit und ein mildes Zwiebelaroma.

Am besten schmeckt der Salat, wenn man ihn nicht nur 10 Minuten, sondern ein paar Stunden im Kühlschrank durchziehen lässt. Dann vor dem Servieren erneut abschmecken.

ABWANDLUNGEN

Für **Schweizer Wurstsalat** 2 Scheiben Simply V »würzig« in dünne Streifen schneiden und mit dazugeben. Auch der eingelegte Feto (siehe Seite 107) passt hervorragend zum Salat.

Der Salat ist auch mit **Hülsenfrüchten** lecker, hat dann aber mit dem Original geschmacklich wenig zu tun.

Rainbow-
Sandwich

ZUTATEN

Blitz-Slaw

100 g Rotkohl

2 EL vegane Crème fraîche
(oder vegane saure
Sahne; siehe Seite 35
Produkttipps)

1 EL Apfelessig

1 TL Ahornsirup

1 großzügige Prise Salz

Außerdem

2 frische Mini-Vollkorn-
baguettes

4 EL vegane Leberwurst
(rauchige Bauernleber-
wurst, siehe Seite 96;
oder ein Fertigprodukt)

2 Essiggurken

2 Scheiben würziger vega-
ner Käse (siehe Seite 35
Produkttipps)

2 reife Tomaten

• Für den Blitz-Slaw den Kohl in hauchdünne Streifen hobeln, mit den anderen Zutaten in eine Schüssel geben und mit der Hand kurz kräftig durchkneten; ziehen lassen.

• Die Baguettes halbieren und in einer trockenen Pfanne kurz anrösten. Alle vier Hälften mit der veganen Leberwurst bestreichen. Die Essiggurken in dünne Scheiben schneiden und auf die unteren Hälften der Brote legen, 1–2 EL Blitz-Slaw darüber verteilen und mit dem veganen Käse bedecken. Die Tomaten in 5 mm dicke Scheiben schneiden und darauf verteilen; den Baguettedeckel auflegen.

• Den restlichen Coleslaw mit einer Gabel auf zwei Tellern zu Nestchen drehen. Die Baguettes halbieren und mit dem Slaw anrichten.

ABWANDLUNGEN

Den Rotkohl durch hauchdünn gehobelte und dann in feine Streifen geschnittene frische **Rote Bete** ersetzen.

Keine vegane Leberwurst bekommen? Zur Not 100 g Räuchertofu mit 3 EL Olivenöl, 1 EL Sojasauce und 1 TL Majoran pürieren. Nicht ebenbürtig, aber schnell und lecker.

Superquesadilla-
Sandwiches

ZUTATEN

100 g Räuchertofu (oder veganes Hack)

½ Zwiebel, geschält (50 g)

1½ EL Olivenöl

50 g frisches Sauerkraut (oder Kimchi)

Salz

frisch gemahlener Pfeffer

Avocadocreme

1 mittelgroße Avocado (140 g Fruchtfleisch)

2 EL gehackte Kräuter nach Wahl (z. B. Koriandergrün)

1 TL Salz

½ TL Pfeffer

2 TL Zitronensaft

Außerdem

1 reife Tomate (80 g)

2 große Wraps (oder Dürüm-Fladen)

2 Scheiben würziger veganer Käse

1 kleine Handvoll Pflücksalat (10–20 g; oder Spinat)

• Den Tofu zerbröseln, die Zwiebel fein würfeln. Beides mit dem Öl in einer beschichteten Pfanne bei starker Hitze in 3 Minuten knusprig braun braten. Das Sauerkraut hinzugeben und 1 Minute braten. Die Mischung mit Salz und Pfeffer abschmecken, aus der Pfanne nehmen und beiseitestellen. Die Pfanne sauber auswischen.

• Das Avocadofruchtfleisch mit Kräutern, Salz, Pfeffer und Zitronensaft in eine Schale geben, mit einer Gabel zerdrücken und abschmecken.

• Die Tomate in dünne Scheiben schneiden. Die Wraps an einer Seite bis zur Mitte einschneiden und mit dem Schnitt nach oben zeigend vor sich platzieren. Nun ist es hilfreich, die Fladen gedanklich zu vierteln und vom Schnitt ausgehend im Uhrzeigersinn zu nummerieren. Auf Teil zwei die Räuchertofu-Mischung verteilen und Teil eins darüberlegen. Auf Teil drei den veganen Käse und die Tomate geben und von rechts Teil eins und zwei darüberklappen. Teil vier mit der Avocadocreme und Salat bedecken und die anderen drei Teile darüberlegen. Nun liegen quasi zwei dicke Viertel auf der Arbeitsplatte.

• Die saubere Pfanne bei mittlerer Hitze erwärmen, die Sandwiches hineinlegen, mit einem Topf beschweren von jeder Seite 1–2 Minuten rösten, damit sie knusprig werden.

SEBASTIANS TIPPS

Diese Zubereitung ist seit Ende 2020 zu einem Social-Media-Hit geworden, und hier kommt meine Interpretation. Eine wirklich simple und schöne Technik, die man nach Belieben unterschiedlich und abwechslungsreich belegen kann. Wichtig ist, dass wir wieder alle »5 + 2«-Geschmacksrichtungen integrieren. Die Temperaturunterschiede von außen nach innen und die verschiedenen Texturen erledigen den Rest für ein leckeres Erlebnis.

Wenn die Zeit drängt, den Räuchertofu in Scheiben geschnitten verwenden.

ABWANDLUNGEN

Anstelle von Tofu könnte man **schwarze Bohnen** anbraten und abschmecken.

Die Avocado kann durch 3 EL vegane Crème fraîche oder vegane saure Sahne ersetzt werden.

EINFACHE UND SCHNELLE GERICHTE

In diesem Kapitel kannst du aus nur 6 Zutaten (+ Basics wie Öl & Co). in Kürze großartige Hauptgänge zubereiten, die bei einem schönen Abend- oder Mittagessen zu glänzen wissen.

Pasta Shells
mit Tofu-Spinat-Füllung und Topping

ZUTATEN

Salz

200 g Pasta Shells
(Muschelnudeln)

Sauce

150 g fester weißer Tofu

1 große rote Zwiebel,
geschält

3 EL Olivenöl

400 g Pelati-Tomaten

150 g junger Spinat,
geputzt

1 TL Zucker

Salz

frisch gemahlener Pfeffer

100 g Sojasahne (siehe
Seite 35 Produkttipps)

italienische Kräuter (nach
Belieben)

Käsiges Tofu-Topping

150 g fester weißer Tofu

2 EL Olivenöl

3 EL Würzhefeflocken
(siehe Seite 119 Tipp)

1 EL Apfelessig

1 gestr. TL Salz

• 3 l Wasser aufkochen, mit 1 EL Salz würzen und die Pasta darin in 8 Minuten al dente kochen. Den Ofen auf 230 °C Ober-/Unterhitze vorheizen. Währenddessen sämtlichen Tofu (300 g) zwischen Küchenpapier kräftig ausdrücken, dann mit den Händen zerkrümeln. Die Zwiebel fein würfeln.

• Für die Sauce eine große beschichtete Pfanne stark erhitzen, die Zwiebel und die Hälfte des Tofus hineingeben, das Öl darüberträufeln und alles 6 Minuten bei starker Hitze braun braten. Tomaten und Spinat zufügen, die Tomaten mit dem Pfannenwender zerkleinern. Zucker, 1 TL Salz, 1 großzügige Prise Pfeffer und die Sojasahne dazugeben, unterrühren und einmal kräftig aufkochen. Die Sauce mit Salz, Pfeffer und nach Belieben Kräutern abschmecken.

• Ein Drittel der Sauce in einer ofenfesten Form verteilen und die Pasta mit der Öffnung nach oben hineinsetzen. Den Rest der Sauce darüber verteilen oder die Shells damit füllen.

• Alle Zutaten für das Topping gut verkneten und über den Nudeln verteilen. Das Gericht 10 Minuten im Ofen backen, in den letzten 3 Minuten den Grill dazuschalten, damit der käsige Tofu schön braun und knusprig wird. Aus dem Ofen nehmen und genießen.

SEBASTIANS TIPPS

Durch das Ausdrücken entfernt man überschüssiges Wasser, und der Tofu bräunt beim Braten schneller.

ABWANDLUNGEN

Falls es frische vegane **Lasagnenudeln** im Supermarkt gibt, verwende ich diese sehr gerne anstelle der Shells. Die Platten 2 Minuten in Wasser kochen und dann mit der Sauce schichten. Superlecker. Hier passt natürlich auch die Samtsauce (siehe Seite 124).

Räuchertofu oder fein gehackten **Blumenkohl** anstelle von weißem Tofu verwenden.

Eine **Basilikum-Tomaten-Salsa** hebt das Gericht auf das nächste Level. Dafür 100 g Kirschtomaten fein würfeln, 20 Basilikumblätter fein schneiden, beides mit 1 EL Zitronensaft, etwas Chiliflocken und etwas abgeriebener Bio-Zitronenschale mischen und dazu servieren.

Gnocchi
mit weltbester Tomatensauce

ZUTATEN

800 g Kirschtomaten

1 kleine Knoblauchknolle

8 EL Olivenöl

Salz

frisch gemahlener Pfeffer

250 g vegane Gnocchi
  (siehe Seite 111; oder ein
  Fertigprodukt)

1 EL Ahornsirup (nach
  Belieben)

Balsamicoessig (nach
  Belieben)

1 Handvoll Rucola (oder
  reichlich Basilikum), plus
  Rucola zum Garnieren

40 g Pinienkerne, geröstet

• Den Ofen auf 220 °C Umluft stellen. Ein Backblech mit Backpapier auslegen und die Tomaten darauf verteilen. Die Knoblauchknolle horizontal halbieren und mit den Schnittflächen nach unten aufs Blech geben. 2 EL Olivenöl über Tomaten und Knoblauch träufeln, etwas Salz und Pfeffer darüberstreuen. Das Blech für 10–15 Minuten in den Ofen schieben, bis die Tomaten ordentlich braun sind; aus dem Ofen nehmen und 5 Minuten ruhen lassen.

• Inzwischen 1 EL Öl in einer beschichteten Pfanne erhitzen und die Gnocchi darin anbraten, bis sie leicht knusprig sind; vom Herd nehmen.

• Mit den Fingern oder einer Zange die angeschwärzte Haut von den Tomaten abziehen – Achtung, sie sind heiß! Die Schale vom Knoblauch entfernen oder die Zehen aus der Schale drücken.

• Tomaten und Knoblauch in einen Topf geben, mit 1 Prise Salz, Pfeffer und Ahornsirup nach Belieben würzen, mit dem Kartoffelstampfer oder einer Gabel etwas zerdrücken und noch einmal kurz erhitzen. Das restliche Öl (5 EL) und nach Belieben etwas Essig unterrühren, den Rucola fein hacken und dazugeben; erneut mit Salz und Pfeffer abschmecken. Die angebratenen Gnocchi hinzufügen und darin wenden. Die Gnocchi auf Tellern anrichten, mit den Pinienkernen bestreuen und genießen.

ABWANDLUNGEN

Zusätzlich etwas **Rosmarin, Salbei** oder **Thymian** mit aufs Blech geben.

Wer möchte, kann gegrillten **Mais** oder **Paprika** unter die Sauce mischen.

Für eine **Tex-Mex-Variante** Kidneybohnen, Kreuzkümmel, Paprikapulver und Koriandergrün anstelle von Rucola hinzufügen.

Für **all'arrabbiata** ein wenig fein gehackte rote Chilischoten hineingeben.

SEBASTIANS TIPPS

Am allerbesten schmecken natürlich selbst gemachte Gnocchi (siehe Seite 111). Geübte können sie zubereiten, während die Tomaten im Ofen garen: Teig kneten dauert genau 1 Minute, ausrollen und schneiden 3 Minuten und kochen 2 Minuten.

Tomaten mögen nicht so viel Hitze, wenn möglich lieber sanft und länger schmoren.

Traumhafte
Spaghetti Puttanesca

ZUTATEN

4 Knoblauchzehen, geschält

½ große milde rote Chilischote

1 EL Würzhefeflocken (siehe Seite 119 Tipp)

2 EL Kapern (in Lake)

6 EL Olivenöl

2 gehäufte EL Tomatenmark (70 g; doppelt konzentriert)

1 Dose Pelati-Tomaten (400 g)

1 EL Ahornsirup

Salz

300 g dicke Spaghetti

50 g schwarze Oliven, entsteint

frisch gemahlener Pfeffer

20 Basilikumblätter (oder 1 Handvoll Rucola, grob zerzupft)

• 3 l Wasser in einem Topf zum Kochen bringen. Inzwischen den Knoblauch würfeln, die Chilischote in feine Ringe schneiden.

• Eine unbeschichtete Pfanne erhitzen. Knoblauch, Hefeflocken, Chili und Kapern hineingeben, mit 3 EL Öl mischen und 1 Minute anbraten. Das Tomatenmark hinzufügen und 3–4 Minuten anbraten. Währenddessen die Tomaten in der Dose mit einem kleinen Sägemesser klein schneiden. Tomaten und Ahornsirup in die Pfanne geben, kurz aufkochen. Die Hitze reduzieren und die Sauce 10 Minuten köcheln lassen.

• Inzwischen das kochende Wasser mit 2 EL Salz würzen. Die Spaghetti darin nach Packungsangabe al dente kochen. Die Oliven und das restliche Öl (3 EL) zur Sauce geben, mit Salz und Pfeffer abschmecken.

• Die Pasta unter die Sauce mischen, auf zwei Teller verteilen und mit Basilikum garnieren.

ABWANDLUNGEN

Die Mahlzeit enthält zu wenig Protein und Gemüse, um wirklich ausgewogen zu sein. Vollwertiger wird sie mit einem **Bohnensalat** aus 240 g gekochten Borlottibohnen, 4 EL Apfelessig, 2 EL Olivenöl, 1 EL Ahornsirup, 10 Basilikumblättern, Salz und Pfeffer.

Auch 200 g **Brokkoliröschen**, in den letzten 5 Minuten zum Nudelkochwasser gegeben, werten das Gericht ernährungsphysiologisch auf.

SEBASTIANS TIPPS

Das Gericht ist simpel. Das Gelingen einer richtig guten Puttanesca hängt von den maximal guten Zutaten ab.

Pelati-Tomaten sind ganze geschälte Tomaten. Bitte hier wirklich gute Qualität kaufen, am besten Bio-Qualität oder original italienische Marken. Schmecken die Tomaten nach nichts, wird die Sauce nur mittelmäßig. Auch Oliven und Kapern sind extrem wichtig, da sie pur schon eine Delikatesse sind. Die etwas dickeren Spaghetti sollten ebenfalls aus Italien kommen. Sie müssen al dente, also mit gutem Biss, gekocht werden. Wer dann noch natives Olivenöl extra verwendet, wird mit einer unvergesslichen Sauce belohnt.

Anstelle der Hefeflocken kann man ein kleines Stück Kombu-Alge dazugeben (Achtung! Jod). Hefe und Alge enthalten viel Glutaminsäure – sie ersetzen die Sardellenfilets aus dem Original in Bezug auf natürliches Umami-Aroma.

Tagliatelle
alla Carbonara

ZUTATEN

Salz

250 g Tagliatelle

100 g Räuchertofu

1 Bund Petersilie

2 EL Olivenöl

Sauce

400 g Seidentofu

2 EL Würzhefeflocken
(siehe Seite 119 Tipp)

4 EL Olivenöl

200 ml Sojadrink Natur
(ungesüßt)

1 gestr. TL Kala Namak
(nach Belieben)

Salz

frisch gemahlener Pfeffer

• In einem großen Topf 3 l Wasser aufkochen, mit 1–2 EL Salz kräftig würzen und die Pasta darin nach Packungsangabe leicht bissfest kochen. Inzwischen den Räuchertofu in 5 mm große Würfel schneiden, die Petersilie fein hacken.

• Das Öl in einer Pfanne erhitzen und die Tofuwürfel darin in 6–8 Minuten schön knusprig anbraten. Außen müssen sie knusprig und innen schön weich sein.

• Die Zutaten für die Sauce mit dem Schneebesen glatt rühren und mit 1–2 TL Salz sowie 1 großzügigen Prise Pfeffer würzen.

• Die Tagliatelle zum Tofu in die Pfanne geben. Drei Viertel der Petersilie hinzufügen, die Pfanne schwenken. Die Sauce darübergießen, die Pfanne vom Herd nehmen und schwenken; mit Salz und Pfeffer abschmecken.

• Die Pasta auf Teller geben und mit der restlichen Petersilie garnieren.

SEBASTIANS TIPPS

Einen grünen Blattsalat mit gerösteten Nüssen (Dressing siehe Seite 136) dazu servieren.

Die Konsistenz des Seidentofus in Kombination mit dem Kala Namak sorgt schon für eine unglaubliche Ähnlichkeit zum tierischen Original. Fett und Umami-Aroma des knusprigen Räuchertofu zusammen mit den Hefeflocken liefern das volle Aroma.

Wer die Saucenfarbe eiähnlicher möchte, kocht mit der Pasta 75 g in Streifen geschnittene Karotten weich und gibt sie püriert in die Sauce.

Den Seidentofu kann man durch 300 g weichen weißen Tofu ersetzen. Dafür benötigt man einen leistungsstarken Mixer, der den Tofu mit 100 ml Wasser glatt püriert.

ABWANDLUNGEN

Nach Belieben **Brokkoliröschen** oder **Rote-Bete-Würfelchen** mit den Nudeln kochen oder mit dem Tofu anbraten. So zaubert man unkompliziert mehr Gemüse auf den Teller.

Anstelle von Tofu sind auch geviertelte, braun gebratene **Champignons** köstlich.

Spaghetti aglio e olio
mit Linsen und Röstpilzen

ZUTATEN

120 g rote Linsen

Salz

200 g Spaghetti

200 g Champignons, ge-
putzt

4 Knoblauchzehen, ge-
schält

1 kleine frische Chilischote
(oder ½ TL Chiliflocken)

1 Handvoll Rucola, plus
Rucola zum Garnieren

6 EL Olivenöl

frisch gemahlener Pfeffer

1 TL getrockneter Oregano

• Die Linsen in ein Sieb geben und abbrausen. In einem großen Topf 3 l Wasser aufkochen und kräftig mit 1–2 EL Salz würzen. Die Spaghetti darin nach Packungsangabe al dente kochen. Nach etwa 3 Minuten Kochzeit die Linsen dazugeben, Linsen und Spaghetti sollten nur noch sanft köcheln. Beim späteren Abgießen 1 Tasse Kochwasser auffangen.

• Während Linsen und Pasta kochen, die Champignons in 2 cm dicke Scheiben schneiden. Den Knoblauch zusammen mit der Chilischote fein schneiden. Den Rucola grob schneiden.

• 1 EL Öl in einer große Pfanne stark erhitzen. Die Pilze darin 3 Minuten scharf anbraten, bis sie schön braun sind; in eine Schale geben, mit Salz und Pfeffer würzen und beiseitestellen.

• Das restliche Öl (5 EL) mit Knoblauch und Chili bei mittlerer Hitze in die Pfanne geben; vom Herd nehmen, wenn diese anfangen, Farbe zu bekommen. Die Resthitze reicht, um den Knoblauch zu bräunen. Linsen und Pasta dazugeben und die Pfanne schwenken. Rucola und 4 EL Nudelkochwasser hinzufügen und schwenken; mit Salz, Pfeffer und Oregano abschmecken.

• Das Gericht mit den Pilzen und Rucolablättern auf Tellern anrichten.

SEBASTIANS TIPPS

Klassische Pasta aglio e olio ist ein Genuss. Diese Variation bringt einiges mehr an Geschmack und Nährstoffen mit sich und ist genauso schnell zubereitet.

Der salzige Geschmack, den man über das Kochwasser in die Pasta bringt, ist essenziell für gute Pastagerichte, Nachwürzen bringt nicht das gleiche Ergebnis.

Knoblauch darf nur sanft geröstet werden. Sobald er zu viel Farbe bekommt, wird er bitter.

ABWANDLUNGEN

Für mehr Vollwertigkeit kann man **Vollkornspaghetti** verwenden.

Anstelle der roten Linsen gehen auch **Borlottibohnen** aus der Dose oder zerkrümelter **Räuchertofu**, den man mit dem Knoblauch anbrät.

Linguine
mit Roter Bete, »Chicken« und Salbei

ZUTATEN

Salz

200 g Linguine (oder Farfalle)

Sauce

2 Knoblauchzehen, geschält

200 g Rote Bete

8 Salbeiblätter

5 EL natives Olivenöl extra

180 g veganes Hähnchengeschnetzeltes (siehe Seite 27 Produkttipp)

1 TL Ahornsirup

Saft und fein abgeriebene Schale von 1 Bio-Zitrone

Salz

frisch gemahlener Pfeffer

Topping

1 Handvoll junger Spinat (oder Rucola)

2 EL Mandelstifte, geröstet

• In einem Topf 3 l Wasser aufkochen und mit 1–2 EL Salz kräftig würzen. Die Linguine darin nach Packungsangabe al dente kochen; abgießen, dabei etwas Nudelkochwasser aufbewahren.

• Inzwischen den Knoblauch fein würfeln, die Rote Bete in hauchdünne Scheiben hobeln, die Salbeiblätter halbieren.

• Das Öl in einer großen Pfanne erhitzen, das vegane Geschnetzelte darin in 3 Minuten schön braun anbraten. Knoblauch, Rote Bete und Salbei zufügen und 5 Minuten scharf anbraten; mit Sirup, 2 EL Zitronensaft und 1 EL Zitronenschale abschmecken. Eine Schöpfkelle Nudelkochwasser und die gekochte Pasta dazugeben. Alles kurz erhitzen, gut durchmischen und mit Salz, Pfeffer und Zitrone abschmecken.

• Die Linguine auf zwei Teller verteilen und mit Spinat und Mandelstiften garnieren.

SEBASTIANS TIPPS

Bio-Rote-Bete lässt sich gründlich gewaschen mitsamt Schale hobeln. Es ist essenziell, dass die Knollen hauchdünn gehobelt werden. Hat man keinen Hobel, ist grob raspeln eine Alternative.

Die Hände vor dem Hobeln mit Öl einreiben, so verfärben sie sich nicht.

Nuss-Parmesan (siehe Seite 103) passt hervorragend dazu.

ABWANDLUNGEN

Für mehr Vollwertigkeit kann man **Vollkornpasta** verwenden.

Die Rote Bete kann durch **Kohlrabi, Sellerie, Pastinake** oder **Spargel** ersetzt werden.

Anstelle des Geschnetzelten gegarte **weiße Bohnen** anbraten.

Orecchiette

mit Mangold und Linsen

ZUTATEN

Salz

200 g Orecchiette (oder Farfalle)

150 g rote Linsen

150 g Mangold (oder Spinat)

1 rote Zwiebel, geschält

3 EL Olivenöl

15 Kirschtomaten

100 g Sojasahne (siehe Seite 35 Produkttipps)

frisch gemahlener Pfeffer

Kräuter, gehackt (nach Belieben)

• In einem großen Topf 3 l Wasser aufkochen, mit 1–2 EL Salz kräftig würzen und die Pasta darin nach Packungsangabe al dente kochen; abgießen, dabei etwas Nudelkochwasser aufbewahren.

• Inzwischen die Linsen in ein Sieb geben, abbrausen und abtropfen lassen, die Mangoldblätter in 3 cm breite Streifen, die Stiele in 1 cm große Rauten schneiden. Die Zwiebel halbieren und längs in feine Streifen schneiden.

• Eine große Pfanne erhitzen, Mangoldstiele und Zwiebel hineingeben, mit dem Öl beträufeln und in 3 Minuten braun anbraten. Die Linsen dazugeben und 1 Minute anbraten, 300 ml Wasser angießen, die Mangoldblätter dazugeben und zugedeckt 10 Minuten köcheln lassen.

• Die Tomaten halbieren, mit der Sojasahne dazugeben und offen etwa 1 Minute einkochen lassen, bis eine sämige Sauce entsteht.

• Die Nudeln und eine Schöpfkelle Nudelkochwasser in die Pfanne geben, kurz aufkochen und mit Salz, Pfeffer, etwas Olivenöl und nach Belieben Kräutern abschmecken.

SEBASTIANS TIPPS

Am nächsten Tag sind die Pasta mit Apfelessig und frischen Kräutern abgeschmeckt ein fantastischer Nudelsalat.

Die leicht bittere Note des Mangolds harmoniert perfekt mit den sahnigen Linsen. Auch farblich ist das Gericht ein absoluter Hingucker.

Blitzpolenta
mit rauchigen Bohnen und Blumenkohlsalat

ZUTATEN

Blumenkohlsalat
200 g Blumenkohl

5 Stängel Petersilie (oder 20 Basilikumblätter)

750 ml Sojadrink

Salz

2 EL Olivenöl

1 EL Ahornsirup

2 EL Apfelessig

frisch gemahlener Pfeffer

Rauchige Bohnen
2 Knoblauchzehen, geschält

2 EL natives Olivenöl extra

240 g Riesenbohnen (aus der Dose; oder kleine weiße Bohnen), plus 3 EL Bohnenwasser

geräuchertes Paprikapulver

Salz

frisch gemahlener Pfeffer

10 Kirschtomaten

Polenta
150 g Minutenpolenta

2 EL natives Olivenöl extra

Salz

frisch gemahlener Pfeffer

• Für den Salat den Blumenkohl in 4 cm große Röschen teilen, die Petersilie fein hacken. Sojadrink, 1 TL Salz und Kohl in einem Topf aufkochen lassen, vom Herd nehmen und zugedeckt 5 Minuten ziehen lassen. Inzwischen die Petersilie mit den restlichen Salatzutaten in einer Schüssel zu einem Dressing verrühren.

• Für die Bohnen den Knoblauch fein schneiden. Eine kleine Pfanne stark erhitzen, Knoblauch und Öl hineingeben und in 1 Minute leicht braun braten. Die Bohnen mit dem Bohnenwasser dazugeben, mit 1 großzügigen Prise Paprikapulver, sowie je 1 Prise Salz und Pfeffer abschmecken. Die Tomaten halbieren, dazugeben, alles einmal aufkochen und dann bei schwacher Hitze ziehen lassen.

• Den Blumenkohl mit einer Schaumkelle aus dem Topf nehmen und mit dem Dressing in der Schüssel mischen.

• Den Sojadrink im Topf bei mittlerer Hitze wieder erwärmen. Die Polenta unter beständigem Rühren mit dem Schneebesen einrieseln lassen und kurz aufkochen, bis sie abbindet; noch 1 Minute rühren, bis der Schaum des Sojadrinks verschwindet. Die Polenta vom Herd nehmen, das Öl einrühren und mit Salz und Pfeffer abschmecken.

• Zwei Teller mit je der Hälfte der cremigen Polenta ausstreichen, die Bohnen darüber verteilen und mit Blumenkohl dekorieren.

ABWANDLUNGEN

Statt Blumenkohl verwende ich gerne **Selleriestreifen, Brokkoli** oder **Kohlrabi**.

Die Bohnen durch **veganes Hack** oder **Geschnetzeltes** ersetzen, dieses etwas länger anbraten und identisch würzen.

Anstelle der Polenta **Couscous** zubereiten: 150 g Couscous mit 450 ml kochender Gemüsebrühe übergießen und zugedeckt 5 Minuten ziehen lassen. Dann mit der Gabel auflockern und je 2 EL Olivenöl, Zitronensaft und fein geschnittene Petersilie unterheben.

Blumenkohlsamtsuppe
mit Kichererbsen-Apfel-Topping

ZUTATEN

Suppe

1 kleiner Blumenkohl, geputzt (500 g), plus ein paar kleine Blätter

750 ml leicht würzige Gemüsebrühe

90 g helles Cashewmus (oder helles Mandelmus)

1–2 TL Apfelessig

Salz

frisch gemahlener Pfeffer

Topping

1 Knoblauchzehe, geschält

1 süßsaurer Apfel, vom Kerngehäuse befreit

5 Stängel Petersilie

2 EL Olivenöl

gemahlener Zimt

240 g Kichererbsen (aus der Dose oder dem Glas)

Salz

frisch gemahlener Pfeffer

• 400 g Blumenkohl mit dem Messer oder im Mixer sehr fein hacken. Den restlichen Kohl für das Topping in 5 mm dicke Scheiben, die schönen, kleinen Blätter in Streifen schneiden; beides beiseitestellen.

• Den gehackten Kohl mit der Brühe in einem Topf aufkochen und dann zugedeckt 10 Minuten köcheln lassen.

• Währenddessen für das Topping den Knoblauch fein schneiden, den Apfel in 1 cm große Würfel schneiden, die Petersilie hacken. Eine Pfanne stark erhitzen, Knoblauch, Blumenkohlscheiben und- blätter hineingeben, mit dem Öl beträufeln und in 2 Minuten scharf und braun anbraten. 1 Prise Zimt darüberstreuen und kurz rösten. Die Kichererbsen dazugeben und alles bei mittlerer Hitze etwa 4 Minuten garen, der Kohl sollte noch etwas Biss haben. Falls er zu stark bräunt, 1–2 EL Wasser hinzufügen. Zum Schluss Apfelwürfel und Petersilie untermengen, das Topping mit Salz und Pfeffer abschmecken und vom Herd nehmen.

• Cashewmus und Essig zur Suppe geben, diese mit dem Stabmixer glatt pürieren und mit Salz und Pfeffer abschmecken. Die Suppe auf zwei Schalen verteilen, mit dem Topping garnieren und genießen.

SEBASTIANS TIPPS

Die Kombination aus cremiger Suppe und Topping, das Röstaromen, Biss, Süße und Säure vereint, bedient alle Geschmackssinne.

Wichtig ist, den Blumenkohl nicht zu überkochen, sonst entwickelt sich das typische Kohlaroma, das viele nicht mögen. Die Kunst ist, den Punkt abzupassen, an dem der Kohl gar ist, aber noch mild. Hier hilft das sanfte Köcheln – anstatt mit Vollgas zu kochen.

ABWANDLUNGEN

Kohlrabi, **Brokkoli** oder **Süßkartoffeln** eignen sich antelle des Blumenkohls wunderbar.

Das Nussmus durch 200 g **Sojasahne** ersetzen, dann nur 600 ml Brühe verwenden.

Süßkartoffel-Kichererbsen-
Suppe
mit Brezenchips und Schmorzwiebeln

ZUTATEN

Suppe

1 große Süßkartoffel, geschält (400 g)

240 g Kichererbsen (aus der Dose oder dem Glas)

600 ml Gemüsebrühe

1 EL Apfelessig

100 g Sojasahne (siehe Seite 35 Produkttipps; oder 2 EL weißes Mandelmus)

Salz

frisch gemahlener Pfeffer

Brezenchips

1 Breze

1 kleine Knoblauchzehe, geschält

1 EL Olivenöl

Salz

frisch gemahlener Pfeffer

geräuchertes Paprikapulver

Schmorzwiebeln

1 große rote Zwiebel, geschält (100 g)

1 EL Olivenöl

Salz

frisch gemahlener Pfeffer

• Die Süßkartoffel grob raspeln. Süßkartoffel, Kichererbsen und Brühe in einen Topf geben und zugedeckt etwa 10 Minuten kochen, bis sie weich sind; nach 5 Minuten den Essig dazugeben.

• Währenddessen die Breze in Scheiben schneiden, den Knoblauch fein reiben oder durchpressen. Das Öl in einer beschichteten Pfanne erhitzen und beides darin knusprig braten, mit je 1 Prise Salz, Pfeffer und Paprikapulver würzen, noch kurz braten, aus der Pfanne nehmen und beiseitestellen.

• Die Zwiebel halbieren und längs in feine Streifen schneiden. Die Pfanne mit 1 EL Öl bei mittlerer Hitze erwärmen und die Zwiebel darin glasig anschwitzen, mit Salz und Pfeffer würzen.

• Die Sojasahne in den Topf geben, alles fein pürieren und mit Salz, Pfeffer und etwas Essig abschmecken. Die Suppe in zwei Schalen füllen, mit Schmorzwiebeln und Brezenchips anrichten und genießen.

SEBASTIANS TIPPS

Wenn man Süßkartoffel und Kichererbsen mit etwas Öl im Ofen bei 180 °C 20 Minuten anröstet und dann püriert, bringt man ordentlich Umami-Aroma in die Suppe.

Je nach verwendeter Kichererbsen- und Süßkartoffelsorte kann man etwas mehr Brühe benötigen.

ABWANDLUNGEN

Anstatt der Kichererbsen gekochte **rote Linsen** oder **weiße Bohnen** verwenden.

Die Süßkartoffel lässt sich durch **Brokkoli** oder **Sellerie** austauschen.

Die Suppe schmeckt auch mit **Kokosmilch** wunderbar, dann die Sojasahne weglassen und am besten noch etwas **Ingwer** mitkochen.

Schnelles
Joghurt-»Chicken«
mit Chapati

ZUTATEN

2 Zwiebeln, geschält

4 Knoblauchzehen, geschält

1 Bund Koriandergrün

3 EL Olivenöl

180 g veganes Hähnchen (siehe Seite 27 Produkttipps)

2 EL Tomatenmark (50 g)

2 EL Würzhefeflocken (siehe Seite 119 Tipp)

1½ EL gutes Garam masala

Salz

400 ml milde Gemüsebrühe

4 Vollkorn-Chapati (oder Pita; gekauft oder siehe Seite 170 Tipp)

150 g Sojajoghurt

frisch gemahlener Pfeffer

• Zwiebeln und Knoblauch getrennt voneinander fein würfeln. Das Koriandergrün fein hacken. In einer großen Pfanne 2 EL Öl erhitzen und die Zwiebeln darin in 2 Minuten braun braten; in einen Mixbecher geben.

• In die gleiche Pfanne das restliche Öl (1 EL) geben und das vegane Hähnchen darin anbraten. Währenddessen Tomatenmark, Knoblauch, Hefeflocken und zwei Drittel des Koriandergrüns zu den Zwiebeln geben und und mit dem Stabmixer leicht stückig pürieren. Das Garam masala zu den knusprigen Schnetzeln in die Pfanne geben und 20 Sekunden rösten, dann mit der Zwiebelpaste ablöschen, alles rasch vermengen und 1 Minute garen. ½ TL Salz und die Brühe zufügen und alles 10 Minuten köcheln lassen, bis es angedickt ist.

• Die Brote im Toaster oder Ofen aufwärmen. Die Pfanne vom Herd nehmen, den Joghurt einrühren. Mit Salz, Pfeffer und Garam masala abschmecken. Das Gericht mit dem Fladenbrot auf zwei Tellern anrichten, mit dem Rest Koriandergrün bestreuen und servieren.

SEBASTIANS TIPPS

Der Joghurt bringt Säure ins Gericht. Wichtig ist, dass er nicht mitkocht, sonst könnte er ausflocken. Also erst die Pfanne vom Herd nehmen und dann den Joghurt einrühren.

ABWANDLUNGEN

Tofu oder **Tempeh** anstelle von veganem Chicken verwenden. Für mehr Biss friere ich weißen Tofu gerne über Nacht ein und lasse ihn zwischen zwei Lagen Küchenpapier in einer Schüssel auftauen. Vor dem Verwenden noch etwas auspressen, in 2 cm große Stücke brechen und in der Pfanne wie oben beschrieben knusprig braten.

Mehr Gemüse geht immer: Gedämpfte **Blumenkohlröschen** oder **Kartoffelwürfel** schmecken hervorragend im Curry.

3 EL **Rosinen** zu Beginn mit angebraten, verleihen dem Curry ein wundervolles Aroma.

Popcorn-»Chicken«
auf Reisnudelsalat

ZUTATEN

400 g Tofu Natur

1 Bio-Gurke, (etwa 250 g)

1 EL Apfelessig

Salz

frisch gemahlener Pfeffer

100 g Reisnudeln

4 EL gehacktes Koriander-
grün (oder Frühlings-
zwiebeln)

Marinade

1 Knoblauchzehe, geschält

40 g Olivenöl

60 g Sojasauce

1 EL Apfelessig

frisch gemahlener Pfeffer

Panade

15 g Speisestärke

20 g Würzhefeflocken
(siehe Seite 119 Tipp)

• Den Tofu in 1 cm große, unregelmäßige Stücke reißen und in eine Schüssel geben. Für die Marinade den Knoblauch reiben und mit Öl, Sojasauce, Essig und 1 Prise Pfeffer verrühren. Zwei Drittel davon über den Tofu geben und kurz ziehen lassen, sodass er die Marinade aufnimmt. Den Ofen auf 220 °C Umluft stellen.

• Stärke und Hefeflocken in einer Schüssel vermengen. Den Tofu dazugeben und kräftig in der Panade schwenken, sodass er davon umhüllt ist. Ein Backblech mit Backpapier auslegen, den panierten Tofu darauflegen und in etwa 15 Minuten im Ofen knusprig backen.

• Währenddessen die Gurke halbieren, das weiche Innere samt Kernen mit einem Löffel herausschaben und zusammen mit dem Essig zu dem restlichen Drittel der Marinade geben, pürieren. Das Dressing mit Salz und Pfeffer gut würzig abschmecken.

• Die Gurkenhälften mit einem Sparschäler oder dünnen Hobel in feine Tagliatelle schneiden.

• Die Reisnudeln mit 1 l kochendem Wasser übergießen und nach Packungsangabe etwa 2 Minuten ziehen lassen. Die Nudeln abgießen, mit der Gurke in eine Schüssel geben, mit dem Dressing vermengen und bis zum Servieren ziehen lassen.

• Den Salat mit dem Popcorn-»Chicken« und dem Koriandergrün in Schalen anrichten und servieren.

ABWANDLUNGEN

Wer Zeit hat, kann den Reisnudelsalat aufwerten, zum Beispiel mit feinen **Karottenstiften**, die mit den Reisnudeln überbrüht werden, mit **Sprossen**, **Paprikastreifen**, gebratenen **Shiitakepilzen** oder geröstetem **Sesam**. Der Kreativität sind kaum Grenzen gesetzt.

SEBASTIANS TIPPS

Für einen schnellen Dip zu diesem Gericht einfach 40 g Tomatenmark mit je 5 g Ahornsirup und Apfelessig, etwas fein geriebenem Ingwer und 1 Prise Salz verrühren.

Das Popcorn-»Chicken« aus dem Ofen ist die fettärmere Zubereitungsvariante. Man kann die Tofustücke auch in einer beschichteten Pfanne in reichlich Öl goldbraun knusprig braten.

Kürbis-Linsen-Hummus
mit Masala-Paprika

ZUTATEN

Hummus
450 g Hokkaidokürbis, von Fasern und Kernen befreit

2 Knoblauchzehen, geschält

150 g rote Linsen

100 g Tahin (siehe Seite 162 Tipp)

Salz

frisch gemahlener Pfeffer

Masala-Paprika
2 große Zwiebeln, geschält (200 g)

1 große rote Paprikaschote, geputzt (250 g)

2 EL Olivenöl

1 EL Tomatenmark

1 gestr. EL Garam masala

200 ml milde Gemüse-brühe

• Für den Hummus den Kürbis mitsamt Schale in 5 mm dicke Streifen schneiden. Den Knoblauch grob hacken. 500 ml Wasser in einem Topf aufkochen, Kürbis, Knoblauch und Linsen hineingeben und zugedeckt in etwa 12 Minuten gar kochen.

• Währenddessen die Zwiebeln halbieren und längs in Streifen schneiden. Die Paprika grob würfeln. Das Öl in einer beschichteten Pfanne erhitzen und die Zwiebeln darin scharf anbraten, sie sollten gut Farbe bekommen. Die Paprika dazugeben und 2 Minuten anbraten. Tomatenmark und Garam masala hinzufügen, 30 Sekunden unter Rühren anbraten, mit der Brühe ablöschen und kurz aufkochen lassen. Die Hitze reduzieren und alles zugedeckt 10 Minuten köcheln lassen.

• Kürbis, Knoblauch und Linsen in ein Sieb abgießen, das Kochwasser auffangen. Den Siebinhalt lauwarm abbrausen, mit dem Tahin in einen Mixbecher geben und mit dem Stabmixer fein pürieren. Esslöffelweise nach Bedarf Kochwasser dazugeben, bis die gewünschte Konsistenz erreicht ist; mit Salz und Pfeffer abschmecken.

• Den Hummus auf zwei Teller streichen, in der Mitte eine kleine Mulde formen, die Masala-Paprika darauf platzieren und genießen.

SEBASTIANS TIPPS

Gerne kröne ich alles mit einem Topping aus geröstetem Sesam, fein gehackten Kräutern und Frühlingszwiebeln.

Das Abschrecken der Gemüse-Linsen-Mischung ist wichtig, damit sie beim Pürieren nicht klebrig wird. Beim Pürieren von klassischem Hummus gebe ich immer ein paar Eiswürfel dazu.

Ich schneide den Kürbis in Streifen/Halbmonde, weil dies minimalen Schneideaufwand erfordert und der Kürbis so in maximal kurzer Zeit weich gart.

ABWANDLUNGEN

Statt Kürbis kann man **Süßkartoffel, Brokkoli** oder auch **Sellerie** verwenden.

Kichererbsen oder **weiße Bohnen** aus der Dose sind ein gute Alternative für die Linsen. Diese dann ebenfalls mit dem Kürbis kochen.

Grüner

Graupen-Bohnen-Risotto
mit Schmorfenchel

ZUTATEN

120 g Graupen

1 Zwiebel, geschält

4 EL Olivenöl

800 ml heiße Gemüse-
brühe

2 kleine junge Fenchel-
knollen mit viel Grün

Salz

frisch gemahlener Pfeffer

2 EL Würzhefeflocken
(siehe Seite 119 Tipp)

1 Bund Basilikum

240 g weiße Bohnen (aus
der Dose oder dem Glas),
plus 100 ml Bohnen-
wasser

1 TL Apfelessig

• Den Ofen auf 220 °C Ober-/Unterhitze vorheizen. Die Graupen mit 1 l lauwarmem Wasser bedecken und 5 Minuten quellen lassen; das Wasser abgießen. Inzwischen die Zwiebel fein würfeln. Einen Topf erhitzen, Zwiebel mit 2 EL Öl hineingeben und in 2 Minuten bei starker Hitze leicht braun anbraten. Die Graupen dazugeben, 1 Minute braten, mit Brühe ablöschen, aufkochen und offen 15 Minuten köcheln lassen.

• Den Fenchel waschen, das Grün abschneiden und beiseitelegen. Die Knollen halbieren, den Strunk etwas herausschneiden und dann jede Hälfte dritteln, die Drittel sollten zusammenhalten. Die Fenchelstücke in einer Schüssel mit 1 EL Öl, je 1 großzügigen Prise Salz und Pfeffer und 1 EL Hefeflocken mischen. Ein Backblech mit Backpapier belegen, den Fenchel daraufgeben und 10 Minuten im Ofen backen.

• Das Basilikum mit dem restlichen Öl (1 EL), 1 Prise Salz und 3 EL Wasser in einen Mixbecher geben und mit dem Stabmixer pürieren.

• Die Hälfte vom Fenchelgrün klein schneiden und zusammen mit den Bohnen und dem Bohnenwasser zu den Graupen geben. Köcheln lassen, bis alles schön angedickt ist und die Graupen leicht bissfest sind; mit Salz, Pfeffer, den restlichen Hefeflocken (1 EL) und Essig abschmecken. Die Hälfte vom Basilikumöl einrühren.

• Den Risotto auf zwei Teller verteilen, den Fenchel darauf anrichten und den Rest Basilikumöl darüberträufeln, mit Fenchelgrün garnieren.

ABWANDLUNGEN

Der Fenchel lässt sich durch halbierte **Zucchini**, die ich rautenförmig einritze, oder **Brokkoliröschen** ersetzen.

Anstelle der Graupen kann man **Kochdinkel** oder **Risottoreis** verwenden. Deren Kochzeit ist etwas länger.

SEBASTIANS TIPPS

Das Einweichen der Graupen reduziert die Kochzeit ordentlich. Nach maximal 10 Minuten sollten sie abgegossen werden, da sie sonst zu schnell weich und schleimig werden.

Die Würzhefeflocken dienen als Parmesanersatz. Beim Fenchel könnte man sie durch 1 EL Tomatenmark ersetzen, aber bei den Graupen empfehle ich, sie zu verwenden.

Näher ans Original kommt man, wenn man ein Stückchen vegane Butter am Schluss einrührt. Diese Version hier ist deutlich leichter und trotzdem lecker.

Asiatische
Tofupfanne süßsauer
mit Reisnudeln

ZUTATEN

400 g weißer Tofu

2 große Karotten, geschält

Salz

120 g Reisnudeln

3 EL Olivenöl

3 TL gelbe oder grüne Thai-
Currypaste (oder 2 TL
gutes Currypulver)

2 TL Tomatenmark

1 EL Würzhefeflocken
(siehe Seite 119 Tipp)

1 Bund Koriandergrün

600 ml milde Gemüse-
brühe

2 gestr. TL Speisestärke

2 TL Apfelessig

2 EL Ahornsirup

frisch gemahlener Pfeffer

2 TL Sojasauce

• Den Tofu in 1 cm große Rauten schneiden. Die Karotten schräg in 5 mm dicke Scheiben schneiden. 2 l Wasser aufkochen, mit 2 EL Salz würzen, den Tofu hineingeben und 3 Minuten ziehen lassen. Das verbessert Textur und Geschmack. Den Tofu aus dem Wasser nehmen, die Reisnudeln hineingeben und nach Packungsangabe 2–3 Minuten ziehen lassen, bis sie weich sind. Die Nudeln in ein Sieb abgießen und kurz kalt abschrecken.

• Währenddessen eine große beschichtete Pfanne erhitzen. Den Tofu mit 2 EL Öl hineingeben und bei starker Hitze auf jeder Seite in 3 Minuten knusprig braun braten; auf einen Teller geben. Currypaste, Tomatenmark, Hefeflocken, Karotten und das restliche Öl (1 EL) in die Pfanne geben und 2 Minuten braten. Inzwischen das Koriandergrün hacken und die Hälfte davon dazugeben, mit 500 ml Brühe ablöschen und 5 Minuten ohne Deckel köcheln lassen. Die restliche Brühe (100 ml) mit Stärke, Essig und Ahornsirup mischen, in die Sauce rühren und kochen lassen, bis sie angedickt ist, mit ½ TL Pfeffer und Sojasauce würzen, den Tofu dazugeben und kurz erwärmen.

• Die Sauce mit Salz, Pfeffer und nach Belieben Ahornsirup und Essig würzig abschmecken. Die Nudeln auf zwei Schalen verteilen, das Tofugemüse dazugeben und mit dem restlichen Koriandergrün garnieren.

ABWANDLUNGEN

Dieses Basisrezept kann dutzendfach abgewandelt werden. Für mehr Schärfe gebe ich **Chilischote** und frischen **Ingwer** dazu.

Zusammen mit den Karotten **grünen Spargel** und gedämpften **Brokkoli** anbraten.

Tempeh oder **veganes Hähnchen** anstelle von Tofu anbraten.

Anstelle von Currypaste kann man mit **Harissapaste** oder scharfem **Ajvar** würzen.

Wer **Reis** vom Vortag übrig hat, kann diesen anstelle der Reisnudeln mit 2 fein geschnittenen **Frühlingszwiebeln** anbraten.

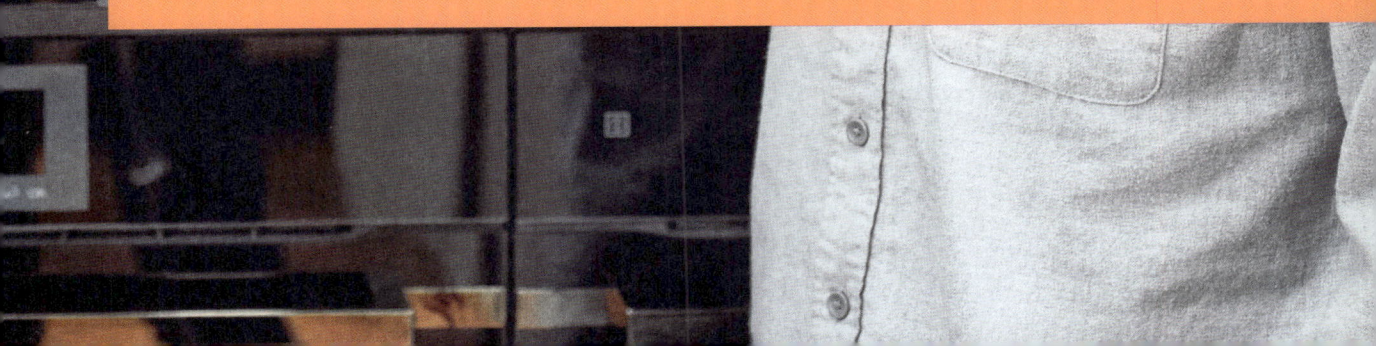

EMOTIONALE KLASSIKER

Gerichte aus unserer Kindheit, die emotional für immer mit uns verknüpft sein werden, sind in der pflanzlichen Küche gerade in der Umstellungsphase enorm wichtig. An ihnen sieht man am besten, dass man kulinarisch auf nichts verzichten muss und geschmacklich alles möglich ist.

Festliche Rouladen
mit Blaukraut und Kartoffelknödeln

ZUTATEN

Rouladen
2 große Soja Big Steaks
Salz
frisch gemahlener Pfeffer
2 EL Kokosöl (geschmacksneutral)
1 kleine Karotte, geschält
2 Essiggurken
100 g Räuchertofu
2 EL mittelscharfer Senf

Sauce
1 kleine Lauchstange, geputzt
100 g Karotte, geschält
150 g Knollensellerie, geputzt
1 große Zwiebel, geschält
1 Bio-Kartoffel (100 g)
100 g Kokosöl (geschmacksneutral)
1 Zweig Rosmarin
2 EL Würzhefeflocken (siehe Seite 119 Tipp)
25 g Belugalinsen (oder andere Linsen)
300 ml trockener Rotwein (oder 250 ml milde Brühe, vermischt mit 50 ml Aroniasaft)
2 EL Tomatenmark
1 l milde Gemüsebrühe, plus etwas Brühe zum Ablöschen
2 EL Sojasauce
2 EL Essiggurkensud
1 TL Senf

Blitz-Blaukraut
1 kleiner Kopf (500 g) Rotkohl
1 großer Apfel (Boskop)
1 kleine Zwiebel, geschält
3 EL Apfelessig
1 TL Salz
1 TL Zucker
frisch gemahlener Pfeffer
1 EL Kokosöl (geschmacksneutral)

Kartoffelknödel
300 g mehligkochende Kartoffeln, geschält
Salz
300 g Kloßteig halb & halb (aus dem Kühlregal)
1½ EL Speisestärke (fürs Kochwasser)

• Die Sojasteaks mit kochendem Wasser überbrühen und 10–30 Minuten ziehen lassen.

• Für die Sauce den Lauch gründlich waschen und in Ringe schneiden. Karotte und Sellerie in 1 cm große Stücke schneiden. Die Zwiebel vierteln, die Kartoffel in 5 mm dicke Scheiben schneiden. Alles mit Öl, Rosmarin, Hefeflocken und Linsen in eine Schüssel geben.

• Den Ofen auf 190 °C Ober-/Unterhitze vorheizen. Einen großen ofenfesten Bräter auf dem Herd stark erhitzen. Den Schüsselinhalt hineingeben und in 5 Minuten dunkelbraun anrösten, mit 100 ml Wein ablöschen, mit einem Pfannenwender aus Holz den Bratensatz vom Boden lösen. Den Wein vollständig einkochen lassen. Das Tomatenmark dazugeben und in 3 Minuten dunkelbraun rösten, mit 100 ml Wein ablöschen, den Bratensatz lösen und den Wein einkochen lassen. Alles erneut anrösten, mit dem restlichen Wein (100 ml) ablöschen und einkochen lassen, dann 15 Minuten im Ofen rösten.

Auf Seite 216 geht's weiter →

• Inzwischen die Sojasteaks abgießen, kalt abschrecken und mit der Hand ausdrücken. Die Steaks auf einem Schneidebrett waagrecht halbieren. Die vier halb so dicken Steaks rundherum mit Salz und Pfeffer würzen.

• In einer großen beschichteten Pfanne 1 EL Kokosöl stark erhitzen und die Steaks darin 1–2 Minuten von jeder Seite anbraten, bis deutliche Röststellen zu sehen sind. Für gleichmäßige Röstaromen und eine schöne Textur die Steaks dabei mit einem Topf beschweren.

• Die Steaks auf ein Schneidbrett legen. Karotte, Gurken und Tofu in sehr feine Streifen (Julienne) schneiden. Die Steaks auf der Oberseite mit Senf bestreichen, mit Tofu, Gurken und Karotte belegen und straff aufrollen; mit Zahnstochern oder Küchengarn fixieren.

• Die Pfanne erneut erhitzen. Die Rouladen mit dem restlichen Öl (1 EL) hineingeben und in 5–10 Minuten rundherum braun anbraten. Mit etwas Brühe ablöschen, den Bratensatz lösen.

• Den Bräter aus dem Ofen nehmen, 500 ml Brühe hineingießen und den Bratensatz lösen. Die Rouladen auf das Gemüse setzen, sie sollten zur Hälfte in Brühe liegen, und 20 Minuten im Ofen garen. Die Rouladen wenden und weitere 20 Minuten garen. Die restliche Brühe (500 ml) angießen, die Rouladen erneut wenden und noch mal 20 Minuten garen.

• Inzwischen den Kohl sehr fein hobeln, den Apfel grob raspeln. Die Zwiebel halbieren und in feine Streifen schneiden. Alle Zutaten für das Blaukraut bis auf die Zwiebel und das Öl in einer Schüssel mit der Hand kräftig durchkneten, luftdicht verschließen und 30–60 Minuten ziehen lassen. Den Kohl mit der Hand ausdrücken, den Saft auffangen. Das Öl in einem Topf erhitzen und die Zwiebel darin glasig anschwitzen. Den Kohl dazugeben und 4 Minuten anbraten. Den ausgedrückten Saft angießen und 15 Minuten einköcheln lassen; mit Salz, Pfeffer und Zucker abschmecken; warm halten.

• Währenddessen für die Knödel die 300 g Kartoffeln fein raspeln und sofort mit 1 TL Salz mit den Händen durchkneten, damit sie nicht braun werden; 5 Minuten zugedeckt ziehen lassen. Ein sauberes Küchentuch ausbreiten, die Kartoffeln daraufgeben, das Tuch aufdrehen und so die Flüssigkeit aus der Masse pressen, es sollten etwa 150 g Kartoffelraspel verbleiben.

• Kartoffelraspel und Kloßteig in einer Schüssel gut durchkneten. In einem Topf 4 l Wasser erhitzen, die Stärke mit etwas von dem Wasser anrühren und in das Kochwasser einrühren, leicht salzen und aufkochen. Aus dem Teig mit angefeuchteten Händen vier Knödel formen und ins Wasser geben. Die Hitze reduzieren und die Knödel im siedenden Wasser in etwa 25 Minuten gar ziehen lassen. Den Herd ausschalten, die Knödel können bis zu 40 Minuten ziehen, bis man sie benötigt.

• Den Bräter aus dem Ofen nehmen, die Rouladen auf einen Teller setzen. Die Flüssigkeit durch ein Sieb in einen Mixbecher gießen, etwa ein Viertel von dem Bratgemüse dazugeben und glatt pürieren. Die Sauce in einem Topf bis zur gewünschten Konsistenz einkochen lassen, mit Sojasauce, Gurkensud und Senf abschmecken und die Rouladen darin kurz ziehen lassen.

• Pro Person zwei Rouladen, Knödel und Sauce auf einem Teller anrichten.

SEBASTIANS TIPPS

Das kräftige Anbraten der Rouladen ist essenziell für den Geschmack.

Dies ist kein schnelles Gericht, deshalb gleich die doppelte Menge Rouladen zubereiten, um am nächsten Tag noch mal zu genießen. Sauce ist genug vorhanden.

Sauce, Knödel und Kraut sind deftig und lecker. Wer es nicht weiß, wird sie nicht als rein pflanzlich enttarnen. Die Rouladen hingegen wird niemand mit Fleisch verwechseln. Sie haben trotzdem einen schönen Biss, sind deftig und lecker, aber deutlich leichter.

Durch die Stärke im Kochwasser halten die Knödel besser zusammen.

ABWANDLUNG

Die Knödel erfordern deutlich weniger Aufwand als komplett frisch gemachte, und sie sind um Welten besser als Knödel aus 100 Prozent fertigem Teig. Wer **Knödel komplett selbst machen** möchte, muss 300 g geschälte Kartoffeln kochen, gut ausdampfen lassen und durch die Presse drücken. Die Masse lauwarm abkühlen lassen, dann mit den ausgedrückten Kartoffelraspeln und 2 TL Kartoffelstärke verkneten und würzen. 20 Minuten zugedeckt ruhen lassen, formen und wie beschrieben garen. Es empfiehlt sich, einen Testknödel zu machen. Falls dieser zerfällt, mehr Stärke in den Teig einarbeiten.

Deftiger Linseneintopf
mit Würstel

ZUTATEN

1 kleine Lauchstange, geputzt (100 g)

100 g Sellerie, geschält

100 g Karotte, geschält

100 g Räuchertofu

200 g festkochende Kartoffeln

1 Bund Petersilie

1 TL Kümmelsamen

2 EL Kokosöl (geschmacks-neutral; oder 4 EL Oliven-öl)

2 Lorbeerblätter

1 EL getrocknete Steinpilze (oder Würzhefeflocken)

3 Wacholderbeeren

200 g grüne Linsen

1 EL Bratöl

1 Packung Like Meat rote Bratwürste (siehe Seite 27 Produkttipps)

2 EL dunkler Balsamico-essig

Salz

frisch gemahlener Pfeffer

2 dicke Scheiben Bauern-brot

4 EL vegane saure Sahne (nach Belieben)

• Den Lauch gründlich waschen. Lauch, Sellerie und Karotte in 1 cm große Stücke schneiden. Den Tofu 5 mm groß würfeln, die Kartoffeln in 2 cm große Würfel schneiden. Petersilienblätter und -stiele getrennt voneinander fein hacken, den Kümmel im Mörser leicht zerstoßen.

• Einen großen Topf stark erhitzen. Lauch, Tofu, Karotte, Sellerie, Kartoffeln und Öl hineingeben und 4 Minuten kräftig anbraten. Kümmel, Lorbeer, Steinpilze, Wacholder und Petersilienstiele dazugeben und 1 Minute braten. Es muss alles braun angebraten sein.

• Mit etwa 100 ml Wasser ablöschen, dieses verkochen lassen und den Bratensatz mit einem Pfannenwender aus Holz vom Topfboden lösen; erneut 3 Minuten anrösten. Inzwischen die Linsen in einem Sieb abbrausen und etwas abtropfen lassen. Die Linsen zugeben und 1 Minute anrösten. 900 ml Wasser und die Hälfte der Petersilienblätter zufügen. Die Suppe aufkochen und zugedeckt 40 Minuten bei mittlerer Hitze köcheln lassen.

• Das Öl in einer Pfanne erhitzen und die Würste darin gut anbraten, bis sie knusprig und knackig sind; warm halten.

• Das Gemüse mit dem Kartoffelstampfer etwas zerdrücken, bis der Eintopf andickt, eventuell etwas einkochen lassen; mit Essig, Salz und ordentlich Pfeffer abschmecken.

• Das Brot leicht toasten. Den Eintopf in zwei Schalen schöpfen, mit Würsten, Petersilie und nach Belieben veganer saurer Sahne krönen und mit dem Brot genießen.

ABWANDLUNG

Anstelle der empfohlenen Wurst knusprig gebratene **Räuchertofuwürfel** auf dem Eintopf anrichten.

SEBASTIANS TIPPS

Ich koche Bolognese seit 30 Jahren – früher natürlich nicht vegan. Im Zuge meiner Ernährungsumstellung habe ich daran gearbeitet, den Geschmack so zu perfektionieren, dass man keinen Unterschied zu einer handwerklich guten Bolognese erkennt. Kombiniert mit frischer Pasta (siehe Seite 112) einfach ein Weltklasse-Essen.

Die Sauce entfaltet ihren Charme, wenn man gute Zutaten mit guter Kochtechnik und viel Zeit kombiniert. Sie muss mind. 2 Stunden garen, 4 Stunden wären besser.

Die Sauce am Vortag und in doppelter Menge zubereiten, der Aufwand ist fast der gleiche. Am Folgetag schmeckt sie IMMER um 30 Prozent besser, den Rest tiefkühlen. Ich habe immer Bolognese im Gefrierschrank – perfektes Comfort-Food.

Schmecken die Tomaten nicht aromatisch-süß, kann man 100 ml Orangensaft dazugeben. Das gleicht Süße und Säure aus.

Rösten und Ablöschen sind entscheidend für den Geschmack (siehe Seite 219 Tipp).

Spaghetti Bolognese

ZUTATEN

200 g weißer Tofu

100 g Räuchertofu

6 EL Olivenöl

Salz

2 Stangen Staudensellerie, geputzt (130 g)

2 große Karotten, geschält (200 g)

2 Zwiebeln, geschält

5 g getrocknete Pilze (z. B. Shiitake- oder Steinpilze; oder 3 EL Würzhefeflocken)

2 Lorbeerblätter

300 ml kräftiger italienischer Rotwein (mind. 13 Vol.-% Alkohol)

2 EL Tomatenmark

2 Dosen Pelati-Tomaten (800 g; siehe Seite 187 Tipp)

1 EL weißes Mandelmus (oder Cashewmus)

1 gestr. EL Oregano

1 EL Sojasauce

frisch gemahlener Pfeffer

250 g Spaghetti

Nuss-Parmesan (siehe Seite 103) zum Servieren

• Den Backofen auf 220 °C Umluft stellen. Ein Backblech mit Backpapier belegen. Den Tofu zerkrümeln, mit 3 EL Öl und 1 großzügigen Prise Salz kurz durchkneten, auf dem Blech verteilen und in etwa 30 Minuten im Ofen braun und leicht knusprig backen, nach 20 Minuten durchmischen. Aus dem Ofen nehmen.

• Währenddessen Sellerie und Karotten in 2 cm große Würfel schneiden und dann im Mixer mithilfe der Pulse-Funktion fein krümelig hacken. Alternativ beides 5 mm groß würfeln und in einem Mixbecher mit dem Stabmixer fein krümelig zerkleinern. Die Zwiebeln sehr fein würfeln. Die Pilze fein hacken.

• Einen großen ofenfesten Topf, der mindestens 5 l fasst, stark erhitzen. Zwiebeln, Gemüse, das restliche Öl (3 EL), Pilze und Lorbeer dazugeben und 5 Minuten bei starker Hitze braun braten; mit 100 ml Wein ablöschen. Den Tofu dazugeben, den Bratensatz mit einem Pfannenwender aus Holz vom Topfboden lösen und den Wein verkochen lassen. Das Tomatenmark dazugeben, 3 Minuten kräftig anrösten, sodass deutlich brauner Bratensatz zu sehen ist; mit 100 ml Wein ablöschen, Bratensatz lösen, Wein verkochen lassen. Noch ein letztes Mal kräftig anrösten, den restlichen Wein (100 ml) und die Tomaten dazugeben, den Bratensatz lösen und die Tomaten zerkleinern, den Deckel auflegen.

• Den Ofen auf 140 °C aufheizen und den zugedeckten Topf für mind. 2 Stunden (gerne auch 4 Stunden) hineinstellen. Für die letzten 30 Minuten den Deckel abnehmen. Die Sauce aus dem Ofen nehmen und mit Mandelmus, Oregano, Sojasauce, Salz und Pfeffer abschmecken.

• In einem großen Topf 3 l Wasser erhitzen, kräftig salzen und die Pasta darin al dente kochen. Pasta und Sauce mischen, auf Tellern anrichten und mit etwas Nuss-Parmesan bestreuen.

ABWANDLUNG

Zusammen mit der Samtsauce (siehe Seite 124) und der Käsesauce (siehe Seite 137) sowie 500 g Lasagnenudeln kann man daraus eine grandiose **Lasagne** zubereiten. Die Nudelblätter am besten 2 Minuten in gesalzenem Wasser nach Packungsangabe vorkochen und dann Samtsauce – Nudeln – Bolognese schichtweise fünf- bis sechsmal einfüllen. Abschließend Käsesauce darauf verteilen und die Lasagne 40 Minuten bei 180 °C backen.

Schupfnudeln
mit Kraut

ZUTATEN

Kraut

200 g Räuchertofu

2 Zwiebeln, geschält (150 g)

1 Apfel (Boskop), geschält
und vom Kerngehäuse
befreit (100 g)

2 EL Olivenöl

½ TL Kümmelsamen

250 g frisches Sauerkraut

1 Lorbeerblatt

100 ml milde Gemüsebrühe

100 g Sojasahne (siehe
Seite 35 Produkttipps)

Salz

frisch gemahlener Pfeffer

4 EL fein gehackte Peter-
silie

Schupfnudeln

Salz

500 g Kloßteig halb & halb
(aus dem Kühlregal)

150 g Weizenmehl Type
550 (oder Dinkelmehl
Type 630)

1 EL Olivenöl

• Den Tofu in 1 cm große Würfel, die Zwiebeln in feine Halbringe schneiden. Den Apfel fein würfeln. Das Öl in einer großen beschichteten Pfanne erhitzen und den Tofu darin knusprig braten. Die Hälfte davon in eine Schüssel geben; beiseitestellen. Zwiebeln und Kümmel zum restlichen Tofu in die Pfanne geben und 5 Minuten kräftig braten. Kraut, Lorbeer und Apfel zufügen und 2 Minuten anbraten; mit der Brühe ablöschen. Das Kraut zugedeckt bei mittlerer Hitze 20 Minuten köcheln lassen.

• Währenddessen für die Schupfnudeln 4 l Wasser in einem Topf aufkochen und gut salzen. Die Hitze so weit reduzieren, dass das Kochwasser nur noch siedet. Kloßteig, Mehl und 1½ TL Salz mit 80 ml lauwarmem Wasser in eine Schüssel geben, gut vermischen und kurz sanft durchkneten. Je nach Kloßteig kann man etwas mehr Mehl oder Flüssigkeit benötigen, der leicht klebrige Teig sollte schön zusammenhalten und zugleich leicht fluffig sein.

• Aus dem Teig zwischen den Handflächen Schupfnudeln rollen, diese nebeneinander auf ein Brett oder einen Teller legen und mit Mehl bestäuben. Die Schupfnudeln im siedenden Wasser etwa 3 Minuten garen, bis sie nach oben schwimmen. In ein Sieb geben, abschrecken und abtropfen lassen. Das Öl in einer beschichteten Pfanne erhitzen und die Schupfnudeln darin rundherum knusprig braun braten. Den beiseitegestellten Tofu zum Aufwärmen dazugeben.

• Die Sojasahne unter das fertige Kraut mengen und kurz einkochen lassen; mit Salz und Pfeffer abschmecken. Noch etwas Flüssigkeit hinzufügen, falls das Kraut zu trocken ist.

• Die gebratenen Schupfnudeln mit Knuspertofu und Kraut anrichten, mit Petersilie garnieren und genießen.

ABWANDLUNG

Keine Sojasahne, sondern 80 ml Brühe und 40 g weißes **Mandelmus** einrühren. Oder das Kraut pur genießen.

SEBASTIANS TIPPS

Auch hier mache ich gerne die doppelte Menge, das Kraut schmeckt am nächsten Tag noch besser.

Deutlich schneller geht's mit gekauften veganen Schupfnudeln.

Der Räuchertofu ist sehr wichtig für den Geschmack und kann nur schwer ersetzt werden. Eine geschmackliche Alternative wäre z. B. ½ TL geräuchertes Paprikapulver.

Rahmgulasch
mit Spätzle

ZUTATEN

Gulasch

125 g Sojawürfel/-schnetzel (TVP)

200 g mehligkochende Kartoffeln, geschält

3 kleine Zwiebeln, geschält

1 mittelgroße rote Paprikaschote, geputzt

3 EL Kokosöl (geschmacksneutral)

750 ml würzige Gemüsebrühe

100 g Sojasahne

3 EL Sojasauce

Salz & frisch gemahlener Pfeffer

2 EL Creme Vega (oder vegane saure Sahne, z. B. von Soyana)

4 EL fein gehackte Petersilie

Gewürzmischung

4 Knoblauchzehen, geschält

1 geh. EL Paprikapulver edelsüß

1 gestr. EL Paprikapulver rosenscharf

1 gestr. TL gemahlener Kümmel

2 gestr. TL Majoran

1 gestr. EL abgeriebene Schale von 1 Bio-Zitrone

1 geh. EL Würzhefeflocken

Spätzle

190 g Hartweizengrieß

125 g Weizenmehl Type 550

2 gestr. TL Salz

¾ TL Backpulver

150 ml Sojadrink

1 EL Olivenöl

• Die Sojawürfel/-schnetzel mit 1 l kochendem Wasser übergießen und 10 Minuten quellen lassen. Das Wasser abgießen, die Würfel ausdrücken (siehe Tipp).

• Währenddessen die Kartoffeln 2 cm groß würfeln, die Zwiebeln halbieren und in Halbmonde schneiden, die Paprika würfeln. 1 EL Öl in einem großen Topf erhitzen. Zwiebeln, Kartoffeln und Paprika darin braun abraten. Parallel eine große beschichtete Pfanne erhitzen, die Sojawürfel -schnetzel mit dem restlichen Öl (2 EL) hineingeben und in 10 Minuten bei starker Hitze richtig braun und knusprig braten. Soja und Gemüse benötigen ungefähr die gleiche Zeit, bis sie braun sind.

• Für die Gewürzmischung den Knoblauch fein reiben oder zerdrücken und mit den anderen Zutaten mischen. Soja und Gewürzmischung zum Gemüse geben und 20 Sekunden kräftig anrösten; mit der Brühe ablöschen. Aufkochen, den Bratensatz mit einem Pfannenwender aus Holz lösen und zugedeckt 20 Minuten köcheln lassen.

• Inzwischen in einem weiten Topf 4 l Wasser aufkochen und gut salzen. Die Hitze reduzieren, bis das Wasser nur noch leicht sprudelnd kocht. Für die Spätzle alle trockenen Zutaten vermengen, Sojadrink und 150 ml Wasser hinzufügen. Die Masse mit einem Holzlöffel verrühren und 2–3 Minuten kräftig ausschlagen, bis sie zähflüssig ist und sich gut ziehen lässt. Den Teig mit einem Spätzlebrett oder -hobel in das Wasser schaben oder reiben und 2 Minuten garen. Die Spätzle in ein Sieb abgießen, sofort eiskalt abschrecken und beiseitestellen.

• Die Kartoffeln im Gulasch zerdrücken, die Sahne angießen, mit Sojasauce, Salz und Pfeffer würzen und sämig einkochen lassen.

• Die Spätzle in dem Öl in einer beschichteten Pfanne kurz anbraten, mit dem Gulasch anrichten und mit Creme Vega und Petersilie garnieren.

ABWANDLUNG

500 g **Champignons** sind eine wunderbare Alternative für die Sojawürfel -schnetzel. Die Pilze halbieren und in einer Pfanne 4 Minuten sehr kräftig anbraten. Zwei Drittel davon zu den Kartoffeln geben, mit den Gewürzen bestreuen. Die restlichen Pilze kurz vor dem Servieren zufügen, so behalten sie ihren Biss.

Rahmpilze
mit Semmelknödeln

ZUTATEN

Knödel

4 frische Kaiserbrötchen (Semmeln)

1 Zwiebel, geschält (etwa 80 g)

½ Bund Petersilie

1 EL Olivenöl

etwa 200 ml Sojadrink

Salz

frisch gemahlener Pfeffer

Muskatnuss

1 EL Speisestärke

½ TL Backpulver

Rahmpilze

500 g feste Champignons, geputzt

1 Zwiebel, geschält

2 EL Olivenöl

5 g getrocknete Steinpilze

1 TL getrockneter Thymian

1 TL Kümmelsamen

100 ml trockener Weißwein

1 gestr. EL Mehl

250 ml Gemüsebrühe

250 g Sojasahne (Soja Cuisine von Provamel)

½ Bund Petersilie

Salz

frisch gemahlener Pfeffer

Essig

• Für die Knödel die Brötchen in feine Scheiben schneiden und in eine Schüssel geben. Die Zwiebel fein würfeln, die Petersilie fein hacken. Das Öl in einem Topf erhitzen und die Zwiebel darin glasig anschwitzen. Den Sojadrink angießen, mit Salz, Pfeffer und 1 Prise frisch geriebener Muskatnuss leicht würzig abschmecken und einmal aufkochen. Die Brötchen damit übergießen, die Petersilie dazugeben, locker durchmischen und abgedeckt etwa 25 Minuten ziehen lassen.

• Für die Rahmpilze die Pilze vierteln, die Zwiebel fein würfeln. 1 EL Öl in einem Topf erhitzen und die Champignons darin in 3 Minuten scharf und braun anbraten. Sie sollen Farbe, aber noch guten Biss haben. Die Pilze in eine Schüssel geben.

• Die getrockneten Pilze in den Topf bröseln, Zwiebel, Thymian und Kümmel zugeben und leicht braun anbraten. Mit Wein ablösen, diesen komplett verkochen lassen. Das Mehl darüberstreuen und anrösten, Klümpchen zerteilen. Die Brühe angießen, alles gut verrühren und aufkochen lassen. Die Sojasahne zugeben und aufkochen. Die Hitze reduzieren und alles zugedeckt 20 Minuten köcheln lassen. Die Petersilie fein hacken, etwas davon zum Garnieren beiseitestellen.

• In einem Topf 4 l Wasser aufkochen, Backpulver dazugeben und salzen, salzen, die Hitze so reduzieren, dass es nur siedet. Den Knödelteig noch mal durchmischen, die Stärke darüberstreuen und untermengen. Der Teig sollte nur leicht feucht sein und sich gut formen lassen. Mit angefeuchteten Händen vier Knödel daraus rollen. Einen Testknödel ins Wasser geben. Wenn er zusammenhält, alle Knödel hineingeben und 20 Minuten ziehen lassen. Sollte er zerfallen, mehr Stärke in den Knödelteig einarbeiten.

• Die Pilzsahne mit dem Stabmixer schaumig mixen. Champignons und Petersilie dazugeben und offen köcheln lassen, bis die Sauce dicklich und schaumig ist; mit Salz, Pfeffer und etwas Essig abschmecken.

• Rahmpilze mit Semmelknödeln auf zwei Tellern anrichten, mit Petersilie garnieren und servieren.

ABWANDLUNGEN

Die Sojasahne durch 200 ml Wasser und 100 g weißes **Mandel- oder Cashewmus** ersetzen.

Austernpilze, Kräuterseitlinge oder eine **Pilzmischung** anstelle der Champignons verwenden.

SEBASTIANS TIPP

Klassisch werden die Knödel mit altbackenen Semmeln oder Knödelbrot gemacht, dann benötigt man 100–150 ml mehr Flüssigkeit. Da man das nicht überall bekommt, habe ich das Rezept mit frischen Semmeln entwickelt.

Buletten
mit Kartoffelsalat

ZUTATEN

Kartoffelsalat

600 g vorwiegend festko-
chende Kartoffeln

Salz

2 kleine Zwiebeln, geschält

4 EL mildes Olivenöl (oder
Rapsöl)

120 ml milde Gemüsebrühe

2 EL mittelscharfer Senf

4 EL Apfelessig

2 TL Zucker (oder Ahorn-
sirup)

frisch gemahlener Pfeffer

Buletten

300 g Räuchertofu

300 g Tofu Natur

6 EL Bratöl

2 Brötchen (etwa 140 g)

100–150 ml Sojadrink

200 g Kartoffeln, geschält

3 TL mittelscharfer Senf

2 EL Sojasauce

1 TL getrockneter Majoran

Salz

frisch gemahlener Pfeffer

• Für den Salat die Kartoffeln in leicht gesalzenem Wasser in 20–30 Minuten weich kochen.

• Inzwischen den Ofen auf 220 °C Umluft stellen. Ein Backblech mit
Backpapier bedecken. Für die Buletten den Tofu fein zerkrümeln, mit
2 EL Öl durchkneten, auf dem Blech verteilen und in 20 Minuten im
Ofen knusprig braun backen. Nach 10 Minuten durchmischen. Er muss
schön braun und leicht knusprig sein. Ziel ist, dass er durch das Trocknen und Rösten eine schöne hackähnliche Konsistenz mit Biss bekommt. Den Ofen auf 160 °C Ober-/Unterhitze stellen.

• Währenddessen für den Salat die Zwiebeln fein würfeln. Das Öl in einer Pfanne erhitzen und die Zwiebeln darin in 3 Minuten glasig anschwitzen. Die Brühe dazugießen und kurz aufkochen. Die restlichen
Zutaten mit dem Schneebesen einrühren und ziehen lassen.

• Die Kartoffeln in ein Sieb abgießen, 30 Sekunden mit kaltem Wasser
abschrecken, pellen, in 1 cm dicke Scheiben schneiden und in eine
Schüssel geben. Das warme Dressing darübergießen und leicht untermischen. Dabei ein paar Kartoffeln mit der Gabel zerdrücken, bis alles
abgebunden ist. Den Salat ziehen lassen und vor dem Servieren noch
mal mit Salz, Pfeffer, Essig und Senf abschmecken.

• Für die Buletten die Brötchen in feine Scheiben schneiden und in
eine Schüssel geben. Den Sojadrink aufkochen, über die Brötchen gießen und kurz ziehen lassen, überschüssige Flüssigkeit ausdrücken. Die
Kartoffeln sehr fein reiben, mit Brötchen, Tofu, Senf, Sojasauce und Majoran gut verkneten und mit Salz und Pfeffer abschmecken. Die Masse
sollte leicht feucht sein und gut zusammenhalten, mit angefeuchteten
Händen 4 cm große Buletten daraufs formen. Das restliche Öl (4 EL) in
einer beschichteten Pfanne erhitzen und die Buletten darin auf jeder
Seite in etwa 4 Minuten knusprig braun braten. Anschließend am besten noch mal bei 160 °C in 10 Minuten fertig garen.

ABWANDLUNGEN

Den Kartoffelsalat als Basis mit **Feldsalat, Frisée, Gurke** oder **Apfel** abwandeln. Auch
Spargel oder **getrocknete Tomaten und Basilikum** sind darin grandios.

Zwiebelrostbraten

mit cremigem Kartoffelpüree

ZUTATEN

Kartoffelpüree

600 g mehligkochende Kartoffeln

Salz

150 g Sojasahne (siehe Seite 35 Produkttipps)

80 g vegane Butter (siehe Seite 35 Produkttipps)

frisch gemahlener Pfeffer

Muskatnuss, frisch gerieben

Braten

2 große Soja Big Steaks

1 l würzige Gemüsebrühe

Salz

frisch gemahlener Pfeffer

1 EL mittelscharfer Senf

4 EL Mehl

4 EL Bratöl

Zwiebelringe

2 Zwiebeln, geschält

3 EL Mehl

1 TL Paprikapulver edelsüß

1 TL Paprikapulver rosenscharf

4 EL Bratöl

Zum Servieren

300 g dunkle Bratensauce (siehe Seite 126), erhitzt

1 große Essiggurke

• Für das Püree die Kartoffeln in gesalzenem Wasser in 30 Minuten sehr weich kochen. Darauf achten, dass die Schale intakt bleibt.

• Inzwischen die Soja Big Steaks in der Brühe aufkochen und 10 Minuten ziehen lassen, dann gut auspressen (siehe Seite 225 Tipp). Die Steaks waagrecht mit dem Messer halbieren. Die entstandenen vier dünnen Steaks rundherum mit Salz und Pfeffer würzen, dünn mit Senf bestreichen und im Mehl wenden; auf einen Teller legen.

• Die weichen Kartoffeln pellen und durch die Kartoffelpresse in einen großen Topf drücken. Das Püree sanft erhitzen, Sojasahne und vegane Butter nach und nach einarbeiten. Das cremige Püree mit Salz, Pfeffer und Muskat würzen, vom Herd nehmen und zugedeckt ziehen lassen.

• Die Zwiebeln in 5 mm dicke Ringe schneiden oder hobeln. Mehl und Gewürze in einem Teller mischen, die Zwiebelringe beidseitig fest hineindrücken; überschüssiges Mehl abklopfen. Das Öl in einer beschichteten Pfanne erhitzen und die Zwiebeln darin bei mittlerer Hitze goldbraun und knusprig braten; zum Abtropfen auf Küchenpapier geben.

• Die Pfanne auswischen, 4 EL Öl hineingeben und die Steaks darin von jeder Seite in etwa 3 Minuten knusprig braun braten (siehe Tipp).

• Je zwei Steaks mit Püree und Bratensauce auf einem Teller anrichten und mit einem Gurkenfächer und Zwiebelringen garnieren.

ABWANDLUNGEN

Dazu passt **Selleriesalat**: 1 Knollensellerie schälen, in gesalzenem Wasser 30 Minuten kochen und 30 Minuten ziehen lassen. Die Knolle in feine Streifen schneiden, warm mit Senfdressing (siehe Seite 136) marinieren und gekühlt 1–2 Stunden ziehen lassen.

Das Kartoffelpüree mit einem milden, nicht bitteren **Olivenöl** anstelle der veganen Butter verfeinern.

Für einen **Sauerbraten** 100 ml guten dunklen Balsamicoessig mit 100 ml Rotwein, 200 ml Gemüsebrühe, 1 fein gewürfelten Zwiebel und 4 Wacholderbeeren mischen. Die gebratenen Steaks 2 Stunden darin marinieren. Die Steaks aus der Marinade nehmen und diese in einem Topf auf ein Drittel einkochen. 500 g dunkle Bratensauce und 50 g vegane Butter unterrühren und 10 Minuten köcheln lassen, die Steaks ein paar Minuten darin ziehen lassen.

Kartoffelpuffer
mit Apfelkompott

ZUTATEN

Kartoffelpuffer

1,2 kg vorwiegend fest-
  kochende Kartoffeln

1 TL Salz

frisch gemahlener Pfeffer

4 EL Bratöl

Kompott

2 Äpfel (Boskop)

50 g Zucker

Saft und fein abgeriebene
  Schale von 1 Bio-Zitrone

Vanille (oder Tonkabohne;
  nach Belieben)

• Die Kartoffeln schälen, fein in eine Schüssel raspeln, mit dem Salz gut durchkneten und luftdicht zugedeckt 5 Minuten ziehen lassen.

• Die Äpfel schälen, halbieren, vom Kerngehäuse befreien und in 2 cm dicke Spalten schneiden. Äpfel, Zucker, 1 EL Zitronensaft und 1 TL Zitronenschale mit 150 ml Wasser und 1 Prise Vanille nach Belieben in einen Topf geben und bei schwacher Hitze zugedeckt 15 Minuten köcheln lassen. Den Deckel abnehmen und das Kompott ein wenig einkochen lassen, bis es schön glänzt.

• Eine große Pfanne erhitzen. Ein sauberes Küchentuch auf der Arbeitsplatte ausbreiten, die Kartoffelmasse daraufgeben, das Tuch an den Enden aufdrehen und die Flüssigkeit über dem Spülbecken ausdrücken. Es verbleiben etwa 500 g Kartoffeln im Tuch. Die Masse mit Salz und Pfeffer würzen. Die Pfanne bei mittlerer Hitze erwärmen, jeweils 1 Handvoll Kartoffeln kugelrund formen, hineinsetzen und zu einem etwa 1 cm dicken Fladen drücken. Mit etwas Öl beträufeln und in 4–5 Minuten von jeder Seite knusprig braun braten.

• Die Kartoffelpuffer zusammen mit dem Kompott servieren.

SEBASTIANS TIPPS

Um die Struktur der Äpfel zu bewahren, das Kompott nicht zu viel rühren.

Wenn der Apfel süß genug ist, kann man den Zucker weglassen.

Natürlich geht auch gekauftes Apfelmus, frisch gemacht ist es allerdings immer einzigartig.

Je nach Kartoffelsorte halten die Puffer manchmal nicht optimal zusammen, dann etwas Speisestärke einarbeiten. Daher am besten immer einen Testpuffer braten.

ABWANDLUNGEN

Für eine **herzhafte Variante** die Kartoffelpuffer mit einem Klecks veganer saurer Sahne oder Crème fraîche, graved Karotten (siehe Seite 158) und Schnittlauchröllchen genießen.

Ein Drittel der Kartoffeln durch **Knollensellerie** ersetzen.

Die Puffer schmecken auch mit **Süßkartoffeln** wunderbar.

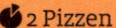
Knusprige
Pizza

ZUTATEN

etwa 600 g Pizzateig (siehe Seite 110)

Sauce

120 g italienische Tomaten-stücke guter Qualität (aus der Dose)

1 EL Tomatenmark

2 TL Ahornsirup

1 gestr. EL Oregano

1 EL Olivenöl

Salz und Pfeffer

Blitzkäse

50 g Karotte, geschält

100 g weißer Tofu

1 kleine Knoblauchzehe, geschält

200 g Sojasahne (siehe Seite 35 Produkttipps)

2 EL Olivenöl

2 TL Apfelessig

1–2 TL Salz

frisch gemahlener Pfeffer

3 EL Würzhefeflocken (siehe Seite 119 Tipp)

Belag

10 kleine, feste Champignons, geputzt

2 reife Tomaten

1 Zweig Rosmarin

1 kleine Knoblauchzehe, geschält

1 EL Olivenöl

getrockneter Oregano

Salz

10 große Basilikumblätter

• Den Ofen auf 250 °C Ober-/Unterhitze vorheizen. Den Pizzastein, falls vorhanden, eine Schiene über der mittleren im Ofen einschieben und mit aufheizen. Den Teig aus dem Kühlschrank nehmen und zugedeckt ruhen lassen.

• Die Zutaten für die Sauce mit je 1 großzügigen Prise Salz und Pfeffer in einem Topf aufkochen und dann ohne Hitzezufuhr ziehen lassen.

• Für den Blitzkäse die Karotte fein raspeln, den Tofu fein zerkrümeln, den Knoblauch fein reiben. Sojasahne und Karotte in einem Topf bei mittlerer Hitze 10 Minuten köcheln lassen, bis die Karotte schön weich ist. Beides mit Öl, Essig, Salz, Knoblauch und 1 Prise Pfeffer in einen Mixbecher geben, mit dem Stabmixer pürieren und mit dem Tofu vermischen. Mit Hefeflocken, Salz und Pfeffer würzig abschmecken.

• Für den Belag Champignons und Tomaten in 5 mm dicke Scheiben schneiden. Die Rosmarinnadeln abzupfen, den Knoblauch fein reiben. Alles mit dem Öl, 1 Prise Oregano und Salz vorsichtig mischen; die Scheiben sollen intakt bleiben, aber mit den Gewürzen benetzt sein.

• Den Teig halbieren. Zwei Backbleche mit Backpapier belegen. Eine Teighälfte auf einem Blech mit den Händen von innen nach außen drücken und dabei drehen, sodass ein runder, etwa 3 mm dünner Fladen entsteht. Um den Teig mit dem Nudelholz auszurollen, das Backpapier auf die Arbeitsfläche legen und beim Ausrollen immer wieder drehen. Den Teig auf dem Papier auf das Backblech oder den Pizzastein ziehen.

• Die Hälfte der Sauce auf dem Teig verteilen, etwas Blitzkäse daraufgeben und on top Tomaten und Pilze legen. Die Pizza 10–15 Minuten im Ofen backen, bis der Rand bräunt und der Belag ebenfalls appetitlich geröstet aussieht. Während die erste Pizza gart, die zweite ausrollen und belegen. Die fertige Pizza mit Basilikum toppen und genießen.

ABWANDLUNGEN

Für eine **käsefreie Pizza** träufle ich gutes Olivenöl über die fertig gebackene Pizza und gebe ein paar Spritzer guten fünfjährigen Balsamicoessig darüber.

Sehr lecker auch mit gebratenen **Zucchinischeiben**, mit in Öl und Knoblauch marinierten **Räuchertofuwürfeln** und ein paar Klecksen **veganer saurer Sahne**.

SEBASTIANS TIPPS

Pizza ist ein perfektes Beispiel für Käseersatz und zeigt, was Käse aus Kuhmilch geschmacklich macht. Er hat viel Fett, entwickelt leckere Röstaromen, wirkt geschmacksverstärkend und liefert Textur. Das alles kann der Blitzkäse rein technisch gesehen auch. Wird man ihn mit Kuhmilchkäse verwechseln? Nein. Bietet er gleichwertigen Genuss? Ja.

Der Blitzkäse ist eine Variante nach der Idee von meinem guten Freund und Kochkollegen Surdham Göb. Danke für die Inspiration, Surdham.

Durch das Backen im oberen Ofendrittel auf dem Pizzastein ist die Pizza näher an der Hitze und wird schneller gar und knusprig.

Käsesauce (siehe Seite 137) ist auch sehr lecker auf der Pizza.

DESSERTS & SÜSSES

Süßes steht an der Spitze der Ernährungspyramide und sollte nicht täglich auf dem Speiseplan stehen. Doch am Wochenende, für ein Fest oder als Abschluss eines Menüs muss es manchmal etwas Süßes sein.

Paradiesische Creme
mit Röstaprikosen

ZUTATEN

Creme

100 ml Kichererbsen-Koch-
wasser (aus der Dose
oder dem Glas; siehe
Tipp)

½ Päckchen Sahnesteif

40 g Rohrohrpuderzucker

400 g Sojaquark (Alpro
Skyr Vanilla high protein)

Saft und abgeriebene
Schale von 1 Bio-Zitrone

Aprikosen

8 mittelgroße reife, leicht
feste Aprikosen

Mark von 1 Vanilleschote

Salz

1 TL gutes Olivenöl

2 EL Mandelblättchen,
geröstet

• Das Kichererbsen-Kochwasser mit dem Handrührgerät oder der Küchenmaschine 2 Minuten auf höchster Stufe schlagen. Das Sahnesteif dazugeben und das Wasser in 5–8 Minuten steif schlagen. Man muss die Schüssel umdrehen können, ohne dass die Masse herauskommt. Den Zucker hinzufügen und 1 Minute unter den Kicherschnee schlagen.

• Den Sojaquark mit dem Schneebesen kurz und kräftig einrühren, mit 2 TL Zitronensaft und 1 TL Schale abschmecken; zugedeckt im Kühlschrank 15 Minuten ruhen lassen.

• Die Aprikosen halbieren, vom Stein befreien und sechsteln. Eine kleine beschichtete Pfanne erhitzen, die Aprikosen hineingeben und bei starker Hitze auf jeder Seite 30 Sekunden anbraten. Sobald deutlich Röstaromen zu sehen sind, die Aprikosen in eine Schüssel geben und mit Vanillemark, 1 kleinen Prise Salz und Öl mischen.

• Die Creme in Glasschalen füllen, mit Aprikosen und Mandelblättchen garnieren und genießen.

SEBASTIANS TIPPS

Die Qualität des Kichererbsen-Kochwassers (Aquafaba) ist entscheidend. Ich nehme es immer von Kichererbsen aus der Dose von der Marke Rapunzel. Grundsätzlich sollte das gekaufte Produkt nur Kichererbsen, Wasser und Salz enthalten.

Benötigt man für ein Gericht Kichererbsen, das Wasser stets auffangen und tiefkühlen. So hat man es vorrätig, z. B. für ein Dessert.

Aquafaba muss länger geschlagen werden als Eiweiß, bis es steif wird, daher nicht zu früh aufgeben. Wichtig ist, dass Schüssel und Schneebesen sauber und fettfrei sind und dass man die Reihenfolge (siehe Rezept) einhält.

ABWANDLUNG

Auch andere vegane Fruchtquark-Alternativen eignen sich. Wichtig ist, dass es ein festerer Quark und kein Joghurt ist. Man kann auch **Sojajoghurt Natur** über Nacht abtropfen lassen (siehe Seite 99), mit Fruchtpüree mischen – etwa 100 g Frucht für 300 g abgetropften Joghurt – und wie oben beschrieben verwenden.

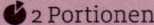
Bananeneis
mit Schokosauce und salziger Schoko-Erdnuss

ZUTATEN

3 reife Bananen (200 g Fruchtfleisch)

100 g vegane Zartbitter-kuvertüre

80 g geröstete, gesalzene Erdnüsse

200 g Sojasahne (von Provamel)

2 weiche Medjoul-Datteln, entsteint

Mark von 1 Vanilleschote

• Am Vortag die Bananen schälen, in 1 cm dicke Scheiben schneiden, in eine Box geben, diese verschließen und über Nacht tiefkühlen.

• Ebenfalls am Vortag die Schokolade fein hacken und im Wasserbad bei schwacher Hitze schmelzen. Die Erdnüsse mit der Schokolade überziehen und auf Backpapier geben, fest werden lassen. Schokolade, die nicht an den Nüssen hängt, in der Schüssel lassen und 100 g Sojasahne unterrühren. Die Schokosahne ebenfalls über Nacht kalt stellen. Die schokolierten Erdnüsse zerbrechen, in eine Schüssel geben und luftdicht verschließen.

• Vor dem Servieren die Schokosahne leicht erwärmen, sodass sie wieder flüssig wird. Die Datteln grob schneiden und mit den tiefgekühlten Bananen, der restlichen Sojasahne (100 g), und dem Vanillemark in einen Mixbecher geben und mit dem Stabmixer pürieren. Anfangs scheint es so, als würde das nie was werden, aber nach 2 Minuten ist ein cremiges Eis entstanden.

• Das Eis in zwei Schalen geben, mit Schokosauce und -nüssen garnieren und genießen.

SEBASTIANS TIPPS

Klein geschnittene Bananen habe ich immer im Eisfach. So kann ich jederzeit ein leckeres, gesundes Eis machen.

ABWANDLUNG

Anstatt der Datteln 1 Handvoll **Erdbeeren, Mango** oder andere Früchte mit der tiefgekühlten Banane pürieren.

SEBASTIANS TIPPS

Ich nehme für die Küchlein am liebsten runde (Ø 6 cm) oder rechteckige Silikon-Kuchenförmchen.

Da nahezu jeder Ofen unterschiedlich backt, ist bei allen Backrezepten immer etwas Eigenverantwortung gefragt und die Stäbchenprobe unerlässlich.

Die Idee mit dem Natron-Sojadrink, der das Ganze fluffig macht, stammt von meinen Kollegen von »Pink Elephant Cooking«. Eine großartige Technik, die ich mittlerweile bei vielen Kuchen nutze.

Schokoküchlein

mit Rum-Ananas

ZUTATEN

Schokoküchlein

100 g Weizenmehl Type 550, durchgesiebt, plus Mehl für die Förmchen

50 g Kokosraspel

½ gestr. TL Backpulver

15 g Kakao

75 g Margarine (oder Kokosöl), zimmerwarm, plus Margarine für die Förmchen

75 g Rohrohrzucker

½ TL gemahlener Zimt

gemahlener Sternanis

Muskatnuss, frisch gerieben

Salz

½ TL gemahlene Vanille

1 TL Apfelessig

¼ TL Natron

200 ml Sojadrink

6 Muffinförmchen (Ø 6 cm)

Rum-Ananas

200 g süßes, reifes Ananasfruchtfleisch (½ kleine Ananas)

2 EL Ahornsirup

Saft und abgeriebene Schale von 1 Bio-Orange

1 Sternanis

1 Zimtstange

4 EL Rum

Salz

Zum Servieren

3 EL Kokoschips, hellbraun geröstet

2 EL fein geriebene weiße Schokolade

• Den Ofen auf 175 °C Ober-/Unterhitze vorheizen. Sechs Muffinförmchen (Ø 6 cm) fetten und mit Mehl bestäuben oder Papierförmchen verwenden.

• Die Kokosraspel in einem Mixbecher mit dem Stabmixer »pulverisieren« und durchsieben, sodass alle Klümpchen weg sind – aufgrund ihres Fettgehalts klumpen sie leicht. Mehl, Backpulver und Kakao dazugeben. Margarine, Zucker, Zimt, 1 sehr großzügige Prise Sternanis, je 1 Prise Muskat und Salz sowie Vanille mit dem Handrührgerät schaumig schlagen. Essig, Natron und Sojadrink mit dem Schneebesen kurz schaumig verquirlen, Mehl- und Fettmischung glatt unterrühren. Die Masse etwa 3 cm hoch in die Muffinförmchen füllen und 18–20 Minuten im Ofen backen. Vor dem Herausnehmen die Stäbchenprobe machen und erst dann aus dem Ofen nehmen, wenn nichts mehr am Stäbchen klebt. Die Muffins auskühlen lassen, aus den Förmchen lösen und 1 Stunde ruhen lassen.

• Währenddessen die Ananas in 3 cm große Stücke schneiden. Ahornsirup, 50 ml Orangensaft, Sternanis, Zimtstange, Rum und 1 kleine Prise Salz in einen Topf geben und um die Hälfte einkochen, dann 1 TL Orangenschale hinzufügen. Die Ananas dazugeben, kurz aufkochen, vom Herd nehmen und zugedeckt 10 Minuten ziehen lassen.

• Die Muffins von oben leicht schräg durchschneiden und die Hälften leicht versetzt auf einen Teller setzen. 3 EL Rum-Ananas daneben anrichten und mit Kokoschips und Schokolade garnieren.

ABWANDLUNGEN

Man kann auch **Vollkornmehl** verwenden, dann verändern sich allerdings Geschmack und Luftigkeit, und man sollte etwa 10 Prozent mehr Flüssigkeit zugeben.

Ein **Zitronenkuchen** wird daraus, wenn man anstelle von Schokolade und Gewürzen 1 EL frisch geriebene Bio-Zitronenschale oder Zitronenöl zugibt. Mit Zitronenzuckerguss ein Traum.

Schokomousse
mit karamellisierten Salznüssen

ZUTATEN

Schokomousse

100 g Zartbitterschokolade (70 % Kakao)

100 ml Pflanzenmilch

50 g weißes Cashewmus (oder weißes Mandelmus)

2 EL Pflanzenöl (geschmacksneutral; oder vegane Butter)

80 ml Kichererbsen-Kochwasser (aus der Dose oder dem Glas; siehe Seite 238 Tipp)

1 TL Sahnesteif

40 g Rohrohrpuderzucker

Schokolade, fein geraspelt (nach Belieben)

6 EL Himbeeren (TK) zum Servieren

Karamellnüsse

6 EL gesalzene, geröstete Erdnüsse

3 TL Ahornsirup

• Die Schokolade hacken, in eine große Tasse geben und im Wasserbad schmelzen. Die Pflanzenmilch lauwarm erwärmen, mit Schokolade, Cashewmus und Öl in einen Mixbecher geben und mit dem Stabmixer zu einer glatten, cremig glänzenden Masse verarbeiten.

• Das Kichererbsen-Kochwasser mit dem Handrührgerät oder in der Küchenmaschine 2 Minuten auf höchster Stufe schlagen. Das Sahnesteif dazugeben und das Wasser in 5–8 Minuten steif schlagen. Beim Umdrehen der Schüssel darf die Masse nicht herauskommen. Den Zucker zufügen und 1 Minute unter den Kicherschnee schlagen.

• Die leicht warme Schokomasse mit dem Schneebesen sanft unter den Kicherschnee heben. Nach Belieben fein geraspelte Schokolade unterziehen. Die Mousse in Schalen oder Gläser füllen, gut abdecken und mindestens 2 Stunden, besser über Nacht, kalt stellen.

• Nüsse und Ahornsirup in einer kleinen Pfanne bei mittlerer bis starker Hitze unter ständigem Rühren karamellisieren, bis die Flüssigkeit nahezu verdampft ist. Nun die Nüsse bei schwacher Hitze trocknen, bis sie zusammenkleben. Die Nüsse zum Abkühlen auf Backpapier geben, dann mit einem Messer zerkleinern.

• Die Mousse mit Nüssen und tiefgekühlten Beeren garnieren.

SEBASTIANS TIPPS

Die kalte Mousse ist immer etwas klebrig, daher muss man sie noch warm, vor dem Abkühlen, abfüllen.

Die frisch zubereitete Mousse erinnert an Schokoladensahne. In diesem Zustand verwende ich sie gerne zu Kuchen und Co. Sobald die Masse im Kühlschrank fest wird, verändern sich Farbe und Konsistenz um Welten. Also nur die Ruhe, es wird eine stabile, luftige Schokomousse.

Die Mousse hält sich zugedeckt im Kühlschrank wunderbar bis zu vier Tage.

ABWANDLUNGEN

Für eine **weiße Schokomousse** einfach vegane weiße Schokolade verwenden. Friert man die Masse ein, kommt ein tolles **Parfait** heraus.

Luftige

Beeren-Buttercreme-Torte

ZUTATEN

Beeren-Joghurt-Buttercreme

250 g Margarine (Alsan Bio)

40 g Speisestärke

200 ml Sojadrink

100 g Rohrohrpuderzucker

1 großzügige Prise Salz

160 g Wildheidelbeeren (TK)

280 g Himbeeren (TK)

150 g Sojajoghurt Natur

2 EL Zitronensaft

1 Biskuitboden, am Vortag gebacken (siehe Seite 116)

• Die Margarine in 1 cm große Stücke schneiden und in eine Rührschüssel geben. Die Stärke mit dem Sojadrink, Puderzucker und Salz in einem zweiten Gefäß glatt anrühren.

• Je 80 g gefrorene Heidel- und Himbeeren in einem kleinen Topf bei mittlerer Hitze unter ständigem Rühren erwärmen. Die Beeren, sobald sie weich sind, mit dem Stabmixer kurz pürieren und dann durch ein Sieb streichen. Das Beerenmark wieder in den Topf geben und kurz aufkochen. Die angerührte Stärke einrühren und bei niedriger bis mittlerer Hitze 6–8 Minuten unter ständigem Rühren kochen, bis sie gut abgebunden hat und geschmacklich nicht mehr wahrnehmbar ist. Es sollte eine feste Beerencreme entstanden sein, die mehr als zähflüssig ist. Die Creme in eine Schüssel füllen, Joghurt und Zitronensaft einrühren. Die Masse auf ein Backblech gießen und auf Zimmertemperatur abkühlen lassen.

• Die Margarine mit dem Handrührgerät in 3–4 Minuten schaumig rühren. Die ausgekühlte Beerencreme löffelweise hinzufügen und auf niedriger Stufe einrühren, bis die Creme homogen und glänzend ist.

• Den Biskuit mit einem langen, scharfen, dünnen Messer oder mit dem Kuchendraht waagrecht halbieren, sodass zwei etwa 2 cm dicke Böden entstehen. Den unteren Boden auf die Tortenplatte setzen, ein Drittel der Creme daraufgeben und mit einer Tortenpalette gleichmäßig verstreichen. Die restlichen Heidelbeeren (80 g) darauf verteilen und den zweiten Boden daraufsetzen. Die restliche Creme oben mittig daraufgeben und die Torte mithilfe der Palette gleichmäßig – auch an den Rändern – damit überziehen. Sie sollte von einer etwa 1 cm dicken Cremeschicht umhüllt sein.

• Die restlichen tiefgekühlten Himbeeren (200 g) in eine Schüssel geben und mit einer stabilen Tasse sanft zerdrücken, sodass sie in kleine Segmente zerfallen. Die Himbeerkrümel auf die Torte streuen.

• Die Torte sofort servieren oder zugedeckt im Kühlschrank aufbewahren und 20 Minuten vor dem Verzehr aus dem Kühlschrank nehmen.

ABWANDLUNGEN

Anstatt der Beeren kann man wunderbar reife **Mango** verwenden.

Etwas leichter wird die Torte, wenn man die Margarine durch **vegane Schlagsahne** ersetzt. Diese steif schlagen und mit der Beeren-Stärke-Joghurtcreme mischen.

Sahnige Vanillecreme
mit heißen Erdbeeren

ZUTATEN

Vanillecreme

1 Vanilleschote

10 g Karotte, geschält

200 ml Sojadrink Natur (ungesüßt)

25 g vegane Butter (z. B. Alsan Bio)

Salz

250 g Sojasahne (Soja Cuisine von Provamel)

35 g Rohrohrzucker (oder 50 g Ahornsirup)

25 g Speisestärke

Erdbeeren

400 g reife, süße Erdbeeren, geputzt

abgeriebene Schale von 1 Bio-Zitrone

1 EL Ahornsirup

Salz

Basilikumblätter

• Die Vanilleschote längs halbieren, das Mark auskratzen. Die Karotte fein raspeln und mit Sojadrink, Vanillemark und -schote, veganer Butter und 1 Prise Salz in einen Topf geben. Alles kurz aufkochen und dann bei schwacher Hitze zugedeckt 10 Minuten köcheln lassen.

• Sojasahne, Zucker und Stärke mit dem Schneebesen glatt verrühren.

• Die Erdbeeren halbieren und mit 1 TL Zitronenschale, Ahornsirup und 1 kleinen Prise Salz in einem Topf mischen, zugedeckt ziehen lassen.

• Den Topf vom Herd nehmen, die Vanilleschote entfernen. Die Sojasahne hineingießen und im Topf mit dem Stabmixer schaumig mixen. Den Topf wieder auf den Herd stellen und die Flüssigkeit unter ständigem, schnellem, lockerem Rühren mit dem Schneebesen aufkochen, bis sie stark angedickt ist. Die Creme in eine Schüssel füllen und mindestens 1 Stunde kalt stellen, so werden die Luftbläschen eingeschlossen.

• Die Erdbeeren sanft erwärmen. Zwei Basilikumblätter fein schneiden und unter die warmen Erdbeeren mischen. Vom Herd nehmen und zugedeckt 2 Minuten ziehen lassen.

• Die warmen Erdbeeren auf zwei Schalen verteilen, ein bis zwei Nocken Vanillecreme darauf anrichten und mit Basilikumblättern sowie Zitronenzesten garnieren.

SEBASTIANS TIPPS

Die Creme ist zugleich luftig und gehaltvoll-cremig. Sie schmeckt auch lauwarm grandios.

Durch das Mixen und ständige Schlagen während des Aufkochens wird die Creme luftig und locker. Die Technik ist intensiv, aber ebenso essenziell wie Sojadrink und -sahne.

ABWANDLUNGEN

Für eine **Schokocreme** die Karotte weglassen und beim Mixen 1 geh. EL Kakao einarbeiten.

Die Erdbeeren durch **andere Beeren** oder **saisonales Obst** ersetzen.

Zitronentartelettes
mit Baiser

ZUTATEN

½ Rezeptmenge Mürbeteig
(siehe Seite 117)

Lemon Curd

50 g Karotte, geschält

30 g Speisestärke

300 ml Sojadrink (oder
eine andere neutral
schmeckende Milchalter-
native)

abgeriebene Schale von
1 Bio-Zitrone

50 g vegane Butter

50 g Rohrzucker

Salz

80 ml Zitronensaft (von
etwa 3 großen Zitronen)

Baiser

80 ml Kichererbsen-Koch-
wasser (aus der Dose
oder dem Glas; siehe
Seite 238 Tipp)

1 Päckchen Sahnesteif

50 g Rohrohrpuderzucker

Flambiergerät

• Den Mürbeteig zubereiten und wie im Rezept beschrieben backen.

• Währenddessen für den Lemon Curd die Karotte fein würfeln und in 500 ml Wasser in 10 Minuten sehr weich kochen; abgießen. Die Stärke mit 50 ml Sojadrink glatt anrühren. Karotte, 1 EL Zitronenschale, vegane Butter, Zucker, 1 Prise Salz und den restlichen Sojadrink (250 ml) in einem Topf mischen und aufkochen. Die angerührte Stärke einrühren und unter ständigem Rühren 2 Minuten köcheln lassen, bis die Creme deutlich andickt. Den Zitronensaft einrühren und die Creme kurz und kräftig aufkochen. Nach Belieben noch etwas mehr Zitronensaft zugeben, sie soll intensiv zitronig schmecken.

• Die Creme in eine Schüssel geben und 10 Minuten auskühlen lassen. Noch lauwarm in die fertig gebackenen Tartelettes füllen.

• Die Tartelettes zugedeckt im Kühlschrank etwa 1 Stunde abkühlen lassen. Danach das Kichererbsen-Kochwasser mit dem Handrührgerät oder in der Küchenmaschine 2 Minuten auf höchster Stufe schlagen. Das Sahnesteif dazugeben und das Wasser in 5–8 Minuten steif schlagen. Man muss die Schüssel umdrehen können, ohne dass die Masse herauskommt. Den Zucker hinzufügen und 1 Minute unter den steifen Kicherschnee schlagen.

• Den Kicherschnee in einen Spritzbeutel mit großer Tülle füllen und dekorativ auf die Törtchen spritzen. Alternativ mit dem Löffel eine dekorative Nocke aufsetzen. Mit dem Flambiergerät die Baiseroberfläche sanft anrösten, hier schnell und zügig arbeiten, da die Masse nicht so stabil ist. Es soll einfach eine schöne Röstfarbe entstehen. Die Tartelettes servieren und genießen.

SEBASTIANS TIPPS

Den Teig am Vortag zubereiten. Dann hält sich der Arbeitsaufwand in Grenzen.

ABWANDLUNGEN

Für **Vanilletartelettes** die Tartelettes mit Vanillecreme (siehe Seite 248) füllen.

Die Törtchen schmecken auch pur ohne Baiser oder mit **veganer Schlagsahne** gekrönt.

Easy Fudgy Brownie
mit Erdnusssauce

ZUTATEN

Brownie

250 g Zartbitterschokolade

100 ml Pflanzendrink

30 g weiche Datteln, entsteint

80 g Kokosöl (oder vegane Butter)

200 g Apfelmus

150 g Haferflocken

1 TL Backpulver

Salz

Sauce

2 weiche Dattel, entsteint

100 g Erdnussmus

100 ml Pflanzendrink

• Die Schokolade fein hacken. Den Pflanzendrink in einem Topf kurz aufkochen. Pflanzendrink, Datteln und Kokosöl in einen Mixbecher geben und mit dem Stabmixer glatt pürieren. 200 g Schokolade dazugeben und mixen, bis die Masse glatt und glänzend ist. Das Apfelmus kurz einarbeiten.

• Den Ofen auf 165 °C Umluft stellen. Die Haferflocken im Mixer »pulverisieren«, in eine Schüssel geben und mit der restlichen Schokolade (50 g), dem Backpulver und 1 Prise Salz mischen. Den Schokoladendrink einrühren, die Masse kurz quellen lassen.

• Ein Backblech mit Backpapier auslegen und die Masse etwa 1,5 cm hoch darauf verstreichen. Die Brownies 20–25 Minuten im Ofen backen, herausnehmen und komplett auskühlen lassen. Sie sind nach dem Backen noch sehr weich. Am besten den ausgekühlten Boden über Nacht im Kühlschrank ruhen lassen, das hebt den Geschmack deutlich.

• Die Datteln grob zerteilen und mit den restlichen Zutaten für die Sauce mit dem Stabmixer glatt pürieren.

• Die ausgekühlten Brownies mit Sauce beträufeln und genießen.

SEBASTIANS TIPPS

Je nach Beschaffenheit der Zutaten kann es sein, dass man etwas mehr Flüssigkeit benötigt. Die Masse soll sich gut verstreichen lassen und darf nicht zu fest sein. Wenn sie zu trocken ist, gebe ich gerne etwas mehr Apfelmus dazu.

ABWANDLUNGEN

Ich gebe anstatt Apfelmus auch gerne gekochte, pürierte **Süßkartoffel** in die Brownies.

Für einen Proteinturbo 100 g gekochte, pürierte **Bohnen** in den Teig einarbeiten. Dann 100 g Kokosöl dazugeben.

Cremiger
Milchreis
mit Beerengrütze

ZUTATEN

Milchreis

1 Vanilleschote

400 ml Sojadrink

50 g Rohrohrzucker

Salz

100 g Milchreis

100 g Sojasahne (siehe Seite 35 Produkttipps)

2 EL Mandelblättchen, geröstet, zum Servieren

Grütze

1 Bio-Zitrone

150 ml Johannisbeersaft

1 EL Kartoffelstärke

100 g gemischte Beeren (TK)

Süßungsmittel (nach Belieben)

• Die Vanilleschote längs halbieren und das Mark auskratzen. Sojadrink, Zucker, 1 Prise Salz, Vanillemark und -schote in einen Topf geben und bei mittlerer Hitze aufkochen. Vom Herd nehmen und 15 Minuten ziehen lassen.

• Die Schote entfernen. Den Reis dazugeben, bei mittlerer Hitze unter Rühren aufkochen und dann bei schwacher Hitze 20–30 Minuten quellen lassen, bis er weich ist. Die Garzeit schwankt je nach Reissorte, bitte an der Packungsangabe orientieren. Den Reis 10 Minuten auskühlen lassen. Die Sojasahne mit dem Stabmixer etwas schaumig schlagen und unter den Milchreis rühren, so wird er etwas fluffiger.

• Inzwischen von der Zitrone einen Streifen Schale abziehen und mit dem Beerensaft in einen Topf geben. 3 EL Saft abnehmen und die Kartoffelstärke damit anrühren. Den restlichen Saft aufkochen, die Stärke einrühren und 1 Minute sanft kochen, bis der Saft deutlich andickt. Die tiefgekühlten Beeren dazugeben und kurz aufkochen; vom Herd nehmen und zugedeckt ziehen lassen. Die Schale entfernen, die Beeren sanft mischen und nach Belieben süßen.

• Den kalten oder warmen Milchreis mit der warmen Grütze und Mandelblättchen servieren und genießen.

SEBASTIANS TIPPS

Klassischer Milchreis muss cremig sein und ausreichend Fett beinhalten. Das Fett ist essenziell wichtig für den vollen Geschmack. Das funktioniert nicht mit jeder Milchalternative. Am besten klappt es mit relativ neutral schmeckenden Milchalternativen wie Sojadrink in Kombination mit gehaltvollerer Sojasahne. Ich verwende auch gerne Barista-Haferdrink dafür. Dann anstelle der Sojasahne am Ende zusätzlich 50 ml lauwarmen Haferdrink mit 50 g veganer Margarine oder geschmacksneutralem Kokosöl mit dem Stabmixer schaumig schlagen und einarbeiten.

Wer den Milchreis kalt essen möchte, sollte ihn nach dem Kochen komplett auskühlen lassen und erst dann die Sahne einrühren. So bleibt er dauerhaft cremig. Rührt man die Sahne in den warmen Reis, saugt er sie beim Abkühlen komplett auf und wird fest.

Mit Kartoffelstärke wird die Grütze klar, nimmt man Maisstärke, wird sie milchig.

Man kann den Milchreis auch mit klein geschnittenen Datteln süßen.

Kokosschneebälle
mit Zitrussalat

ZUTATEN

80 g Kokosraspel

125 g vegane Kekse
(z. B. Bohlsener Mühle)

80 g natives Kokosöl

100 g Sojajoghurt Natur
(oder Cashewjoghurt)

20 g Rohrohrzucker (oder
Ahornsirup)

1 Prise Salz

Zitrussalat

1 große Blutorange

1 Mandarine

2 Basilikumblätter (oder
Minzeblätter)

1 EL Ahornsirup

Saft und abgeriebene
Schale von 1 Bio-Zitrone

1 Prise gemahlene Vanille

• Die Kokosraspel in einer Pfanne 2 Minuten sanft rösten, auf einen Teller geben. Die Kekse grob zerbröseln und mit 50 g Kokosraspeln mischen. Das Öl zerlassen, Joghurt, Zucker und 1 Prise Salz dazugeben und gut untermischen; 20 Minuten im Kühlschrank ziehen lassen.

• Orange und Mandarine samt weißer Innenhaut schälen und die Filets zwischen den Trennhäuten herausschneiden. Das Basilikum sehr fein schneiden. Fruchtfilets, Basilikum, Ahornsirup, 1 EL Zitronensaft, 1 TL Zitronenschale und Vanille mischen und ziehen lassen.

• Die Kokosmasse aus dem Kühlschrank nehmen, zu golfballgroßen Kugeln rollen und in den restlichen Kokosraspeln wälzen. Die Kugeln mit dem Zitrussalat anrichten und genießen.

SEBASTIANS TIPPS

Die Auswahl der Kekse ist natürlich nicht unwichtig, denn ihr Geschmack wirkt sich direkt auf das Ergebnis aus.

Das Kokosöl wird im Kühlschrank wieder fest und dient somit als natürliches Bindemittel.

ABWANDLUNGEN

Ich gebe in den Zitrussalat gerne 1 TL fein geschnittene milde rote **Chilischote**. Das passt hervorragend.

Den Salat mit anderem reifem Obst wie **Beeren** oder **Pfirsichen** zubereiten.

ENDNOTEN

VEGANISMUS *EINE SOZIALE GERECHTIGKEITSBEWEGUNG UND KEIN FOODTREND*

1. Haussleiter, J. (1935). Der Vegetarismus in der Antike. Berlin: Verlag Alfred Töpelmann.

2. Preece, R. (2008). Sins of the flesh: A history of ethical vegetarian thought. Vancouver: UBC Press.

3. Spencer, C. (2000). Vegetarianism: a history. London: Grub Street Publishing.

4. Davis, J. (2012). World Veganism – past, present, and future. Zugriff am 1. Juli 2021. Verfügbar unter http://bit.ly/2BFiblA

5. Humanistic Texts. (2000). Al-Ma'arri – Sanctity of Life. Zugriff am 1. Juli 2021. Verfügbar unter https://bit.ly/3qb4h50

6. Davis, J. (2016). The Origins of the Vegans: 1944-46. Zugriff am 1. Juli 2021. Verfügbar unter https://bit.ly/3j90VP5

7. Davis, J. (2012). World Veganism – past, present, and future. Zugriff am 1. Juli 2021. Verfügbar unter http://bit.ly/2BFiblA

8. Leneman, L. (1999). No Animal Food: The Road to Veganism in Britain, 1909–1944. Society & Animals Journal, 7(3), 219–228.

9. Fritzen, F. (2016). Gemüseheilige: Eine Geschichte des veganen Lebens. Stuttgart: Franz Steiner Verlag, 62; 115.

10. Cross, L. (1951). Veganism defined. The Vegetarian World Forum, 1(5), 6–7.

11. Henderson, F.K. (1947). The Vegan Way of Life. The Vegetarian, 1(1), 45–46.

12. Henderson, F.K. (1947). The Vegan Way of Life. The Vegetarian, 1(1), 45–46.

13. The Vegan Society. (o.D.). Ripened by human determination – 70 years of The Vegan Society. Zugriff am 1. Juli 2021. Verfügbar unter https://bit.ly/2TPfA7c

14. Cross, L. (1954). The Surge of Freedom. The Vegan, 9(3), 9–12.

15. Coles, S. (1981). International Vegetarian Union: 1st International Vegan Festival 1981 – Denmark. Zugriff am 1. Juli 2021. Verfügbar unter https://bit.ly/3gJJF1b

16. Weltvegantag.org. (o.D.). Der Weltvegantag am 1. November – Feiern für eine gute Sache. Zugriff am 1. Juli 2021. Verfügbar unter https://bit.ly/3cYbGzB

17. American Dietetic Association & Dietitians of Canada. (2003). Position of the American Dietetic Association and Dietitians of Canada: Vegetarian diets. J Am Diet Assoc, 103(6), 748–765.

18. Craig, W.J., Mangels, A.R. & American Dietetic Association. (2009). Position of the American Dietetic Association: vegetarian diets. J Am Diet Assoc, 109(7), 1266–1282.

19. Melina, V., Craig, W. & Levin, S. (2016). Position of the Academy of Nutrition and Dietetics: Vegetarian Diets. J Acad Nutr Diet, 116(12), 1970–1980.

20. Banis, D. (2018). Forbes: Everything Is Ready To Make 2019 The »Year Of The Vegan«. Are you? Zugriff am 1. Juli 2021. Verfügbar unter https://bit.ly/3AcPcor

21. Finanzen.net. (2019). 464 Prozent Kursplus seit dem Börsengang: Wie hoch kann die Beyond Meat-Aktie jetzt noch steigen? Zugriff am 1. Juli 2021. Verfügbar unter https://bit.ly/3h1ukZK

22. Der Tagesspiegel. (2019). Vegane TU-Mensa eröffnet: Tierisch gut – nein danke. Zugriff am 1. Juli 2021. Verfügbar unter https://bit.ly/3hjhbKI

23. Pawlik, V. (2021). Statista: Umfrage in Deutschland zur Anzahl der Veganer bis 2020. Zugriff am 1. Juli 2021. Verfügbar unter https://bit.ly/3dIihyL

24. Süddeutsche Zeitung. (2021). Fleischkonsum so niedrig wie zuletzt 1989. Zugriff am 1. Juli 2021. Verfügbar unter https://bit.ly/3y7yZPs

25. Happy Cow. (2016). 70 Years Ago: Vegan Cookbook No. 1: 70 Vegans In The UK. Zugriff am 1. Juli 2021. Verfügbar unter https://bit.ly/2SEZRaM

26. Wunsch, N.G. (2021). Number of vegans in Great Britain 2014–2019. Zugriff am 1. Juli 2021. Verfügbar unter https://bit.ly/3h1fiDh

27. Ahrens, S. (2020). Statista: Anteil veganer Lebensmittel bei Produktlaunches in Deutschland bis 2018. Zugriff am 1. Juli 2021. Verfügbar unter https://bit.ly/3jWoXa5

28. Mintel. (2018). Deutschland dominiert weiterhin bei veganen Produkteinführungen. Zugriff am 1. August 2020. Verfügbar unter https://bit.ly/3cFxZc5

29. Umweltbundesamt. (2019). Die Zukunft im Blick: Fleisch der Zukunft. Zugriff am 1. Juli 2021. Verfügbar unter https://bit.ly/3dpMWAm

30. Informationsdienst des Instituts der deutschen Wirtschaft. (2021). Vegetarische, vegane und Bioprodukte im Trend. Zugriff am 1. Juli 2021. Verfügbar unter https://bit.ly/3y1LAUs

31. Deutschland is(s)t vegan. (o.D.). Restaurant Sehnsuchtsküche in Mühlacker. Zugriff am 1. Juli 2021. Verfügbar unter https://bit.ly/3w28d9N

32. Graefe, L. (2021). Statista: Anzahl veganer Gastronomiebetriebe in Deutschland bis 2021. Zugriff am 1. Juli 2021. Verfügbar unter https://bit.ly/3qwCsoi

33. Veganuary. (2021). Pressemitteilung: Veganuary erreicht Rekord von 500 000 Anmeldungen – auch namhafte Unternehmen ermutigen ihre Mitarbeiter zu veganem Neujahrsvorsatz.

Zugriff am 1. Juli 2021. Verfügbar unter https://bit.ly/2UcJiUo

34. Veganuary. (2021). Pressemittteilung: Veganuary 2021 – die offiziellen Umfrageergebnisse sind da! Zugriff am 1. Juli 2021. Verfügbar unter https://bit.ly/3AjL1Yj

35. Heute.at. (2021). Erstes Krankenhaus der Welt stellt auf vegane Kost um. Zugriff am 1. Juli 2021. Verfügbar unter https://bit.ly/36orJJy

36. Focus Online. (2021). Israel verbietet als erstes Land den Pelzhandel – und bekommt dafür Lob von Peta. Zugriff am 1. Juli 2021. Verfügbar unter https://bit.ly/2SC8vqs

37. Redaktionsnetzwerk Deutschland. (2021). Frankreich: Erstes veganes Restaurant erhält Michelin-Stern. Zugriff am 1. Juli 2021. Verfügbar unter https://bit.ly/2URb6NZ

38. Rollingpin. (2020). Seven Swans ist das erste vegane Sternerestaurant in Europa. Zugriff am 1. Juli 2021. Verfügbar unter https://bit.ly/3hba8ne

39. Caldwell, G. (2021). Gobal Cosmetic News: The Body Shop to become fully vegan by 2023. Zugriff am 1. Juli 2021. Verfügbar unter https://bit.ly/3x4Z2H8

40. Albert Schweitzer Stiftung. (2021). 25. Juni 2021: Der Anfang vom Ende der Massentierhaltung. Zugriff am 1. Juli 2021. Verfügbar unter https://bit.ly/3qAmkCc

41. Meyer, M. (2021). WTVOX: This Is How Many Vegans Are In The World Right Now (2021 Update). Zugriff am 1. Juli 2021. Verfügbar unter https://bit.ly/3x6AHk7

42. Zeit Online. (2021). Wursthersteller Rügenwalder wächst weiter vegetarisch. Zugriff am 1. Juli 2021. Verfügbar unter https://bit.ly/3x5nXKJ

43. De Boo, J. (2016). Huffingtonpost: How Many Vegans? One of the Fastest Growing Lifestyle Movements. Zugriff am 1. Juli 2021. Verfügbar unter https://bit.ly/3y2KoSi

44. Joy, M. (2018). Beyond Beliefs: A Guide to Improving Relationships and Communication for Vegans, Vegetarians, and Meat Eaters. Brooklyn: Lantern Books.

GRÜNDE *FÜR EINE VEGANE LEBENSWEISE*

1. Statista. (2019). Aus welchen Gründen ernährst du dich Vegan? Zugriff am 1. Juli 2021. Verfügbar unter https://bit.ly/3u0ktH9

2. Rittenau, N. (2021). Umfrage zur Motivation und der Nahrungsergänzung im Rahmen einer veganen Ernährung. Zugriff am 1. Juli 2021. Verfügbar unter https://bit.ly/3v4mXVm

3. McCormick, B. (2019). Why People Go Vegan: 2019 Global Survey Results. Zugriff am 1. Juli 2021. Verfügbar unter

4. Chemnitz, C., Benning, R., Badenschier, F. et al. (2013). FLEISCHATLAS – Daten und Fakten über Tiere als Nahrungsmittel. Berlin: Heinrich-Böll-Stiftung, 21.

5. Vegan Society. (o.D.). Definition of veganism. Zugriff am 1. Juli 2021. Verfügbar unter https://bit.ly/3fsEnVZ

6. Brandt, M. (2020). Statista: Fleischfabriken – Über 2 Millionen Tiere werden täglich geschlachtet. Zugriff am 1. Juli 2021. Verfügbar unter https://bit.ly/3uZujKs

7. Zampa, M. (2018). Sentient Media: How Many Animals Are Killed for Food Every Day? Zugriff am 1. Juli 2021. Verfügbar unter https://bit.ly/33VBSGf

8. Bundesinformationszentrum Landwirtschaft. (2020). Wie lange leben Rind, Schwein, Schaf und Huhn? Zugriff am 1. Juli 2021. Verfügbar unter https://bit.ly/349FzZb

9. Vier Pfoten. (2017). Lebenserwartung von Nutztieren. Zugriff am 1. Juli 2021. Verfügbar unter https://bit.ly/3wkOwdR

10. Verein gegen Tierfabriken. (2020). Schlachtalter vs. natürliche Lebenserwartung. Zugriff am 1. Juli 2021. Verfügbar unter https://bit.ly/349FWD3

11. Schlachthof transparent. (o.D.). Lebenserwartung von Schlachttieren. Zugriff am 1. Juli 2021. Verfügbar unter https://bit.ly/3qyopLg

12. Mc Michael, A.J., Powles, J.W., Butler, C.D. & Uauy, R. (2007). Food, livestock production, energy, climate change, and health. The Lancet, 370(9594), 1253–1263.

13. Regan, T. (2005).Empty Cages: Facing the Challenge of Animal Rights. Lanham: Rowman & Littlefield Publishers, 10.

14. Mann, N.J. (2018). A brief history of meat in the human diet and current health implications. Meat Sci, 144, 169–179.

15. Wrangham, R. (2009). Feuer fangen: Wie uns das Kochen zum Menschen machte – eine neue Theorie der menschlichen Evolution. München: Deutsche Verlags Anstalt.

16. Melina, V., Craig, W. & Levin, S. (2016). Position of the Academy of Nutrition and Dietetics: Vegetarian Diets. J Acad Nutr Diet, 116(12), 1970–1980.

17. Stegemann, J. (2020). Ausbeutung und Elend sind der wirkliche Preis für billiges Supermarktfleisch. Zugriff am 1. Juli 2021. Verfügbar unter https://bit.ly/2DqHtKJ

18. Lebwohl, M. (2016). The Yale Global Health Review: A Call to Action: Psychological Harm in Slaughterhouse Workers. Zugriff am 1. Juli 2021. Verfügbar unter https://bit.ly/3fnLZtZ

19. Victor, K. & Barnard, A. (2016). Slaughtering for a living: A hermeneutic phenomenological perspective on the well-being of slaughterhouse employees. Int J Qual Stud Health Well-being, 11: 10.3402/qhw.v11.30266.

20. Nelson, N. (1972) Kritik der praktischen Vernunft. In: Bernays, P. et al., Hrsg: et al.: Gesammelte Schriften in neun Bänden (Band 4). Fürth: Martin Klaussner, 133.

21. Melina, V., Craig, W. & Levin, S. (2016). Position of the Academy of Nutrition and Dietetics: Vegetarian Diets. J Acad Nutr Diet, 116 (12), 1970–1980.

22. Nepstad, D. C., Stickler, C. M., Filho, B. S. und Merry, F. (2008). Interactions among Amazon land use, forests and climate: prospects for a nearterm forest tipping point. Philos Trans R Soc Lond B Biol Sci, 363(1498), 1737–1746.

23. Greenpeace. (2020). Farming for Failure – How European Animal Farming fuels the climate emergency. Zugriff am 1. Juli 2021. Verfügbar unter https://bit.ly/2TqTiIZ

24. Broom, D. M., Galindo, F. A. & Murgueitio, E. (2013). Sustainable, efficient livestock production with high biodiversity and good welfare for animals. Proc Biol Sci, 280(1771), 20132025.

25. Stehfest, E., Bouwman, L., van Vuuren, D. P. et al. (2009). Climate benefits of changing diet. Climatic Change. 95, 83–102.

26. Poore, J. & Nemecek, T. (2018). Reducing food's environmental impacts through producers and consumers. Science, 360(6392), 987–992.

27. World Health Organization. (2019). Ten threats to global health in 2019. Zugriff am 1. Juli 2021. Verfügbar unter http://bit.ly/3cYciGg

28. Ritchie, H. (2017). Our World in Data – How do we reduce antibiotic resistance from livestock? Zugriff am 1. Juli 2021. Verfügbar unter https://bit.ly/3gBQZc5

29. O'Neill. (2016). Tackling drug-resistant infections globally: Final report and recommendations. Zugriff am 1. Juli 2021. Verfügbar unter https://bit.ly/3vvsh4Y

30. Greger, M. (2007). Their bugs are worse than their bite: Emerging infectious disease and the humanani mal interface. In: Salem, D. J. & Rowan, A. N., Hrsg: The state of the animals 2007. Washington, DC: Humane Society Press, 111–127.

31. Food and Agriculture Organization of the United Nations. (2009). The State of Food and Agriculture 2009 – Livestock in the balance. Rom: FAO, 84.

32. Benatar, D. (2007). The Chickens Come Home to Roost. Am J Public Health. 97(9), 1545–1546.

33. Rosenberg, R. (2015). Detecting the Emergence of Novel, Zoonotic Viruses Pathogenic to Humans. Cell Mol Life Sci, 72(6), 1115–1125.

34. Sharma, S., Thind, S.S. & Kaur, A. (2015). In vitro meat production system: why and how? J Food Sci Technol, 52(12), 7599–7607.

35. Kampwirth, R. (2009). Unsere Ozeane: geplündert, verschmutzt und zerstört. WWF-Bericht über die Bedrohung der Meere und Küsten (aktual. Neuaufl.). Frankfurt am Main: WWF Deutschland.

36. Food and Agriculture Organization of the United Nations. (2020). The State of World Fisheries and Aquaculture – Sustainability in action. Rome: FAO, 4.

37. Food and Agriculture Organization of the United Nations. (2021). Summary Report of the International Symposium on Fisheries Sustainability (S. 2). Zugriff am 1. Juli 2021. Verfügbar unter https://bit.ly/3bKwSZa

38. Mood, A. (2010). Fishcount.org.uk: Worse things happen at sea: the welfare of wild-caught fish. Zugriff am 1. Juli 2021. Verfügbar unter https://bit.ly/3bJ7KSz

39. Food and Agriculture Organization of the United Nations. (2020). The State of World Fisheries and Aquaculture – Sustainability in action. Rome: FAO, 7.

40. Kampwirth, R. (2009). Unsere Ozeane: geplündert, verschmutzt und zerstört. WWF-Bericht über die Bedrohung der Meere und Küsten (aktual. Neuaufl.). Frankfurt am Main: WWF Deutschland,4.

41. Environmental Justice Foundation. (o.D.). Sklaverei auf See – Verteidigung der Menschenrechte auf den Weltmeeren. Zugriff am 1. Juli 2021. Verfügbar unter https://bit.ly/3ve4BCe

42. Greenpeace. (2017). Die Verlierer der Fischerei-Industrie. Zugriff am 1. Juli 2021. Verfügbar unter https://bit.ly/3wszIu4

43. Albert Schweitzer Stiftung. (o.D.) Fische in Aquakultur. Zugriff am 1. Juli 2021. Verfügbar unter https://bit.ly/3ywSK4k

44. Braithwaite, V. (2010). Do Fish Feel Pain? Oxford: Oxford University Press.

45. Balcombe, J. (2017). What A Fish Knows – The Inner Lives of Our Underwater Cousins. London: Oneworld Publications.

46. Stephens, T. (2011). Video shows tool use by a fish. Zugriff am 1. Juli 2021. Verfügbar unter https://bit.ly/3f7grs5

47. Bshary, R., Wickler, W. & Fricke, H. (2002). Fish cognition: a primate's eye view. Anim Cogn, 5(1), 1–13.

48. European Food Safety Authority. (2009). Scientific Opinion of the Panel on Animal Health and Welfare – General approach to fish welfare and to the concept of sentience in fish. The EFSA Journal, 954, 1–27

49. Sneddon, L.U. (2015). Pain in aquatic animals. J Exp Biol, 218(7), 967–976.

50. Zeller, D., Cashion, C., Palomares, M. & Pauly, D. (2018).Global marine fisheries discards: A synthesis of reconstructed data. Fish and Fisheries, 19(1). 30–39.

51. Davies, R., Cripps, S., Nickson, A. & Porter, G. (2009). Definition und Abschätzung des weltweiten Beifangs in der Meeresfischerei – Deutschsprachige Zusammenfassung. Frankfurt am Main: WWF, 7.

52. WWF. (2018). Ungewollter Beifang. Zugriff am 1. Juli 2021. Verfügbar unter https://bit.ly/3u65Im4

53. MayoClinic. (2019). Boost your calcium levels without dairy? Yes you can! Zugriff am 1. Juli 2021. Verfügbar unter https://mayocl.in/2Nurq3v

54. Harvard T.H. Chan School of Public Health. (o.D.). The Nutrition Source – Calcium. Zugriff am 1. Juli 2021. Verfügbar unter https://bit.ly/3atoryf

55. Physicians Committee for Responsible Medicine. (o. D.). Healthy Bones – Build Bone Strength with a Plant- Based Diet. Zugriff am 1. Juli 2021. Verfügbar unter https://bit.ly/3dsg9vH

56. AZ Quotes. (o.D.). Michael Klaper Quotes. Zugriff am 1. Juli 2021. Verfügbar unter https://bit.ly/2ODEi7W

57. Statista. (2020). Milchleistung je Kuh in Deutschland in den Jahren 1900 bis 2019. Zugriff am 1. Juli 2021. Verfügbar unter https://bit.ly/3bg9Yrz

58. Statista. (2019). Pro-Kopf-Konsum von Konsummilch in der Europäischen Union nach Ländern im Jahr 2017. Zugriff am 1. Juli 2021. Verfügbar unter https://bit.ly/3aqATSw

59. Statista. (2020). Pro-Kopf-Konsum von Milch und Milcherzeugnissen in Deutschland nach Art in den Jahren 2016 bis 2018. Zugriff am 1. Juli 2021. Verfügbar unter https://bit.ly/2OPPZsx

60. Wikipedia. (2021). Emmentaler. Zugriff am 1. Juli 2021. Verfügbar unter https://bit.ly/3wlEfOM

61. StatistischesBundesamt. (o.D.). Deutschland größter Milcherzeuger der Europäischen Union. Zugriff am 1. Juli 2021. Verfügbar unter https://bit.ly/3s8bD9L

62. Milchindustrieverband. (2020). Die Milch im Überblick 2019/2020. Zugriff am 1. Juli 2021. Verfügbar unter https://bit.ly/2N5B7Wr

63. Bayrischer Bauernverband. (o. D.). Anbindehaltung beim Milchvieh. Zugriff am 1. Juli 2021. Verfügbar unter https://bit.ly/3dmAous

64. Bundesanstalt für Landwirtschaft und Ernährung. (o. D.). Milchviehhaltung in Deutschland. Zugriff am 1. Juli 2021. Verfügbar unter https://bit.ly/3bdjSdN

65. Chemnitz, C., Rehmer, C., Wenz, K. et al. (2018). Fleischatlas 2018 – Daten und Fakten über Tiere als Nahrungsmittel (2. Aufl.). Berlin: HeinrichBöllStiftung, 25.

66. Deutscher Tierschutzbund. (2012). Enthornen von Rindern. Zugriff am 1. Juli 2021. Verfügbar unter https://bit.ly/3bcEPFv

67. Forschungsinstitut für biologischen Landbau. (2011). Laufställe für horntragende Milchkühe: Empfeh- lungen für die Dimensionierung und Gestaltung. Zugriff am 1. Juli 2021. Verfügbar unter https://bit.ly/3pAgpLy

68. Conrad, A. C. (2016). Herausforderungen einer globalen Wirtschaftsethik. Hamburg: Disserta Verlag, 135.

69. Chemnitz, C., Rehmer, C., Wenz, K. et al. (2018). Fleischatlas 2018 – Datenund Fakten über Tiere als Nahrungsmittel (2. Aufl.). Berlin: HeinrichBöllStiftung, 24.

70. Härle, C.M. (2010). Ökonomische Analyse des Betriebszweiges Milchproduktion unter besonderer Berücksichtigung der Tiergesundheit. Zugriff am 1. Juli 2021. Verfügbar unter https://bit.ly/3ySlHI5

71. Quarks. (2018). Milchproduktion – So stresst die frühe Trennung Kalb und Kuh. Zugriff am 1. Juli 2021. Verfügbar unter https://bit.ly/3avsQDK

72. Roth, B.A., Barth, K. & Hillmann, E. (2009). Vergleich der muttergebundenen und der künstlichen Aufzucht in Bezug auf Gesundheit, Gewichtsentwicklung und chronischen Stress bei Milchviehkälbern. Zugriff am 1. Juli 2021. Verfügbar unter https://bit.ly/2LY4vgw

73. Albert Schweitzer Stiftung. (2019). Mastkälber – Körperliche Leiden und Schäden. Zugriff am 1. Juli 2021. Verfügbar https://bit.ly/3fDsfBy

74. Goodreads. (o. D.). Quotes – Gary L. Francione. Zugriff am 1. Juli 2021. Verfügbar unter https://bit.ly/370JEuf

75. Melina, V., Craig, W. & Levin, S. (2016). Position of the Academy of Nutrition and Dietetics: Vegetarian Diets. J Acad Nutr Diet, 116(12), 1970–1980.

76. Teuteberg, H.J. (1988). Der Verzehr von Nahrungsmitteln in Deutschland pro Kopf und Jahr seit Beginn der Industrialisierung (1850–1975) – Versuch einer quantitativen Langzeitanalyse. Zugriff am 1. Juli 2021. Verfügbar unter https://bit.ly/3pWRGkx

77. Statista. (2021). Pro-Kopf-Konsum von Eiern in Deutschland in den Jahren 2006 bis 2020 (in Stück). Zugriff am 1. Juli 2021. Verfügbar unter https://bit.ly/2RutZ83

78. Schmitz, F. (2014). Tierethik – Grundlagentexte. Berlin: Suhrkamp, 17.

79. Süddeutsche Zeitung. (2015). Legehennen geht es mies – egal, wie sie gehalten werden. Zugriff am 1. Juli 2021. Verfügbar unter https://bit.ly/2ZYfXfs

80. Bundesanstalt für Landwirtschaft und Ernährung. (2019). Bericht zur Markt- und Versorgungslage: Eier 2019. Zugriff am 1. Juli 2021. https://bit.ly/3aZodzm

81. HeinrichBöllStiftung. (2020). Iss was?! Tiere, Fleisch & Ich (Update 2020). Zugriff am 1. Juli 2021. Verfügbar unter https://bit.ly/3spjC2e

82. Deutscher Tierschutzbund. (o.D.). Manipulationen an Tieren. Zugriff am 1. Juli 2021. Verfügbar unter https://bit.ly/3qoAXwX

83. Schmitz, F. (2014). Tierethik – Grundlagentexte. Berlin: Suhrkamp, 18.

84. Chemnitz, C., Rehmer, C., Wenz, K. et al. (2018). Fleischatlas 2018 – Datenund Fakten über Tiere als Nahrungsmittel. Berlin: HeinrichBöllStiftung.

85. Jung, L. & Petow, S. (2020). Deutsche Geflügelwirtschaft: Brustbeinschäden bei Legehennen – Was das Huhn zusammenhält. DGS – Magazin für Geflügelwirtschaft, 8/20, 36.

86. Leyendecker, M., Hamann, H., Hartung, J. et al. (2002). Untersuchungen zur Schalenfestigkeit und Knochenstabilität von Legehennen in drei verschiedenen Haltungssystemen. Zugriff am 1. Juli 2021. Verfügbar unter https://bit.ly/37Ryped

87. Wikipedia. (2020). Matilda (chicken). Zugriff am 1. Juli 2021.Verfügbar unter https://bit.ly/3sB5QJJ

88. Laut diversen Studien, die in der nachfolgenden Dissertation aufgeführt sind, beläuft sich die stark schwankende Verlustrate für Legehennen auf 1,8 – 25%. Die meisten Zahlen bewegen sich eher im höheren Bereich und, doch selbst wenn man mit einer konservativen Verlustrate von 8 % rechnet sind es 2,6 Millionen Legehennen, die vor der Schlachtung versterben. Dissertation: Herr, L. (2016). Untersuchungen von Legehennen am Schlachthof und ihre Aussagekraft über die Tiergesundheit und das Tierwohl in den Legebetrieben. Zugriff am 1. Juli 2021. Verfügbar unter https://bit.ly/2O747wQ

89. Albert Schweitzer Stiftung. (2020). Schlachtzahlen 2019 um 8 Mio. Tiere gesunken. Zugriff am 1. Juli 2021. Verfügbar unter https://bit.ly/3dXxIcJ

90. Bundesministerium für Ernährung und Landwirtschaft. (2021). Ausstieg aus dem Kükentöten. Zugriff am 1. Juli 2021. Verfügbar unter https://bit.ly/37ULogN

91. Chemnitz, C., Rehmer, C., Wenz, K. et al. (2018). Fleischatlas 2018 – Datenund Fakten über Tiere als Nahrungsmittel. Berlin: HeinrichBöllStiftung, 30.

92. ARIWA. (2019). Das Leben der Hühner in der Eierproduktion. Zugriff am 1. Juli 2021. Verfügbar unter https://bit.ly/3r1Uv55

93. Rittenau, N. (2020). Im Jahr 2019 durch die Nahrungsmittelproduktion getötete Tiere [in Deutschland]. Zugriff am 1. Juli 2021. Verfügbar unter https://bit.ly/37QBYRM

94. Schulze-Walgern, A., Hegemann, L., Schütz, K. et al. (2020). Umfang und Verwertung männ-

licher Eintagsküken in Deutschland. Zugriff am 1. Juli 2021. Verfügbar unter https://bit.ly/2SWwyjq

95. Melina, V., Craig, W. & Levin, S. (2016). Position of the Academy of Nutrition and Dietetics: Vegetarian Diets. J Acad Nutr Diet, 116(12), 1970–1980.

96. Global2000. (o.D.). Bienen. Zugriff am 1. Juli 2021. Verfügbar unter https://bit.ly/358sShr

97. Statista. (2021). Pro-Kopf-Konsum von Honig in Deutschland in den Jahren 2007 bis 2020 (in Gramm). Zugriff am 1. Juli 2021. Verfügbar unter https://bit.ly/3vyjz6k

98. Bundesministerin für Ernährung, Landwirtschaft und Verbraucherschutz. (2011). Bienen – Unverzichtbar für Natur und Erzeugung. Zugriff am 1. Juli 2021. Verfügbar unter https://bit.ly/3xcQYDW

99. The Vegan Society. (o.D.). The honey industry. Zugriff am 1. Juli 2021. Verfügbar unter https://bit.ly/2Sg22S1

100. Li, P. & Wu, G. (2018). Roles of dietary glycine, proline, and hydroxyproline in collagen synthesis and animal growth. Amino Acids, 50(1), 29–38.

101. Kahan, V., Andersen, M.L., Tomimori, J. & Tufik, S. (2009). Stress, immunity and skin collagen integrity: evidence from animal models and clinical conditions. Brain Behav Immun, 23(8), 1089–1095.

102. Jorgensen, L.N., Kallehave, F., Christensen, E. et al. (1998).Less collagen production in smokers. Surgery, 123(4), 450–455.

103. Choi, F.D., Sung, C.T., Juhasz, M.L. & Mesinkovsk, N.A. (2019). Oral Collagen Supplementation: A Systematic Review of Dermatological Applications. J Drugs Dermatol, 18(1), 9–16.

104. Paz-Lugo, P., Lupiáñez, J.A. & Meléndez-Hevia, E. (2018). High glycine concentration increases collagen synthesis by articular chondrocytes in vitro: acute glycine deficiency could be an important cause of osteoarthritis. Amino Acids, 50(10), 1357–1365.

105. Watson, E. (2021). World first: Geltor gears up for mid-2021 launch of vegan collagen for food, beverage, nutrition markets. Zugriff am 1. Juli 2021. Verfügbar unter https://bit.ly/3grC0BJ

106. ProVeg. (o.D.). Vegane Gelatine: 10 vegane Binde- und Geliermittel als Gelatine-Ersatz. Zugriff am 1. Juli 2021. Verfügbar unter https://bit.ly/3grrrQs

107. Liu, D. (2002). Better Utilization of By-Products From the Meat Industry. Zugriff am 1. Juli 2021. Verfügbar unter https://bit.ly/3pCKSKx

108. Animal Rights Watch. (2019). Leder – In dieser Haut möchten Sie nicht stecken! Zugriff am 1. Juli 2021. Verfügbar unter https://bit.ly/3zeJD8H

109. Stiftung Warentest. (2013). Chrom VI in Leder – Immer noch ein Risiko. Zugriff am 1. Juli 2021. Verfügbar unter https://bit.ly/35kqSmF

110. Animal Rights Watch. (2019). Leder – In dieser Haut möchten Sie nicht stecken! Zugriff am 1. Juli 2021. Verfügbar unter https://bit.ly/3zeJD8H

111. European Commission. (o.D.). The leather industry in the EU. Zugriff am 1. Juli 2021. Verfügbar unter https://bit.ly/3x9Y1NB

112. Majchrzak, T. (2014). Autogefühl: Echtes Leder oder Kunstleder? Tierschutz in der Autoindustrie. Zugriff am 1. Juli 2021. Verfügbar unter https://bit.ly/2RLA9Ru

113. PETA. (o.D.). Veganes Leder: Das sind die 10 besten Lederimitate. Zugriff am 1. Juli 2021. Verfügbar unter https://bit.ly/3cws9uR

114. Khan, A. (o.D.) An Introduction to Cellular Agriculture. Zugriff am 1. Juli 2021. Verfügbar unter https://bit.ly/3cw54IE

115. Byrd, E. (2018). World's first-ever clean-leather-bound book! Auction benefiting GFI allows you to own a piece of the future. Zugriff am 1. Juli 2021. Verfügbar unter https://bit.ly/3cyKdnV

116. Statista. (2007). Einstellung zu Pelz als Material für Kleidung – Wie gern haben Sie Pelz als Kleidungsmaterial? Zugriff am 1. Juli 2021. Verfügbar unter https://bit.ly/358zJaF

117. Statista. (2020). Umsatz der Branche Herstellung von Pelzwaren in Deutschland von 2012 bis 2018 und Prognose bis zum Jahr 2024. Zugriff am 1. Juli 2021. Verfügbar unter https://bit.ly/2TVC8mV

118. Statista. (2012). Umsatz mit Pelzen aus dem Bereich Damenbekleidung in Deutschland in den Jahren 2005 bis 2010. Zugriff am 1. Juli 2021. Verfügbar unter https://bit.ly/3pQE2kN

119. Stuttgarter Zeitung. (2021). Israel verbietet als erstes Land Pelzhandel. Zugriff am 1. Juli 2021. Verfügbar unter https://bit.ly/3wiAdHh

120. Seiring, C. (2019). Der Tagesspiegel: In der letzten deutschen Nerzfarm sind keine Tiere mehr. Zugriff am 1. Juli 2021. Verfügbar unter https://bit.ly/359xDY6

121. Vier Pfoten in Österreich. (o.D.). Pelz ist keine Mode sondern Tierqual. Zugriff am 1. Juli 2021. Verfügbar unter https://bit.ly/3vgLVkA

122. Kerner, J. (2020). Online Focus: Echtpelz ist ein No-Go! Aber die Wahrheit über Kunstpelz brachte mich zum Nachdenken. Zugriff am 1. Juli 2021. Verfügbar unter https://bit.ly/2TZZjwx

123. Deutscher Tierschutzbund. (o.D.). Federn und Daunen. Zugriff am 1. Juli 2021. Verfügbar unter https://bit.ly/3w62GA1

124. Albert Schweitzer Stiftung. (2014). Daunen: immer wieder Lebendrupf. Zugriff am 1. Juli 2021. Verfügbar unter https://bit.ly/3wbIZqB

125. Vier Pfoten in Österreich. (2020). Was steckt in Ihrer Decke oder Ihrem Mantel? Grausame Gewinnung von Daunen durch Lebendrupf. Zugriff am 1. Juli 2021. https://bit.ly/3grGnhF

126. Vier Pfoten in Österreich. (2020). Was steckt in Ihrer Decke oder Ihrem Mantel? Grausame Gewinnung von Daunen durch Lebendrupf. Zugriff am 1. Juli 2021. https://bit.ly/3grGnhF

127. Albert Schweitzer Stiftung. (2014). Daunen: immer wieder Lebendrupf. Zugriff am 1. Juli 2021. Verfügbar unter https://bit.ly/3wbIZqB

128. Albert Schweitzer Stiftung. (2017). Schafwolle: Tierschutz- und umweltrelevant. Zugriff am 1. Juli 2021. Verfügbar unter https://bit.ly/3gsaEgp

129. Animal Rights Watch. (2019). Wolle – kein unbedenklicher Rohstoff. Zugriff am 1. Juli 2021. Verfügbar unter https://bit.ly/3v4N5zm

130. PETA. (2019). Schur: Alles über das qualvolle Scheren für Wolle. Zugriff am 1. Juli 2021. Verfügbar unter https://bit.ly/2SqXRmj

131. Animal Rights Watch. (2019). Wolle – kein unbedenklicher Rohstoff. Zugriff am 1. Juli 2021. Verfügbar unter https://bit.ly/3v4N5zm

132. Verein gegen Tierfabriken. (2014). Wolle – ein unbedenkliches Naturprodukt? Zugriff am 1. Juli 2021. Verfügbar unter https://bit.ly/3g82hra

133. Langer, M. (2013). Ethische Gesichtspunkte zur Seidenzucht. Zugriff am 1. Juli 2021. Verfügbar unter https://bit.ly/3grtcxo

134. Swiss Silk. (o.D.). Die Seidenraupe. Zugriff am 1. Juli 2021. Verfügbar unter https://bit.ly/2SnACti

135. CellAgri. (2018). Cellular Agriculture: The Products Leading a Revolution. Zugriff am 1. Juli 2021. Verfügbar unter https://bit.ly/2TMMDc0

136. Schweizer Vereinigung für die Abschaffung der Tierversuche. (2015). Mode ohne Grausamkeit (1. Teil). Orizzonti – Zeitschrift für das Tierrecht, 143, 11–14.

137. Statista. (2020). Anzahl der für wissenschaftliche Versuche verwendeten Tiere in Deutschland von 2000 bis 2019. Zugriff am 1. Juli 2021. Verfügbar unter https://bit.ly/2TUBNRs

138. Deutscher Tierschutzbund. (2021). Anzahl der Tiere, die 2019 zu wissenschaftlichen Zwecken in den Bundesländern verwendet wurden. Zugriff am 1. Juli 2021. Verfügbar unter https://bit.ly/3vc3O3V

139. Deutscher Tierschutzbund. (o.D.). Statistiken zu Versuchstieren. Zugriff am 1. Juli 2021. Verfügbar unter https://bit.ly/2Sg8NDn

140. Neumann, G. (2018). Ärzte gegen Tierversuche e.V.: Wissenschaftliche Argumente gegen Tierversuche. Zugriff am 1. Juli 2021. Verfügbar unter https://bit.ly/3gtKppU

141. Spielberg, P. (2010). Tierversuche in der medizinischen Forschung: Druck von allen Seiten. Dtsch Arztebl, 107(36), A-1676.

142. Ärzte gegen Tierversuche e.V. (o.D.). Was sind die »Alternativen« zu Tierversuchen? Zugriff am 1. Juli 2021. Verfügbar unter https://bit.ly/3xp7hoD

143. Deutscher Tierschutzbund. (o.D.). Alternativmethoden – Tierversuchsfreien Test- und Forschungsmethoden gehört die Zukunft. Zugriff am 1. Juli 2021. Verfügbar unter https://bit.ly/3iqZCdQ

144. Animal Rights Watch. (2019). Zoo und Tierpark – Lebenslange Gefangenschaft. Zugriff am 1. Juli 2021. Verfügbar unter https://bit.ly/3zqord5

145. Statista. (2020). Ranking der größten Zoos in Deutschland* nach Zahl der Tiere im Jahr 2019.

Zugriff am 1. Juli 2021. Verfügbar unter https://bit.ly/2RGEsgR

146. PETA. (2021). Subventionen für Menschenaffen-Gefangenschaft in Zoos. Zugriff am 1. Juli 2021. Verfügbar unter https://bit.ly/3gpKtXs

147. Baukhage, K. (2014). ND Aktuell: Ohne Zuschuss geht es nicht – Die Bäder, die Zoos, die Opern und der Friedrichstadtpalast erhalten Steuergelder. Zugriff am 1. Juli 2021. Verfügbar unter https://bit.ly/2ThXEBM

148. Freyer, D. (2013). Der qualvolle Tod des Zirkus-Elefanten Mädi ist kein Einzelfall. Zugriff am 1. Juli 2021. Verüfbar unter https://bit.ly/3pCz9vs

149. Vier Pfoten in Österreich. (2021). Länder mit Wildtier-Verboten in Zirkussen. Zugriff am 1. Juli 2021. Verfügbar unter https://bit.ly/3pIe178

DER RICHTIGE EINSTIEG *IN DIE VEGANE ERNÄHRUNG*

1. Henrich, E.W. (2021). Vegan – Die gesündeste Ernährung und ihre Auswirkungen auf Klima und Umwelt, Tier- und Menschenrechte. Kreuzlingen: ProVegan Stiftung, 18.

2. De Long, N. (2019). Newmarkettoday: Here's why vegans have 'one of the most unhealthy diets'. Zugriff am 1. Juni 2021. Verfügbar unter https://bit.ly/2RggMzu

3. Hopp, M., Keller, T., Lange, S. et al. (2017). Vegane Ernährung als Lebensstil: Motive und Praktizierung – Abschlussbericht. Berlin: Bundesinstitut für Risikobewertung, 7, 69.

4. Le, L.T. & Sabaté, J. (2014). Beyond Meatless, the Health Effects of Vegan Diets: Findings from the Adventist Cohorts. Nutrients, 6(6), 2131–2147.

5. Hahn, A., Ströhle, A. & Wolters, M. (2016). Ernährung – Physiologische Grundlagen, Prävention, Therapie (3. Aufl.). Stuttgart: Wissenschaftliche Verlagsgesell¬schaft.

6. Otten, J.J., Hellwig, J.P. & Meyers, L.D. (2006). Institute of Medicine of the National Academies: Dietary Reference Intakes – The Essential Guide to Nutrient Requirements. Washington, D.C.: The National Academies Press.

7. Deutsche Gesellschaft für Ernährung, Österreichische Gesellschaft für Ernährung & Schweizerische Gesellschaft für Ernährung. (2018). Referenzwerte für die Nährstoffzufuhr (4. Aufl.). Bonn: Neuer Umschau Verlag.

8. Teucher, B., Olivares, M. & Cori, H. (2004). Enhancers of iron absorption: ascorbic acid and other organic acids. Int J Vitam Nutr Res, 74(6), 403–419.

9. García¬Casal, M.N., Layrisse, M., Solano, L. & Tropper, E. (1998). Vitamin A and beta¬carotene can improve nonheme iron absorption from rice, wheat and corn by humans. J Nutr, 128, 646–650.

10. Gautam, S., Platel, K. & Srinivasan, K. (2010). Higher bioaccessibility of iron and zinc from food grains in the presence of garlic and onion. J Agric Food Chem, 58(14), 8426–8429.

11. Gillooly, M., Bothwell, T.H.,Torrance, J.D. et al. (1983). The effects of organic acids, phytates and polyphenols on the absorption of iron from vegetables. Br J Nutr, 49(3), 331–342.

12. Sight and Life Press. (2017). Vitamins and minerals: a brief guide. Zugriff am 1. Juni 2021. Verfügbar unter https://bit.ly/3bwjRTa

13. Fang, H., Kang, J. & Zhang, D. (2017). Microbial production of vitamin B12: a review and future perspectives. Microb Cell Fact, 16, 15.

14. Croft, M.T., Lawrence, A.D., RauxDeery, E. et al. (2005). Algae acquire vitamin B12 through a symbiotic relationship with bacteria. Nature, 438(7064), 90–93.

15. Oliver Morrison, O. (2020). Duckweed grower hails ›potentially game changing‹ B12 discovery. Zugriff am 1. Juni 2021. Verfügbar unter https://bit.ly/3sxFfy7

16. Kaplan, A., Zelicha, H., Tsaban, G. et al. (2019). Protein bioavailability of Wolffia globosa duckweed, a novel aquatic plant – A randomized controlled trial. Randomized Control Trials, 38(6), 2576–2582.

17. Watanabe, F., Yabuta, Y., Tanioka, Y. & Bito, T. (1988). Biologically active vitamin B12 compounds in foods for preventing deficiency among vegetarians and elderly subjects. Agric Food Chem, 61(28), 6769– 6775.

18. Gu, Q., Zhang, C., Song, D. et al. (2015). Enhancing vitamin B12 content in soy¬yogurt by Lactobacillus reuteri. Int J Food Microbiol, 206, 56–59.

19. Lenihan¬Geels, G., Bishop, K.S. & Ferguson, L.R. (2013). Alternative Sources of Omega¬3 Fats: Can We Find a Sustainable Substitute for Fish? Nutrients, 5(4), 1301–1315.

20. Arterburn, L.M., Oken, H.A., Hoffman, J.P. et al. (2007). Bioequivalence of Docosahexaenoic acid from different algal oils in capsules and in a DHA¬fortified food. Lipids, 42(11), 1011–1024.

21. Adarme¬Vega, T.A., Lim, D.K., Timmins, M. et al. (2012). Microalgal biofactories: a promising approach towards sustainable omega¬3 fatty acid production. Microb Cell Fact, 11, 96.

22. Murff, H.J. & Edwards, T.L. (2014). Endogenous Production of Long¬Chain Polyunsaturated Fatty Acids and Metabolic Disease Risk. Curr Cardiovasc Risk Rep, 8(12), 418.

23. Young, V.R. & Pellett, P.L. (1994). Plant proteins in relation to human protein and amino acid nutrition. Am J Clin Nutr, 59 (5), 1203–1212.

24. Melina, V., Craig, W. & Levin, S. (2016). Position of the Academy of Nutrition and Dietetics: Vegetarian Diets. J Acad Nutr Diet, 116(12), 1970–1980.

25. Fuhrman, J. & Ferreri, D.M. (2010). Fueling the vegetarian (vegan) athlete. Curr Sports Med Rep, 9(4), 233–241.

26. Capone, K. & Sentongo, T. (2019). The ABCs of Nutrient Deficiencies and Toxicities. Pediatr Ann, 48(11), e434-e440.

27. Semba, R.D. (2012). The discovery of the vitamins. Int J Vitam Nutr Res, 82(5), 310–315.

28. Zeisel, S.H. & da Costa, K.A. (2009). Choline: an essential nutrient for public health. Nutr Rev, 67(11), 615–623.

29. E-Mail-Verkehr mit der Deutschen Gesellschaft für Ernährung vom 8. Oktober 2019: »Gegenwärtig zählen wir Cholin nicht zu den essenziellen Nährstoffen, da der Körper selbst in der Lage ist, Cholin zu synthetisieren.«

30. Wiedeman, A.M., Barr, S.I., Green, T.J. et al. (2018). Dietary Choline Intake: Current State of Knowledge Across the Life Cycle. Nutrients, 10(10), 1513.

31. Zeisel, S.H. & da Costa, K.A. (2009). Choline: An Essential Nutrient for Public Health. Nutr Rev, 67(11), 615–623.

32. Parker, G.L., Smith, L.K. & Baxendale, I.R. (2016). Development of the industrial synthesis of vitamin A. Tetrahedron, 72(13), 1645–1652.

33. Lin, Y., Dueker, S.R., Burri, B.J. et al. (2000). Variability of the conversion of beta¬carotene to vitamin A in women measured by using a double¬tracer study design. Am J Clin Nutr, 71(6), 1545–1554.

34. Leung, W.C., Hessel, S., Méplan, C. et al. (2009). Two common single nucleotide polymorphisms in the gene encoding beta¬carotene 15,15'-monoxygenase alter beta¬carotene metabolism in female volunteers. FASEB J, 23(4), 1041–1053.

35. Ma, H. & Shieh, K.J. (2006). Cholesterol and Human Health. The Journal of American Science, 2(1), 46–50.

36. Rebouche, C.J., Bosch, E.P., Chenard, C.A et al. (1989). Utilization of dietary precursors for carnitine synthesis in human adults. J Nutr, 119(12), 1907–1913.

37. Brosnan, M.E. & Brosnan, J.T. (2016). The role of dietary creatine. Amino Acids, 48(8), 1785–1791.

38. Beispiele von Kindern, die seit ihrer Geburt vegan leben und deren Mütter auch während der Schwangerschaft vegan aßen, gibt Diätologe Jack Norris unter www.veganhealth.org/real-vegan-children

39. Haddad, E.H., Sabaté, J. & Whitten, C.G. (1999). Vegetarian food guide pyramid: a conceptual framework. Am J Clin Nutr, 70(3), 615–619.

40. Weder, S., Schaefer, C. & Keller, M. (2020). Die Gießener vegane Lebensmittelpyramide. UGBforum 1/20, 36–38.

41. Carmody, R.N., Weintraub, G.S. & Wranghama, R.W. (2011). Energetic consequences of thermal and nonthermal food processing. Proc Natl Acad Sci U S A, 108(48), 19199–19203.

42. Leitzmann, C. (2010). Sekundäre Pflanzenstoffe in Lebensmitteln. In: Stange, R. & Leitzmann, C., Hrsg.: Ernährung und Fasten als Therapie. Berlin: Springer, 49–59.

43. Zenkov, N.K., Menshchikova, E.B. & Tkachev, V.O. (2013). Keap1/Nrf2/ARE Redox-Sensitive Signaling System as a Pharmacological Target. Biochemistry (Moscow), 78(1), 19–36.

44. Bajo, C. (2012). Wie radioaktiv sind unsere Wildpilze? UMWELT AARGAU, 57, 21f.

45. Deutsche Gesellschaft für Ernährung. (2011). Hauptsaison für Wildpilze – DGE gibt Tipps zu Steinpilzen, Pfifferlingen & Co. Zugriff am 1. Juni 2021. Verfügbar unter https://bit.ly/3fje8Rv

46. U.S. Department of Agriculture, Agricultural Research Service. (2010). USDA Database for the Oxygen Radical Absorbance Capacity (ORAC) of Selected Foods, Release 2. Zugriff am 1. Juni 2021. Verfügbar unter https://bit.ly/3ofkGZe

47. Harvard T.H. Chan School of Public Health. (o.D.). The Nutrition Source: Nuts for the Heart. Zugriff am 1. Juni 2021. Verfügbar unter https://bit.ly/3uM3iu5

48. Eslami, O., Shidfar F. & Dehnad, A. (2019). Inverse association of long-term nut consumption with weight gain and risk of overweight/obesity: a systematic review. Nutr Res, (68), 1–8.

49. Barbour, J.A., Howe, P.R.C, Buckley, J.D. et al. (2015). Effect of 12 Weeks High Oleic Peanut Consumption on Cardio¬Metabolic Risk Factors and Body Composition. Nutrients, 7(9), 7381–7398.

50. Matthäus, B. (2014). Fette und Öle: Grundlagenwissen und praktische Verwendung. Ernährungs Umschau, 3/2014, 162–170.

51. Statista. (2021). Umfrage zu beliebten Milchalternativen in Deutschland 2021. Zugriff am 1. Juni 2021. Verfügbar unter https://bit.ly/3ofPiGe

52. Hopp, M., Keller, T., Lange, S. et al. (2017). Vegane Ernährung als Lebensstil: Motive und Praktizierung – Abschlussbericht. Berlin: Bundesinstitut für Risikobewertung, 45.

53. Hahn, A., Ströhle, A. & Wolters, M. (2016). Ernährung – Physiologische Grundlagen, Prävention, Therapie (3. Aufl.). Stuttgart: Wissenschaftliche Verlagsgesellschaft, 146.

54. Mosler, S., Braun, H., Carlsohn, A. et al. (2019). Flüssigkeitsmanagement im Sport – Position der Arbeitsgruppe Sporternährung der Deutschen Gesellschaft für Ernährung e. V. (DGE). Ernaehrungs Umschau international, 3/2019, 52–59.

55. Gröber, U. & Holick, M. F. (2015). Vitamin D – Die Heilkraft des Sonnenvitamins (3. Aufl.). Stuttgart: Wissenschaftliche Verlagsgesellschaft Stuttgart, 269.

56. Zeratsky, K. (2020). Mayo Clinic: What is vitamin D toxicity? Should I be worried about taking supplements? Zugriff am 1. Juni 2021. Verfügbar unter https://mayocl.in/3yaRzY8

57. Richter, M., Boeing, H., Grünewald¬Funk, D. et al. (2016). Position der Deutschen Gesellschaft für Ernährung e.V. (DGE) – Vegane Ernährung. Ernährungs Umschau, 63(04), 92–102.

58. Bültjer, U. (2015). Lexikon der Kräuter und Gewürze. München: Bassermann Verlag, 8.

59. U.S. Department of Agriculture, Agricultural Research Service. (2010). USDA Database for the Oxygen Radical Absorbance Capacity (ORAC) of Selected Foods, Release 2. Zugriff am 1. Juni 2021. Verfügbar unter https://bit.ly/3ofkGZe

60. Ghawi, S.K., Rowland, I. & Methven, L. (2014). Enhancing consumer liking of low salt tomato soup over repeated exposure by herb and spice seasonings. Appetite, 81, 20–29.

61. Afshin, A., Sur, P., Kairsten, A.F. et al. (2019). Health effects of dietary risks in 195 countries, 1990–2017: a systematic analysis for the Global Burden of Disease Study 2017. Lancet, 0140–6736(19), 30041–30048.

62. Deutsche Gesellschaft für Ernährung. (2020). DGE gratuliert »5 am Tag« zum 20. Jubiläum. Zugriff am 1. Juni 2021. Verfügbar unter https://bit.ly/3uQzE6P

63. Clarys, P., Deliens, T., Huybrechts, I. et al. (2014). Comparison of Nutritional Quality of the Vegan, Vegetarian, Semi-Vegetarian, Pesco-Vegetarian and Omnivorous Diet. Nutrients, 6(3), 1318–1332.

64. Mühlbauer, P. (2017). EuGH erklärt Bezeichnungen wie »Sojamilch« für verboten. Zugriff am 1. Juni 2021. Verfügbar unter https://bit.ly/3fjRnNy

65. Koeder, C. (2019). Iodine content of soya milk with added Lithothamnium calcareum seaweed, and iodine content of other plant milks. Zugriff am 1. Juni 2021. Verfügbar unter https://bit.ly/3tJZTus

66. Xu, Y., Ye, J., Zhou, D. & Laijin Su. (2020). Research progress on applications of calcium derived from marine organisms. Scientific Reports , 10, 18425.

67. Chaiwanon, P., Puwastien, P., Nitithamyong, A. & Sirichakwal, P.P. (2000). Calcium Fortification in Soybean Milk and In Vitro Bioavailability. J Food Compost Anal, 13(4), 319–327.

68. Hoppler, M., Zeder, C. & Walczyk, T. (2009). Quantification of ferritin-bound iron in plant samples by isotope tagging and species-specific isotope dilution mass spectrometry. Anal Chem, 81(17), 7368–7372.

69. Günther, K. (2019). Eisenmangel beheben mit natürlichen Lebensmitteln: Ratgeber für alle Ernährungstypen. Berlin: Springer, 38.

70. Günther, K. (2019). Eisenmangel beheben mit natürlichen Lebensmitteln: Ratgeber für alle Ernährungstypen. Berlin: Springer, 40–43.

71. Tang, G. (2010). Bioconversion of dietary provitamin A carotenoids to vitamin A in humans. Am J Clin Nutr, 91(5), 1468–1473.

72. Parker, G.L., Smith, L.K., & Baxendale, I.R. (2016). Development of the industrial synthesis of vitamin A. Tetrahedron, 72(13), 1645–1652.

73. Goldinger, A. (1998). Vitamin K-Gehalt ausgewählter Lebensmittel. Zugriff am 1. Juni 2021. Verfügbar unter https://bit.ly/3fnOpYu

74. Pedersen, F.M., Hamberg, O., Hess, K. & Ovesen, L. (1991). The effect of dietary vitamin K on warfarin-induced anticoagulation. J Intern Med, 229(6), 517–520.

75. Mitchell, T., Kumar, P., Reddy, T. et al. (2019). Dietary oxalate and kidney stone formation. Am J Physiol Renal Physiol, 316(3), 409–413.

76. Chai, W. & Liebman, M. (2005). Effect of different cooking methods on vegetable oxalate content. J Agric Food Chem, 53(8), 3027–3030.

77. Austria, J.A., Richard, M.N., Chahine, M.N. et al. (2008). Bioavailability of alpha-linolenic acid in subjects after ingestion of three different forms of flaxseed. J Am Coll Nutr, 27(2), 214–221.

78. Malcolmson, L.J., Przybylski, R. & Daun, J.K. (2000). Storage stability of milled flaxseed. J Am Oil Chem Soc, 77(3), 235–238.

79. Tańska, M., Roszkowska, B., Skrajda, M. & Dąbrowski, G. (2016). Commercial Cold Pressed Flaxseed Oils Quality and Oxidative Stability at the Beginning and the End of Their Shelf Life. J Oleo Sci, 65(2), 111–121.

80. Chen, Z.Y., Ratnayake, W.M.N. & Cunnane, S.C. (1994). Oxidative stability of flaxseed lipids during baking. J Am Oil Chem Soc, 71(6), 629–632.

81. Starr, R.R. (2015). Too Little, Too Late: Ineffective Regulation of Dietary Supplements in the United States. Am J Public Health, 105(3), 478–485.

82. European Food Safety Authority. (2018). Food Supplements. Zugriff am 1. Juni 2021. Verfügbar unter https://bit.ly/3aaVjeR

83. Costa, J.G., Vidovic, B., Saraiva, N. et al. (2019). Contaminants: a dark side of food supplements? Free Radical Research, 53(1), 1113–1135.

84. Ecodemy. (2020). Handbuch Vegane/r Ernährungsberater/in – Kapitel 06: Potenziell kritische Nährstoffe bei veganer Ernährung (Version 4.02). Bonn: Ecodemy, 17.

85. Harvard T. H. Chan School of Public Health. (o. D.). Nutrition Insurance Policy: A Daily Multivitamin. Zugriff am 1. Juni 2021. Verfügbar unter https://bit.ly/3en4yfa

86. Ward, E. (2014). Addressing nutritional gaps with multivitamin and mineral supplements. Nutr J, 13, 72.

87. Richter, M., Boeing, H., Grünewald¬Funk, D. et al. (2016). Position der Deutschen Gesellschaft für Ernährung e. V. (DGE) – Vegane Ernährung. Ernährungs Umschau, 63(04), 92–102.

88. Food and Nutrition Board, Institute of Medicine, National Academies. (2011). Dietary Reference Intakes (DRIs): Tolerable Upper Intake Levels, Vitamins. Zugriff am 1. Juni 2021. Verfügbar unter https://bit.ly/3y9S18N

89. Food and Nutrition Board, National Academies. (2019). Dietary Reference Intakes (DRIs): Tolerable Upper Intake Levels, Elements. Zugriff am 1. Juni 2021. Verfügbar unter https://bit.ly/33KotxE

90. European Food Safety Authority. (o.D.). Overview on Tolerable Upper Intake Levels as derived by the Scientific Committee on Food (SCF) and the EFSA Panel on Dietetic Products, Nutrition and Allergies (NDA). Zugriff am 1. Juni 2021. Verfügbar unter https://bit.ly/3wk0O9J

91. Costa, J.G., Vidovic, B., Saraiva, N. et al. (2019). Contaminants: a dark side of food supplements? Free Radical Research, 53(1), 1113–1135.

92. Siebert, A.K., Obeid, R., Weder, S. et al. (2017). Vitamin B-12-fortified toothpaste improves vitamin status in vegans: a 12-wk randomized placebo-controlled study. Am J Clin Nutr, 105(3), 618–625.

93. Mehr Details zur laufenden Studie zum Watson-Multinährstoff gibt es unter www.watsonnutrition.de/forschung

94. Richter, M., Boeing, H., Grünewald¬Funk, D. et al. (2016). Position der Deutschen Gesellschaft für Ernährung e. V. (DGE) – Vegane Ernährung. Ernährungs Umschau, 63(04), 92–102.

95. Schweizerische Gesellschaft für Ernährung. (2016). Wissen, was essen. – Vegane Ernährung. Der Diskurs geht weiter. Zugriff am 1. Juni 2021. Verfügbar unter https://bit.ly/2tVfU4B

96. Österreichische Gesellschaft für Ernährung. (2014). Vegane Ernährung – Gesundheitliche Vorteile und Risiken. Zugriff am 1. Juni 2021. Verfügbar unter https://bit.ly/2lXiG4J

97. Melina, V., Craig, W. & Levin, S. (2016). Position of the Academy of Nutrition and Dietetics: Vegetarian Diets. J Acad Nutr Diet, 16(12), 1970–1980.

98. Dietitians of Canada. (2010). Healthy Eating Guidelines for Vegans. Zugriff am 1. Juni 2021. Verfügbar unter https://bit.ly/3c9ICFC

99. Canadian Paediatric Society. (2018). Vegetarian diets in children and adolescents. Paediatr Child Health, 15(5), 303–314

100. Silva, S.C.G., Pinho, J.P., Borges,C. et al. (2015). Direção-Geral de Saúde: National Programme for the Promotion of Healthy Eating – Guidelines for a healthy vegetarian diet. Zugriff am 1. Juni 2021. Verfügbar unter https://bit.ly/39cZJy3

101. Fewtrell, M., Bronsky, J., Campoy, C. et al. (2017). Complementary feeding: a position paper by the European Society for Paediatric Gastroenterology, Hepatology, and Nutrition (ESPGHAN) Committee on Nutrition. J Pediatr Gastroenterol Nutr, 64, 119–132.

102. British Nutrition Foundation. (2005). Vegetarian nutrition. Zugriff am 1. Juni 2021. Verfügbar unter https://bit.ly/2k8xorw

103. National Health and Medical Research Council of Australia. (2013). Australian Dietary Guidelines. Zugriff am 1. Juni 2021. Verfügbar unter https://bit.ly/1gxekKL

104. Agnoli, C., Baroni, L., Bertini, I. et al. (2017). Position paper on vegetarian diets from the working group of the Italian Society of Human Nutrition. Nutr Metab Cardiovasc Dis, 27, 1037–1052.

105. Ministry of Health of Israel. (2020). Nutrition for Infants in Vegetarian and Vegan Families. Zugriff am 1. Juni 2021. Verfügbar unter https://bit.ly/2XZCM2e

106. Nordic Council of Ministers. (2014). Nordic Nutrition Recommendations 2012 – Integrating nutrition and physical activity (5. Aufl.). Zugriff am 1. Juni 2021. Verfügbar unter https://bit.ly/3sWbV4q

107. Piccoli, G.B., Clari, R., Vigotti, F.N. et al. (2015). Vegan-vegetarian diets in pregnancy: danger or panacea? A systematic narrative review. BJOG, 122(5), 623–633.

108. Baroni, L., Goggi, S., Battaglino, R. et al. (2018). Vegan Nutrition for Mothers and Children: Practical Tools for Health¬care Providers. Nutrients, 11(1), 5.

109. American Academy of Pediatrics' Committee on Nutrition. (1998). Pediatric Nutrition Handbook. Itasca: American Academy of Pediatrics, 567.

110. Johnston, M., Landers, S., Noble, L. et al. (2012). Breastfeeding and the use of human milk. Pediatrics, 129(3), 827–841.

111. Borkhardt, A. & Wirth, S. (2014). Ernährung gesunder Säuglinge – Empfehlungen der Ernährungskommission der Deutschen Gesellschaft für Kinder¬ und Jugendmedizin. Monatsschr Kinderheilkd, 527–538.

112. Valentine, C.J. & Wagner, C.L. (2013). Nutritional management of the breastfeeding dyad. Pediatr Clin North Am, 60(1), 261–274.

113. Perrin, M.T., Pawlak, R., Dean, L.L. et al. (2019). A cross¬sectional study of fatty acids and brain¬derived neurotrophic factor (BDNF) in human milk from lactating women following vegan, vegetarian, and omnivore diets. Eur J Nutr, 58(6), 2401–2410.

114. Karcz, K. & Królak-Olejnik, B. (2021). Vegan or vegetarian diet and breast milk composition – a systematic review. Crit Rev Food Sci Nutr, 61(7), 1081–1098.

115. Englert, H. & Siebert, S. (2016). Vegane Ernährung. Bern: Haupt Verlag, 73.

116. Deutsche Gesellschaft für Ernährung, Österreichische Gesellschaft für Ernährung & Schweizerische Gesellschaft für Ernährung. (2018). Referenzwerte für die Nährstoffzufuhr (4. Aufl.). Bonn: Neuer Umschau Verlag.

117. Vandenplas, Y., Castrellon, P.G., Rivas, R. et al. (2014). Safety of soya¬based infant formulas in children. Br J Nutr, 111(8), 1340–1360.

118. Weder, S., Hoffmann, M., Becker, K. et al. (2019). Energy, Macronutrient Intake, and Anthropometrics of Vegetarian, Vegan, and Omnivorous Children (1–3 Years) in Germany (VeChi Diet Study). Nutrients, 11(4), 832.

119. Keller, M. & Müller, S. (2016). Vegetarische und vegane Ernährung bei Kindern – Stand der Forschung und Forschungsbedarf. Forsch Komplementmed, 23(2), 81–88.

120. Sanders, T.A. (1988). Growth and development of British vegan children. Am J Clin Nutr, 48, 822–825.

121. Hovinen, T., Korkalo, L., Freese, R. et al. (2021). Vegan diet in young children remodels metabolism and challenges the statuses of essential nutrients. EMBO Mol Med, 13(2), e13492.

122. Melina, V., Craig, W. & Levin, S. (2016). Position of the Academy of Nutrition and Dietetics: Vegetarian Diets. J Acad Nutr Diet, 16(12), 1970–1980.

123. Lynch, H.M., Wharton, C.M. & Johnston, C.S. (2016). Cardiorespiratory Fitness and Peak Torque Differences between Vegetarian and Omnivore Endurance Athletes: A Cross¬Sectional Study. Nutrients, 8(11), 726.

124. The Vegan Society. (o.D.). Fiona Oakes: Four-times world record breaking ultramarathon runner. Zugriff am 1. Juni 2021. Verfügbar unter https://bit.ly/3woEnTA

125. Jurek, S. (2014). Eat & Run: Mein ungewöhnlicher Weg als veganer Ultramarathon-Läufer an die Weltspitze. München: Südwest Verlag.

126. Mc Diarmid, J. (2015). Vegan strongman shoulders 550kg – a record, perhaps – at vegetarian food fest. Zugriff am 1. Juni 2021. Verfügbar unter http://bit.ly/2KMMXna

127. Suggitt, C. (2019). The Game Changers: 11 record-breaking athletes with plant-based diets. Zugriff am 1. Juni 2021. Verfügbar unter https://bit.ly/3qM8LhX

128. Veggie Channel. (2013). Dr. Ellsworth Wareham – 98 years old vegan (Min. 01:07). Zugriff am 1. Juni 2021. Verfügbar unter https://bit.ly/391BG9J

129. Need, A.G., Morris, H.A., Horowitz, M. & Nordin, C. (1993). Effects of skin thickness, age, body fat, and sunlight on serum 25-hydroxyvitamin D. Am J Clin Nutr, 58(6), 882–885.

130. Willett, W.C. & Leibel, R.L. (2002). Dietary fat is not a major determinant of body fat. Am J Med, 113(9B), 47–59.

131. Leitzmann, C. (2010). Sekundäre Pflanzenstoffe in Lebensmitteln. In: Stange, R. & Leitzmann, C., Hrsg.: Ernährung und Fasten als Therapie. Berlin: Springer, 49–59.

132. He, F.J., Li, J. & Macgregor, G.A. (2013). Effect of longer term modest salt reduction on blood pressure: Cochrane systematic review and meta-analysis of randomised trials. BMJ, 346, 1325.

133. Whelton, P.K., Appel, L.J., Sacco, R.L. et al. (2012). Sodium, blood pressure, and cardiovascular disease: further evidence supporting the American Heart Association sodium reduction recommendations. Circulation, 126 (24), 2880–2889.

134. American Heart Association. (2017). Why Should I Limit Sodium? Zugriff am 1. Juni 2021. Verfügbar unter https://bit.ly/3wcPMA1

135. Hahn, A., Ströhle, A. & Wolters, M. (2016). Ernährung – Physiologische Grundlagen, Prävention, Therapie (3. Aufl.). Stuttgart: Wissenschaftliche Verlagsgesellschaft, 146.

136. Patterson, R.E., Laughlin, G.A., Sears, D.D. et al. (2015). Intermittent Fasting and Human Metabolic Health. J Acad Nutr Diet, 115(8), 1203–1212.

137. Spence, C. (2015). Just how much of what we taste derives from the sense of smell? Flavour, 4, 30.

138. Besnard, P., Passilly-Degrace, P. & Khan, N.A. (2016). Taste of Fat: A Sixth Taste Modality? Physiol Rev, 96(1), 151–176.

139. Institute for Quality and Efficiency in Health Care (2006). How does our sense of taste work? Zugriff am 1. Juni 2021. Verfügbar unter https://bit.ly/3eQLhoC

140. Institute for Quality and Efficiency in Health Care (2006). How does our sense of taste work? Zugriff am 1. Juni 2021. Verfügbar unter https://bit.ly/3eQLhoC

141. Berg, J.M., Tymoczko, J.L. & Stryer, L. (2002). Biochemistry (5. Aufl.). New York: W H Freeman.

142. Baynes, R.D., Macfarlane, B.J., Bothwell, T.H. et al. (1990). The promotive effect of soy sauce on iron absorption in human subjects. Eur J Clin Nutr, 44(6), 419–424.

143. Kobayashi, M., Nagatani, Y., Magishi, N. et al. (2006). Promotive effect of Shoyu polysaccharides from soy sauce on iron absorption in animals and humans. Int J Mol Med, 18(6), 1159–1163.

144. Barclay, G.R., McKenzie, H., Pennington, J. et al. (1992). The effect of dietary yeast on the activity of stable chronic Crohn's disease. Scand J Gastroenterol, 27(3), 196–200.

145. Bajo, C. (2012). Wie radioaktiv sind unsere Wildpilze? UMWELT AARGAU, 57, 21f.

146. Deutsche Gesellschaft für Ernährung. (2011). Hauptsaison für Wildpilze – DGE gibt Tipps zu Steinpilzen, Pfifferlingen & Co. Zugriff am 1. Juni 2021. Verfügbar unter https://bit.ly/3fje8Rv

147. Fischer, H. (2017). Getrocknete Pilze. Zugriff am 1. Juni 2021. Verfügbar unter https://bit.ly/3fl3YjA

148. The Chickpeeps. (2020). S2, Ep25: Making Vegan Allies with Dr. Melanie Joy. Zugriff am 1. Juni 2021. Verfügbar unter https://bit.ly/3w9gYQa

149. Draguhn, A., Mallatt, J.M. & Robinson, D.G. (2020). Anesthetics and plants: no pain, no brain, and therefore no consciousness. Protoplasma, published online.

150. Mallatt, J., Blatt ,M.R., Draguhn, A. et al. (2020). Debunking a myth: plant consciousness. Protoplasma, online ahead of print.

151. Statista. (2020). Global feed conversion ratio of selected meat and fish. Zugriff am 1. Juni 2021. Verfügbar unter https://bit.ly/2RWxCnf

152. Broom, D. M., Galindo, F. A. und Murgueitio, E. (2013). Sustainable, efficient livestock production with high biodiversity and good welfare for animals. Proc BiolSci,280(1771),20132025.

153. Margulis,S.(2003).Causes of Deforestation of the Brazilian Amazon. World Bank Working Paper No. 22. Washington, DC: The World Bank, 9.

154. Gaugler, T., Michalke, A., Fitzer, F. & Pieper, M. (2018). How much is the dish? – Was kosten uns Lebensmittel wirklich? Zugriff am 1. Juni 2021. Verfügbar unter https://bit.ly/3abdx

155. Wrangham, R. & Conklin-Brittain, N.L. (2003). 'Cooking as a biological trait'. Comp Biochem Physiol A Mol Integr Physiol, 136(1), 35–46.

156. Wrangham, R. (2009). Feuer Fangen – Wie uns das Kochen zum Menschen machte – eine neue Theorie der menschlichen Evolution. München: Deutsche Verlags¬Anstalt.

157. Melina, V., Craig, W. & Levin, S. (2016). Position of the Academy of Nutrition and Dietetics: Vegetarian Diets. J Acad Nutr Diet, 16(12), 1970–1980.

158. Dietitians of Canada. (2010). Healthy Eating Guidelines for Vegans. Zugriff am 1. Juni 2021. Verfügbar unter https://bit.ly/3c9ICFC

159. Silva, S.C.G., Pinho, J.P., Borges,C. et al. (2015). Direção-Geral de Saúde: National Programme for the Promotion of Healthy Eating – Guidelines for a healthy vegetarian diet. Zugriff am 1. Juni 2021. Verfügbar unter https://bit.ly/39cZjy3

160. British Nutrition Foundation. (2005). Vegetarian nutrition. Zugriff am 1. Juni 2021. Verfügbar unter https://bit.ly/2k8xorw

161. National Health and Medical Research Council of Australia. (2013). Australian Dietary Guidelines. Zugriff am 1. Juni 2021. Verfügbar unter https://bit.ly/1gxekKL

162. Messina, M. (2016). Soy and Health Update: Evaluation of the Clinical and Epidemiologic Literature. Nutrients, 8(12), 754.

163. Stehfest, E., Bouwman, L., van Vuuren, D. P. et al. (2009). Climate benefits of changing diet. Climatic Change. 95, 83–102.

164. Cederberg, C. (2014). Environmental impact of meat production. In: Devine, C. und Dikeman, M., Hrsg: Encyclopedia of Meat Sciences (2. Aufl.). London: Academic Press, 503.

165. Ritchie, H. (2017). How do we reduce antibiotic resistance from livestock? Zugriff am 1. Juni 2021. Verfügbar unter https://bit.ly/3gBQZc5

166. Bryner, J. (2012). 13 Animal-to-Human Diseases Kill 2.2 Million People Each Year. Zugriff am 1. Juni 2021. Verfügbar unter https://bit.ly/2ZbnAjk

167. Nepstad, D. C., Stickler, C. M., Filho, B. S. und Merry, F. (2008). Interactions among Amazon land use, forests and climate: prospects for a near¬term forest tipping point. Philos Trans R Soc Lond B Biol Sci, 363(1498), 1737–1746.

168. British Dietetic Association (o.D.). Food Fact Sheet: Soya foods. Zugriff am 1. Juni 2021. Verfügbar unter https://bit.ly/3fseF3B

169. Leung, A. und Otley, A. (2009). Canadian Paediatric Society – Concerns for the use of soy¬based formulas in infant nutrition. Paediatr Child Health, 14(3), 109–113.

170. American Institute for Cancer Research (2021). Soy: Intake Does Not Increase Risk for Breast Cancer Survivors. Zugriff am 1. Juni 2021. Verfügbar unter https://bit.ly/3tZlgrv

171. U.S. National Center for Complementary and Integrative Health (2016). Soy. Zugriff am 1. Juni 2021. Verfügbar unter http://bit.ly/2lGcDls

172. Food and Agriculture Organization of the United Nations. (2018). The State of World Fisheries and Aquaculture 2018 – Meeting the sustainable development goals. Rom: FAO, 6.

173. Koneswaran, G. & Nierenberg, D. (2008). Global Farm Animal Production and Global Warming: Impacting and Mitigating Climate Change. Environ Health Perspect. 116(5), 578–582.

174. Goldsmith, P.D. (2008). Economics of Soybean Production, Marketing, and Utilization. In: Johnson, L.A., White, P.J. & Galloway, R., Hrsg.: Soybeans – Chemistry, Production, Processing, and Utilization. Amsterdam: Elsevier, 117–150.

175. Meretz, S. & Mannigel, E. (2017). Soja – Was unser Fleischkonsum mit dem Regenwald zu tun hat. Bonn: OroVerde, 7.

176. Young, V.R. & Pellett, P.L. (1994). Plant proteins in relation to human protein and amino acid nutrition. Am J Clin Nutr, 59 (5), 1203–1212.

177. Munro, H.N. (1971). FAO/WHO ad hoc Committee of Experts on Energy and Protein: Requirements and Recommended intakes: Principles and Methods of Estimating Protein Requirements for Maintenance. Zugriff am 1. Juni 2021. Verfügbar unter https:// bit.ly/2Ci7e9F

178. Hoffman, J.R. & Falvo, M.J. (2004). Protein – Which is Best? J Sports Sci Med, 3(3), 118–130.

179. Borrione, P., Grasso, L., Quaranta, F. & Parisi, A. (2009). Vegetarian diet and athletes: FIMS Position Statement 2009. ISMJ, 10(1), 53–60.

180. Gnirke, K. (2021). Deutsche belügen sich beim Fleischkonsum. Zugriff am 1. Juni 2021. Verfügbar unter https://bit.ly/2RWM3Y9

181. Statista. (2021). Fleischverbrauch in Deutschland pro Kopf in den Jahren 1991 bis 2020 (in Kilogramm). Zugriff am 1. Juni 2021. Verfügbar unter https://bit.ly/3fjLksi

REGISTER